Joy H. Calico

·

Arnold Schoenberg's *A Survivor from Warsaw* in Postwar Europe

University of California Press

Berkeley / Los Angeles / London

2014

Джой Калико

«Уцелевший из Варшавы»
Арнольда Шенберга
в послевоенной Европе

Academic Studies Press
Библиороссика
Бостон / Санкт-Петербург
2025

УДК 78.06
ББК 85.313
К17

Перевод с английского О. Бараш

Серийное оформление и оформление обложки Ивана Граве

Калико, Джой.
К17 «Уцелевший из Варшавы» Арнольда Шенберга в послевоенной Европе / Джой Калико ; [пер. с англ. О. Бараш]. — СПб.: Academic Studies Press / Библиороссика, 2025. — 342 с. — (Серия «Современная европеистика» = «Contemporary European Studies»).

ISBN 979-8-887199-39-9 (Academic Studies Press)
ISBN 978-5-907918-27-6 (Библиороссика)

Джой Калико рассматривает историю культуры послевоенной Европы через призму «Уцелевшего из Варшавы» Арнольда Шенберга (1874–1951). Шенберг, еврейский композитор, пионер додекафонии, чье творчество было для нацистов одним из главных образцов «дегенеративной» музыки, эмигрировал в Соединенные Штаты и стал американским гражданином. В этой книге исследуются смыслы, которые придавали этому произведению в Западной и Восточной Германии, Австрии, Норвегии, Польше и Чехословакии. Калико выявляет общие темы, связанные с проблемами интерпретации музыкального модернизма, памяти о Холокосте и ответственности за него, а также проблемы сосуществования евреев и бывших нацистов.

УДК 78.06
ББК 85.313

ISBN 979-8-887199-39-9
ISBN 978-5-907918-27-6

© Joy H. Calico, text, 2014
© University of California Press, 2014
© О. Бараш, перевод с английского, 2024
© Academic Studies Press, 2025
© Оформление и макет.
ООО «Библиороссика», 2025

Посвящается Крису

Список иллюстраций

Ил. 1. Рене Лейбовиц в Париже, ок. 1952. Автор фото неизвестен. Париж (Фонд Пауля Захера, Базель, собрание Рене Лейбовица).

Ил. 2. Герман Шерхен, 1950-е годы. С разрешения Мириам Шерхен, представляющей семью Шерхен.

Ил. 3. Паулина Халл, ок. 1953. С разрешения семьи Халл.

Ил. 4. Герберт Кегель в Польше, октябрь 1958. С разрешения (частного) архива хора MDR.

Ил. 5. Репетиция Симфонического оркестра и хора Лейпцигского радио под управлением Герберта Кегеля в концертном зале Варшавской филармонии. 28 сентября 1958 года. С разрешения (частного) архива хора MDR.

Ил. 6. Карел Берман (служебное фото). Архив Национального театра, Прага, Чешская Республика.

Сокращения

АНП — Австрийская народная партия
АРД — Arbeitsgemeinschaft der öffentlich-rechtlichen Rundfunkanstalten der Bundesrepublik Deutschland (Рабочее содружество общественно-правовых учреждений радиовещания ФРГ)
ГДР — Германская Демократическая Республика (Восточная Германия)
ГРК — Государственный радиокомитет
КПА — Коммунистическая партия Австрии
КПЧ — Коммунистическая партия Чехословакии
ЛДПГ — Либерально-демократическая партия Германии
НДПГ — NDPD, National-Demokratische Partei Deutschlands (Национально-демократическая партия Германии)
НСДАП — NSDAP, Nationalsozialistische Deutsche Arbeiterpartei (Национал-социалистическая немецкая рабочая партия)
ПНР — Польская Народная Республика
ПОРП — Польская объединенная рабочая партия
СА — SA, Sturmabteilung (штурмовые отряды)
СЕПГ — SED, Sozialistische Einheitspartei Deutschlands (Социалистическая единая партия Германии)
СПК — Союз польских композиторов
СС — Schutzstaffel (отряды охраны, военизированная организация нацистской партии)
СЧК — Союз чехословацких композиторов
ФРГ — Федеративная Республика Германия (Западная Германия)
ХДС — Христианско-демократический союз Германии (партия)
ЧСР — Чехословацкая республика
ЧССР — Чехословацкая социалистическая республика
Штази — Ministerium für Staatssicherheit (Министерство госбезопасности ГДР)

AAN — Archiwum Akt Nowych (Архив современных документов, Польша)

AČR — Archiv Českého rozhlasu (Архив Чешского радио)

AdK — Akademie der Künste, Berlin (Академия искусств, Берлин)

Archiwum ZKP — Archiwum Związku Kompozytorów Polskich (Архив Союза польских композиторов)

ASC — Arnold Schoenberg Center (Центр Арнольда Шенберга)

ASC GSC — Arnold Schoenberg Center, Gertrud Schoenberg Collection (Центр Арнольда Шенберга, собрание Гертруды Шенберг)

BArch — Bundesarchiv, Berlin (Государственный архив, Берлин)

CZIM — Centralny Zarząd Instytucji Muzycznych (Центральное управление по делам музыкальных учреждений, Польша)

DP — Displaced Persons (перемещенные лица)

DRA — Deutsches Rundfunk archiv (Архив Немецкого радио)

FAZ — Frankfurter Allgemeine Zeitung (газета)

IFNM — Internationale Ferienkurse für Neue Musik (Международные летние курсы новой музыки)

IRG — Israelitische Religions gemeinde (Еврейская религиозная община)

ISCM — International Society for Contemporary Music (Международное общество современной музыки)

LRSO — Leipzig Radio Symphony Orchestra (Симфонический оркестр Лейпцигского радио)

MfAA — Ministerium für Auswärtige Angelegenheiten (Министерство иностранных дел Восточной Германии)

MKiS — Ministerstwo Kultury i Sztuki (Министерство культуры и искусства, Польша)

MŠK — Ministerstvo školství akultury (Министерство образования и культуры, Чехословакия)

NA — Národní archiv (Чешский национальный архив)

NARA — National Archives and Records Administration (Национальное управление архивов и документации, Колледж-парк, Мэриленд)

NRK — Norsk Rikskring kasting (Норвежское государственное радиовещание)

NS — Nasjonal Samling (норвежская фашистская партия «Национальное единение»)

NWDR — Nordwestdeutscher Rundfunk (Северо-Западное радио Германии)

OdF — Opferdes Faschismus (жертва фашизма)

ÖMZ — Österreichische Musikzeitschrift (Австрийский музыкальный журнал)

PAAA — Politisches Archiv des Auswärtigen Amts (Политический архив Министерства иностранных дел Германии)

PDA — Paul-Dessau-Archiv (Архив Пауля Дессау, Берлинская академия искусств)

RA — Riksarkivet (Государственный архив Норвегии)

RKK — Reichskulturkammer (Имперская палата культуры)

RSK — Reichsschrifttumskammer (Имперская палата литературы)

RŽNO — Rada židovských náboženských obcí v zemích České a Moravskoslezské (Совет еврейских религиозных общин в чешских и моравско-силезских землях)

SČS — Svaz československých skladatelů (Союз чехословацких композиторов); см. также СЧК

SPÖ — Sozialdemokratische Partei Österreichs (Социал-демократическая партия Австрии)

SWF — Südwestfunk (Юго-Западное радио)

VKM — Verband der Komponisten und Musikwissenschaftler (Союз композиторов и музыковедов ГДР)

VVN — Vereinigung der Verfolgten des Naziregimes (Объединение преследовавшихся нацистским режимом)

ZKP — Związek Kompozytorów Polskich (Союз польских композиторов), см. также СПК

ŻOB — Żydowska Organizacja Bojowa (Еврейская боевая организация)

ŻZW — Żydowski Związek Wojskowy (Еврейский воинский союз)

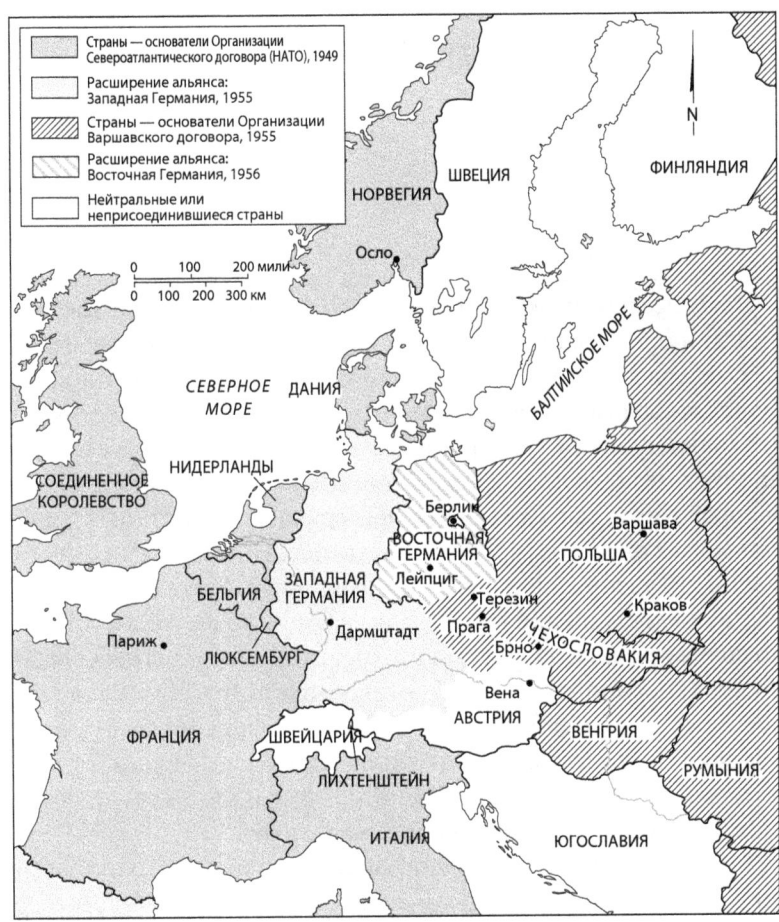

Центральная Европа после 1949 года

Слова благодарности

Этим исследованием и написанием книги я обязана многим людям и организациям, и я рада выразить им признательность за поддержку. Благодаря стипендии Говарда, полученной от Фонда Джорджа А. и Элизы Гарднер Говард, а также двум стипендиальным грантам Университета Вандербильта, я смогла в течение трех месяцев лета вести обширные исследования в архивах европейских стран. Стипендия Фредерика Буркхардта от Американского совета научных обществ позволила мне провести 2009–2010 учебный год в Рэдклиффском институте перспективных исследований при Гарвардском университете, где я постоянно получала заряд бодрости и вдохновения от группы необычайно эрудированных коллег. В Университете Вандербильта мне посчастливилось работать с двумя великодушными деканами — Кэролин Девер из Колледжа искусств и наук и Марком Уэйтом из музыкальной школы Блэра, которые оказали этому проекту всестороннюю поддержку, вплоть до мелочей.

Я благодарна многочисленным сотрудникам архивов, чьей помощью и познаниями пользовалась. Это Тереза Максенедер и Айке Фесс (Центр Арнольда Шенберга в Вене); Вернер Грюнцвайг, Анук Йешке и Даниэла Рейнгольд (Музыкальный архив берлинской Академии искусств): Йорг-Уве Фишер (архив Немецкого радио); Ульф Ратье (Государственный архив Лихтерфельде, Берлин); Ульрих Гейер (Политический архив Министерства иностранных дел, Берлин); Рюдигер Кох (архив хора радио MDR); Штеффен Хельд (Фонд Эфраима Карлебаха, Лейпциг); Розвита Майстер и Александр Хартман (государственный архив Штази); Мечислав Коминек, Изабела Цымер и Беата Джвигай (Польский музыкальный информационный центр, где находится архив

Союза польских композиторов); Иоанна Митко и Яцек Конецкий (Архив документов Польского радио); Иоланта Шопа (Архив Министерства культуры и национального наследия Польши); Анджей Будзыньски и Эдита Павловска (Центр документации и собраний программ Польского телевидения); Сидзель Левин (Еврейский музей Осло); Эйвинд Норхейм (музыкальное собрание Национальной библиотеки Норвегии; Рольф Йонссон (Государственный архив Норчепинга); Христина Сундби (Государственный архив, Швеция); Томас Баб и Бригитта Бредског (Еврейская община Стокгольма); Андерс Хаммарлунд (Центр шведской народной музыки и исследований джаза); Ян Кагуда (Национальный архив, Чехия); Зузана Петрашкова (музыкальный отдел Национальной Библиотеки ЧР); Богумил Сладечек (Архив Пражской филармонии); Гелена Братикова («Супрафон»); Зденек Ержабек (отдел архивных и программных фондов Чешского радио); Джеймс Келлер (Национальное управление архивов и документации, США).

Архивные исследования могут стать настоящим приключением, и я бы никогда не сумела сориентироваться в архивах Норвегии, Польши и Чехии без помощи некоторых замечательных научных сотрудников. Аудун Йонассен провел образцовую работу в Осло; там же мне посчастливилось познакомиться с Астрид Квалбейн, которая щедро поделилась своими знаниями и энтузиазмом в отношении Паулины Халл и разыскала для меня фотографию Халл (см. главу 3). Я безмерно благодарна Терезе Гавелковой из Карлова университета: узнав, что я хочу нанять там помощника, она познакомила меня с Катержиной Новой. С Катержиной мы дважды сотрудничали в Праге во время моих исследовательских командировок, после чего она продолжала идти по следу, вести переписку и вычитывать тексты на чешском языке, не теряя при этом своего фирменного чувства юмора. Лиза Джакельски была еще аспиранткой, когда я наняла ее для работы со мной в Варшаве, и на месте ее опыт оказался бесценным. С тех пор она терпеливо отвечала на бесчисленные вопросы и делилась идеями, возникавшими у нее в ходе ее собственных исследований. Я безмерно благодарна ей за душевную щедрость и дружбу.

Андреа Больман и Лиза Купер Вест любезно осуществляли для меня архивный поиск в Варшаве. Бернд-Михаэль Грефе в Лейпциге стал кем-то вроде неофициального ассистента, который облегчал мне контакты и предоставлял массу ценной информации. Он и его жена Хайдемари оказались самыми радушными хозяевами. Инбал Праг из Тель-Авива добросовестно собрал материалы, касающиеся карьеры Хайнца Фройденталя в Израиле. Лив Глейзер, Сидзель Левин и Питер Фройденталь любезно ответили на вопросы о своих отцах. Когда мы с Тиной Фрюхауф обнаружили, что пользуемся одними и теми же еврейскими изданиями из Восточной Германии, она любезно поделилась со мной своими находками. Джулиан Ледфорд упорно и бодро шел по следам Рене Лейбовица в Париже. Мэри Мэтьюз помогала мне в рамках гранта Университета Вандербильта на научное руководство студенческими исследованиями.

Многие другие коллеги поделились со мной своим знанием архивов и источников, как первичных, так и вторичных: Дэвид Р. Беверидж, Эван Берр Бьюки, Тимоти Фриз, Ярмила Габриэлова, Джей Говард Геллер, Штеффи Кандзия, Виолетта Костка, Либор Куделка, Марк Крамер, Ральф Локк, Памела Поттер, Эльза-Бет Руалсе, Питер Шмельц, Энн К. Шреффлер, Ян Страка, Туве Тресдал и Джон Тиррелл. Беатрикс Брокман, Малгожата Хюккель и Кирсти Спавин оказали неоценимую помощь в редактировании текстов на немецком, польском и норвежском языках соответственно. Джозеф Аунер, Уолтер Фриш и Брайан Гиллиам написали письма о предоставлении мне стипендий от ACLS и Фонда Говарда, без которых книга никогда бы не увидела свет.

Я тронута и благодарна друзьям и коллегам, которые нашли время читать рукопись по мере ее доработки. Особенно я обязана Эми Бил, Кларе Мориц и Сабине Файст за содержательные и всесторонние отзывы о книге в целом. Тина Фрюхауф, Фриц Хенненберг, Лили Хирш, Лиза Джакельски, Гиллель Киваль, Хельга Кушмиц, Нил Лернер, Брайан Локк, Арнульф Маттес, Майкл Менг, Александр Рединг, Лаура Сильверберг, Томас Сватос, Саймон Уолш, Грегори Уикс и Эми Линн Влодарски читали по одной или по несколько глав и задавали наводящие вопросы, заставляя меня заострять аргументы и уплотнять стиль. Мои подруги и коллеги из писательской группы GFC составили превосходную разнопрофильную аудиторию. Эти блестящие интеллектуалки, чья область специализации не имеет никакого отношения к теме книги, с радостью отстаивают свою уверенность в том, что науки должны быть понятны неспециалистам. Вклад всех этих людей сделал книгу неизмеримо лучше.

Я считаю большим везением то, что мне снова довелось сотрудничать с издательством Калифорнийского университета. Фрагменты введения и первоначальная версия главы 1 были опубликованы под названием «Символическая реэмиграция Шенберга: "Уцелевший из Варшавы" в послевоенной Западной Германии» в журнале «Journal of Musicology» (2009. Vol. 26. № 1. P. 1743; © 2009, Regents of the University of California). Мэри Фрэнсис многие годы поддерживала этот проект. Я очень признательна редактору серии «Калифорнийские исследования музыки XX века» Ричарду Тарускину за включение книги в серию. Он внимательно прочитал рукопись, безошибочно отмечая места, где можно было усовершенствовать как стиль, так и аргументацию; лучшего читателя я не могу себе представить. Ким Хогеланд, ассистент редактора и настоящий кладезь знаний, стойко поддерживала меня в издательском процессе и мастерски разруливала организационные сложности. Я благодарна Джордану Холланду, который искал работу как раз в тот момент, когда мне потребовался помощник на заключительных этапах подготовки рукописи. Благодаря его навыкам управления проектами процесс значительно упростился. Если, несмотря на такую мощную поддержку, в книге остались фактические ошибки или неверные суждения, все они исключительно на моей совести.

Трудно переоценить роль друзей и семьи в этом начинании. В дополнение к тем, кто уже назван, я рада поблагодарить вас, Ванесса Бисли, Бритта Дювиньо, Хилари Порисс, Деспина Стратигакос и Лорел Цейсс. Мои родители, Ларри и Мелисса, и сестра Хоуп всегда были для меня источником вдохновения и силы, а муж Крис — мой самый любимый человек во всех отношениях. Ему и посвящается эта книга.

Введение

Кантата Арнольда Шенберга «Уцелевший из Варшавы» (1947) как будто нарочно была создана для того, чтобы задеть каждый оголенный нерв в послевоенной Европе. Пьесу о Холокосте в двенадцатитоновой технике и с текстом на трех языках написал для американской публики композитор-еврей, чья музыка, с точки зрения нацистов, служила наглядейшим образцом «дегенеративного» искусства. Композитор этот, которого одновременно превозносили и поносили как первооткрывателя додекафонии, эмигрировал в Соединенные Штаты и стал американским гражданином. Пьеса длится менее семи минут: она слишком коротка, чтобы целиком занять хотя бы одно отделение концерта, но несет в себе слишком глубокий смысл, чтобы соседствовать в программе с другими произведениями. Поэтому в послевоенной Европе любое появление «Уцелевшего» в публичном пространстве — включение в программу, исполнение, даже рецензия или какая-либо другая оценка в прессе — не воспринималось как нечто обыденное. Подобные события всегда диктовались умыслом, и было очевидно, что они означают нечто важное.

Эта дополнительная значимость оказалась исключительно многогранной, так что пьесу легко было использовать для самых разных целей. Смыслы и способы, как и всегда, определялись временем (начало холодной войны, между 1948 и 1968 годами) и местом (шесть разных стран послевоенной Европы). «Уцелевший» мог служить признанием или увековечением памяти о Холокосте, как в Норвегии или, косвенно, в Чехословакии; мог быть демонстрацией пиетета перед Шенбергом, восхищения додекафонией или модернистской музыкой в целом, как в Западной Германии, Австрии и Чехословакии. Неприятие «Уцелевшего» также говорило о многом: так, в Западной Германии и Австрии реакцией на него стали антисемитские и/или антиамериканские выпады. В странах социалистического лагеря «Уцелевший» работал своего рода канарейкой в культурно-политических угольных шахтах. В первые годы холодной войны музыка Шенберга получала там официальное одобрение только в редкие моменты относительной свободы, в частности в период оттепели. Напротив, возобновление нападок на композитора и неприятия его музыки свидетельствовало об откате на прежние позиции либо печально известных периодах «закручивания гаек». Таким образом, в конце 1950-х годов появление «Уцелевшего» за железным занавесом в каждой отдельной соцстране было показателем «температуры» оттепели, хотя даже тогда еврейская тема полностью подменялась антифашистской — особенно очевидно это было в Восточной Германии. «Уцелевший» также мог служить орудием культурной дипломатии, пример тому — его первое исполнение в Польше артистами из ГДР, состоявшееся в Варшаве. По этим и многим другим причинам история исполнения и рецепции «Уцелевшего» в разных странах послевоенной Европы может служить уникальным материалом для понимания всей культурной истории данного времени и места.

Кроме того, произведение и сегодня вызывает споры, хотя они чаще сопряжены с вопросами вкуса и художественных достоинств, чем символического содержания; по сути, эти вопросы возникали при его восприятии с самого начала. Многие интеллектуалы имеют претензии к «Уцелевшему». Некоторые считают его пошлым и мелодраматичным: по их мнению, предельно экспрессионистские музыкальные приемы сводят Холокост к банальностям саундтрека для второсортного голливудского фильма. Других не устраивает хоровой финал, который якобы потворствует публике в ее пристрастии к героическому нарративу искупления и позволяет слушателю сорваться с крючка. Третьим же кажется неприемлемым использование чужих страданий в развлекательных целях. Как бы то ни было, я вижу несколько причин для того, чтобы рассмотреть культурную историю первых лет холодной войны в Европе именно сквозь призму исполнения и восприятия «Уцелевшего из Варшавы». Во-первых, это произведение занимает особое место в творчестве выдающегося композитора. Возможно, это было не первое музыкальное произведение, посвященное теме Холокоста, но оно оказалось на удивление популярным[1]. Авторитетность имени автора, статус позднего произведения и сама тема — все это вызвало у критиков жгучий интерес и, более того, оказало значительное, даже чрезмерное влияние как на общее восприятие композитора, так и на понимание его еврейства [Móricz 2008: 256]. По этим причинам, реконструируя историю восприятия кантаты слушателями послевоенной Европы по мере того, как они с ней знакомились, мы сможем восполнить пробелы в наших познаниях о хорошо известном произведении знаменитого автора.

Во-вторых, минимального эстетического критерия, которому должно отвечать музыкальное произведение, чтобы стать исторически, культурно или персонально значимым, не существует. Благодаря уникальному сочетанию описанных выше характеристик и условий, история исполнения и восприятия «Уцелевшего» может многое нам рассказать о послевоенном периоде в Европе. Кроме того, это не какая-то развлекательная пьеса, которая предназначена для того, чтобы просто заполнить семь минут эфирного времени; возможно, сегодня ее влияние стало еще сильнее, так как со временем она приобрела больше смыслов. В 1992 году Всемирный фонд памятников открыл сбор средств на реставрацию синагоги Темпель в еврейском районе Кракова Казимеже с помощью телевизионной трансляции: Краковский филармонический оркестр исполнял «Уцелевшего из Варшавы» прямо в невосстановленном храме. 9 ноября 2009 года главным музыкальным событием празднования двадцатой годовщины падения Берлинской стены стал концерт у Бранденбургских ворот под управлением Даниэля Баренбойма. Баренбойм тщательно подготовил весьма символичную программу: в нее вошли произведения Вагнера (увертюра к третьему акту «Лоэнгрина»)

---

[1] Fetthauer S. Eine Liste mit Musikwerken der Holocaustrezeption. URL: www.sophie.fetthauer.de/MusikundHolocaust06-05-20.pdf (дата обращения: 23.08.2024).

и Бетховена (четвертая часть Седьмой симфонии), премьера нового произведения композитора из бывшей ГДР Фридриха Гольдмана под названием *Es ist, als habe einer die Fenster aufgestoßen*[2] и «Уцелевший из Варшавы». По словам Баренбойма, он хотел напомнить людям, что задолго до того, как 9 ноября стало праздником, этот день успел войти в историю как дата исключительно мрачного события — Хрустальной ночи.

Хорошо это или плохо, но «Уцелевший» как нельзя лучше вписывается в понятие величественного жеста. Достаточно часто в концертах за ним следует Девятая симфония Бетховена. Это можно мягко охарактеризовать как проблематичную, но и удобную для восприятия повествовательную траекторию героического искупления. Как писала С. Эпплгейт, случается и обратное: «Уцелевший» исполняется вслед за Девятой симфонией Бетховена, тем самым, возможно, нейтрализуя ее воздействие [Applegate 2005: 226]. Саймон Рэттл, выступив дирижером «Уцелевшего», сразу же перешел ко Второй симфонии Малера («Воскресение»). В 1948 году на премьере в Альбукерке Курт Фредерик открыл выступление переложением кантаты Баха «Приди, о сладкий смерти час» в аранжировке Леопольда Стоковского, за которой последовали «Уцелевший» и Концерт для литавр Яромира Вайнбергера; после антракта прозвучала Восьмая симфония Бетховена. В ноябре 2012 года Владимир Юровский и Лондонский филармонический оркестр дали концерт, который в примечаниях к программе был назван данью «истинному идеализму»: за увертюрой к «Фиделио» Бетховена последовали «Ода Наполеону Бонапарту» и «Уцелевший из Варшавы» Шенберга, а во втором отделении прозвучало произведение Луиджи Ноно «Юлиус Фучик», основанное на «Репортаже с петлей на шее» — дневнике Фучика, написанном в нацистской тюрьме.

Зрителей попросили воздержаться от аплодисментов после исполнения пьесы Ноно и дождаться окончания Пятой симфонии Бетховена, заключительного произведения концерта. С дирижер-

---

[2] «Как будто кто-то выбил окна» (*нем.*) — слова из речи писателя Стефана Гейма в день падения Берлинской стены. — *Прим. перев.*

ского пульта Юровский объявил, что программа посвящена всем жертвам угнетения и «задумана как духовное путешествие или диалектическая конфронтация»³. Некоторые музыканты предпочли агрессивно «интервенционистские» подходы. Так, в 1972 году Ханс Цендер вставил «Уцелевшего» между 1-й и 2-й частями «Страстей по Матфею» Баха, причем заглавную партию «Уцелевшего» и партию Христа у Баха исполнил один и тот же певец. В 1978 году Михаэль Гилен поместил «Уцелевшего» между третьей и четвертой частями Девятой симфонии Бетховена, стремясь разрушить ставшую уже привычной связь между двумя произведениями. Эти варианты можно оценивать как угодно, но все они в какой-то мере отражают прагматический аспект концертной деятельности: нет особого смысла приглашать хор ради одного семиминутного произведения, а исполнять Шенберга в самом конце программы рискованно: публика может разбежаться раньше времени.

В феврале 2013 года Симфонический оркестр Нэшвилла открыл концерт «Уцелевшим», за которым практически без паузы последовал «Вопрос, оставшийся без ответа» Чарльза Айвза, а затем Первый концерт для виолончели Шостаковича; как дань Шенбергу, во втором отделении прозвучало «Учение о гармонии» Джона Адамса, название которого восходит к одноименному трактату Шенберга 1911 года. В тональной пьесе Айвза на приглушенном, сдержанном фоне диатонической партии струнных семь раз звучит атональный «вопрос», задаваемый трубой. Ответ пытаются дать деревянные духовые, но заключительный вопрос трубы так и повисает в воздухе над продолжительным соль-мажорным трезвучием. «Вопрос, оставшийся без ответа» сыграл роль паузы, позволившей публике отвлечься от Шенберга и погрузиться в созерцательное состояние. Пьеса также сыграла роль буфера между «Уцелевшим» и аплодисментами, так как слушателям зачастую бывает неловко аплодировать после произведения Шенберга.

Партию рассказчика в «Уцелевшем» исполнил Джордж Такэй, актер, известный как исполнитель одной из ролей в «Звездном

---

³ Hewitt I. LPO/Jurowski, Royal Festival Hall, London, Review // Telegraph. 29 ноября 2012 года.

пути» и квир-икона. Такэй обладает звучным сценическим басом и четкой дикцией, но это не главная причина, по которой был выбран именно он. Актер родился в Лос-Анджелесе в 1937 году, а 1942–1945 годы вся его семья провела в американских лагерях для интернированных японцев в Калифорнии и Арканзасе. Эта история стала частью пиар-кампании, сопровождавшей исполнение «Уцелевшего» с участием Такэя в Литл-Роке и Нэшвилле, а также легла в основу мюзикла «Преданность», в котором он играет главную роль. Такэй обладает уникальной репутацией «уцелевшего из Америки», и воплощенный им образ «уцелевшего из Варшавы» может расцениваться, по выражению исследовательницы Холокоста Кэти Карут, как «встреча с реальностью» [Caruth 1995: 45]. Очень интересно сопоставить этот концерт с примером, рассмотренным в главе 6: в Чехословакии главную партию в «Уцелевшем» часто исполнял артист, переживший Холокост. И появление в этой роли Такэя в 2013 году говорит о непреходящей актуальности произведения Шенберга и о том, что оно имеет определенное культурное и политическое значение и для современных США. На концерте в Нэшвилле Такэй произнес весь текст на английском языке, в том числе и немецкие реплики оригинала. (Как мы увидим, другие исполнители также вносили в текст коррективы, либо, подобно Такэю, посредством перевода, либо путем замены слов, очевидно стремясь смягчить воздействие графического описания.)

В-третьих, в 1947 году, когда Шенберг писал «Уцелевшего», устоявшихся выразительных средств для описания реакции на Холокост не существовало ни в литературе, ни в музыке, ни в изобразительном искусстве. Не существовало также траурных церемоний или ритуалов в память о погибших. Хасия Р. Дайнер опровергла распространенное мнение, будто после войны евреи в США молчали о Холокосте, и показала, что в действительности они достаточно много говорили о нем и многое делали. Но в связи с беспрецедентностью Холокоста в новейшей истории, а также с многообразием форм жизни американских евреев, не существовало ни единых образцов, ни общепринятых способов поведения или самовыражения:

> В послевоенных попытках почтить память Холокоста отражался целый ряд местных реалий, глубоко влиявших на образ жизни американских евреев, на их культуру памяти. У них не было очевидного прецедента, которым они могли бы руководствоваться, совершая первые попытки создать новые церемонии, написать новые литургии, назначить дни траура и организовать массовые мероприятия, которые были бы уместны как напоминание об ужасающей истории смерти и разрушений, массовых убийств, газовых камер и кремации миллионов евреев [Diner 2009: 9–10].

Иными словами, приходилось продумывать все на ходу, чтобы приспособить знакомые ритуалы и язык, или, по выражению Дайнер, «дела и слова», к тому, чтобы почтить память жертв небывалой и прежде невообразимой трагедии [Там же: 9–10].

Нечто подобное делал и Шенберг, сочиняя «Уцелевшего»: приспосабливал ритуальные действия (посещение концертов, театрализацию, молитву «Шма») и музыкальный язык (экспрессионизм, приемы которого вошли в арсенал голливудских саундтреков к фильмам ужасов и триллеров, а также додекафонию), к тому, чтобы запечатлеть события, не поддающиеся описанию. Х. Дайнер интерпретирует поступки и слова миллионов американских евреев в тот период как «грандиозный неорганизованный, спонтанный проект, целью которого было сохранить в памяти образ убитых в Европе евреев»; все это способствовало созданию «мемориальной культуры» [Там же: 11]. «Уцелевший» стал частью этой мемориальной культуры, поскольку Шенберг был гражданином США и писал свою пьесу для американской публики, хотя и опирался, безусловно, на свой европейский опыт. Как показала Дайнер, многие евреи в США по-разному реагировали на Холокост, и среди них, несомненно, были и европейские евреи-эмигранты. В этом контексте верно замечание Бриджит Коэн о том, что «описывая музыкальный модернизм в условиях миграции, следует в первую очередь учитывать те формы принадлежности, которые возникают в результате новых связей, а не просто обусловлены заданной национальной идентичностью» [Cohen 2012: 24]. Мы также увидим, что многие европейцы, писавшие об

«Уцелевшем», воспринимали его как американское произведение. Причинами этого служили почти полностью англоязычный текст, приобретенное гражданство Шенберга, тональные вкрапления в додекафонию и социальная ангажированность произведения (то и другое ассоциировалось с поздним, американским стилем композитора), а может быть, и тот факт, что его пропагандировали учреждения, поддерживаемые США. Хотя «Уцелевший» и является составной частью еврейско-американской мемориальной культуры, это все-таки пьеса для концертного исполнения, причем написанная выдающимся композитором. Двойная сущность произведения — мемориальная и концертная — неизбежно вызывает неудобные вопросы. Адекватное изображение Холокоста и увековечение памяти о его жертвах остаются важными дискуссионными темами; однако вслед за Дайнер, которая сочувственно рассматривает другие документы ранней культуры памяти о жертвах Холокоста, я склонна предоставить презумпцию невиновности и «Уцелевшему».

Шенберг написал «Уцелевшего» на своей приемной родине, в Калифорнии, в 1947 году. По всей видимости, поводом к его созданию послужили переговоры с Коринной Хохем (1905–1990), танцовщицей и хореографом русского происхождения, которая пыталась заказать Шенбергу музыкальную пьесу, но цена, запрошенная композитором, ее не устроила[4]. Однако проект все же осуществился: вскоре после этого к Шенбергу обратился с заказом Музыкальный фонд Кусевицкого, и композитор ответил, что уже работает над произведением, которое сможет завершить быстро. Работа была закончена осенью, а в декабре того же года Рене Лейбовиц (1913–1972) подготовил под руководством Шенберга оркестровую партитуру. Текст написал сам Шенберг[5]. Чтец-рас-

---

[4] Связь с Хохем впервые была установлена М. Штрассером в тщательно документированной статье "Уцелевший из Варшавы" как личная притча» («*A Survivor from Warsaw* as Personal Parable») [Strasser 1995]. Статья Штрассера также служит лучшим источником информации о премьере в Альбукерке. Прекрасное изложение истории и анализ этого произведения содержится в работе Т. Максенедер [Muxeneder 2002].

[5] Подробный анализ текста содержится в [Wlodarski 2007; Wlodarski 2006: 42–58; Crittenden 2000; Föllmi 1998]. См. также [Móricz 2008: 293–294].

сказчик — «уцелевший» — на английском языке вспоминает ужасы Холокоста: гетто, утреннюю перекличку, издевательства над узниками, отбор тех, кто пойдет на смерть. Рассказ дважды прерывается немецкими фразами, когда Чтец цитирует слова фельдфебеля (немецкого сержанта). В конце рассказа Уцелевший вспоминает, как «вдруг — все они совершенно внезапно запели "Шма Исраэль". В финале произведения звучит мужской хор, поющий на древнееврейском отрывок из «Шма Исраэль» («Слушай, Израиль») — еврейского символа веры и главной молитвы в иудаизме:

> Всего я не смогу припомнить! Я, должно быть, находился без сознания почти все это время…! Я вспоминаю лишь один величественный момент — когда все они, словно сговорившись, запели старую молитву, которой пренебрегали до этого долгие годы — этот забытый символ веры!
> Но я не в силах понять, как же я оказался под землей и прожил в канализационных люках Варшавы так много времени…
> День начинался как обычно. Побудка — еще до рассвета. «Выходите!» — и все равно, спишь ли ты или тревожные мысли не давали уснуть тебе всю ночь: ведь ты разлучен с детьми, с женой, с родителями. Ты не знаешь даже, что с ними случилось… Разве можно было заснуть?
> Опять звуки труб. «Выходите! Сержант будет в ярости!» — И они выходили: одни — старики и больные — совсем медленно, другие — с нервозной торопливостью. Они боялись фельдфебеля. Они торопились изо всех сил. — Все напрасно! Чересчур много шума, чересчур много суеты — и все равно недостаточно быстро! Фельдфебель заорал: «Внимание! Смир-р-на! А ну кончай там — или угомонить вас прикладом? Ну ладно, если уж вам так охота!» Фельдфебель с подчиненными избивали всех подряд — молодых и старых, сильных и слабых, правых и виноватых… Больно было слышать, как они стонут и причитают.
> Я слышал все это, хотя был сильно избит — так сильно, что без сил свалился с ног. Всех нас, кто валялся на земле и не мог встать, били по голове…
> Я, наверное, потерял сознание. Следующее, что я услышал, были слова солдата: «Они все уже мертвы!». После чего фельдфебель скомандовал убрать нас всех вон.

Я лежал в стороне — почти без сознания. Наступила полная тишина — страх и боль — и я услышал, как фельдфебель заорал:
«Рассчита-айсь!»
— Они начали пересчитываться, медленно и неравномерно: «раз, два, три, четыре» —
«Стоп!» — снова заорал фельдфебель — «Быстр-ра-а! Все снова и сначала! Через минуту я желаю знать, сколько вас я отправлю в газовую камеру! Рассчита-айсь!»
— Они стали пересчитываться опять, сначала медленно — «раз, два, три, четыре», — затем все быстрее и быстрее, — затем так быстро, что под конец стало уже казаться, будто слышен топот диких лошадей, — и — вдруг — все они совершенно внезапно запели «ШМА ИСРАЭЛЬ»[6].

I cannot remember ev'rything.
I must have been unconscious most of the time.
I remember only the grandiose moment
when they all started to sing as if prearranged,
the old prayer they had neglected for so many years
the forgotten creed!
But I have no recollection how I got underground
to live in the sewers of Warsaw for so long a time.
The day began as usual: Reveille when it still was dark.
Get out! Whether you slept or whether worries kept you awake
the whole night.
You had been separated from your children, from your wife, from your parents;
you don't know what happened to them how could you sleep?
The trumpets again —
Get out! The sergeant will be furious!
They came out; some very slow: the old ones, the sick ones;
some with nervous agility.
They fear the sergeant. They hurry as much as they can.
In vain! Much too much noise; much too much commotion —
and not fast enough!

---

[6] Перевод на русский, выполненный московским композитором Антоном Сафроновым, был опубликован в программном буклете фестиваля музыки Шенберга (Москва, 1999), посвященного 125-летию со дня рождения композитора. — *Прим. перев.* См. также: URL: https://classic-online.ru/archive/?file_id=13383# (дата обращения: 28.11.2024).

> The Feldwebel shouts: "Achtung! Stilljestanden! Na wirds mal?
> Oder soll ich mit dem Jewehrkolben nachhelfen? Na jutt; wenn
> ihrs durchaus haben wollt!"
> The sergeant and his subordinates hit everybody:
> young or old, quiet or nervous, guilty or innocent.
> It was painful to hear them groaning and moaning.
> I heard it though I had been hit very hard,
> so hard that I could not help falling down.
> We all on the ground who could not stand up were then beaten
> over the head.
> I must have been unconscious. The next thing I knew was
> a soldier saying:
> "They are all dead,"
> whereupon the sergeant ordered to do away with us.
> There I lay aside halfconscious.
> It had become very still — fear and pain.
> Then I heard the sergeant shouting: "Abzählen!"
> They started slowly and irregularly: one, two, three, four
> "Achtung!" the sergeant shouted again,
> "Rascher! Nochmal von vorn anfangen!
> In einer Minute will ich wissen,
> wieviele ich zur Gaskammer abliefere!
> Abzählen!"
> They began again, first slowly: one, two, three, four,
> became faster and faster, so fast
> that it finally sounded like a stampede of wild horses,
> and all of a sudden, in the middle of it,
> they began singing the Shema Yisroel.

Предназначенная для «речевого пения» партия Чтеца записана на одной линии нотного стана с выраженной ритмизацией и обозначениями высоты тона, которые указывают на восходящие и нисходящие отклонения относительно центральной линии, а также на хроматические изменения этих относительных высот. Сюжет не взят из какого-либо конкретного исторического источника, а в тексте воспоминания о разных концлагерях и гетто сочетаются с образами, родившимися в воображении автора; Камиль Криттенден называет это «личным драматическим синтезом» композитора [Crittenden 2000: 233]. Шенберг и сам признал это, написав: «Этот текст частично основан на рассказах, которые я слышал либо сам, либо от других», — а также в письме Курту Листу: «…даже если события развивались не в том порядке, в каком я описал их в "Уцелевшем из Варшавы". Это не имеет никакого значения. Главное, что я видел это в своем воображении»[7].

Хотя рассказ и представляет собой синтез различных источников, название пьесе дано продуманное и конкретное. Этот уцелевший — не из Треблинки и не из Освенцима. Он из Варшавы, а это сразу вызвало в сознании американской публики однозначную ассоциацию: восстание в Варшавском гетто. Настоящее сражение началось в ночь на Песах 19 апреля 1943 года, и, несмотря ни на что, беспорядочное сопротивление сдерживало немецкие войска почти месяц, прежде чем было разгромлено[8]. В США восстание быстро приобрело культовый статус как самый знаменитый из примерно ста известных случаев вооруженного сопротивления евреев немцам. В 1947 году, когда еврейский беженец из Вены Адольф Р. Лернер выступил с инициативой создания мемориала жертвам Холокоста в Нью-Йорке, в материалах по сбору средств сообщалось, что тот будет посвящен

> героям Варшавского гетто, которые без помощи извне восстали против мощи немецкой армии в эпической битве, длившейся сорок дней и ночей, пока не осталось ничего, кроме развалин и дыма, — чтобы утвердить те идеалы свободы человека, за которые отдали жизнь шесть миллионов евреев (цит. по: [Diner 2009: 25]).

---

[7] Письмо Шенберга Курту Листу от 1 ноября 1948 года, см. [Schoenberg 1988: 105]. Этой цитатой открывается текст, напечатанный в предисловии к исправленному изданию филармонической партитуры «Уцелевшего» под редакцией Ж.-Л. Моно [Schoenberg 1979], а также приводится в [Rufer 1962: 73].

[8] Подготовка восстания приписывается почти исключительно ŻOB (Żydowska Organizacja Bojowa — Еврейская боевая организация) под руководством Мордехая Анелевича, однако в последнее время делаются попытки восстановить историческую справедливость в отношении роли в нем ŻZW (Żydowski Związek Wojskowy — Еврейского воинского союза) во главе с Павлом Френкелем. См. [Arens 2011].

В 1952 году Американский еврейский конгресс учредил комитет по организации ритуала поминального Седера, и единственным конкретным историческим событием Холокоста, которое предлагалось включить, было «уже ставшее знаменитым» восстание в Варшавском гетто [Там же: 18].

Варшава имела символическое значение и для Шенберга. Он писал Курту Листу: «Название будет "УЦЕЛЕВШИЙ ИЗ ВАРШАВЫ", потому что это меня вдохновило, а географический смысл включает в себя гетто и все, что там произошло»[9]. «Все, что там произошло» охватывало все события после операции 1942 года по ликвидации гетто, в результате которой около 280 000 евреев из гетто было отправлено в Треблинку [Engelking, Leociak 2009: 50], вплоть до движения сопротивления, возникшего как ответ на эту акцию. Вооруженное сопротивление не отражено в рассказе Уцелевшего, но в названии произведения Шенберг как будто проводит аналогию между символической победой восстания и запеваемым в унисон «Шма», которое он понимал как победу веры: «Чудо состоит в том, что все эти люди, возможно, годами забывавшие, что они евреи, внезапно очутившись перед лицом смерти, вспоминают, кто они есть»[10]. Это понимание подтверждается интерпретацией «Шма»: у Шенберга отрывок из текста Второзакония 6:4–7 завершается на моменте «вставания»:

> Слушай, Израиль: Господь, Бог наш, Господь един есть; и люби Господа, Бога твоего, всем сердцем твоим, и всею душою твоею и всеми силами твоими. И да будут слова сии, которые Я заповедую тебе сегодня, в сердце твоем; и внушай их детям твоим и говори о них, сидя в доме твоем и идя дорогою, и ложась и вставая (знак крещендо).

Гилель Киваль предположил, что решение Шенберга использовать сокращенный текст может также быть истолковано как пример мидраша — в качестве «иронической критики Божественного провидения»[11]. Безусловно, короткая оркестровая кода, по-

---

[9] Письмо Шенберга Курту Листу, 18 февраля 1949 года, ASC.
[10] Письмо Шенберга Курту Листу, 1 ноября 1948 года, ASC.
[11] Гиллель Киваль, электронное письмо автору, 16 августа 2012 года.

вторяющая вступление после «Шма», ясно показывает, что «встать» в буквальном смысле не удалось: Стивен Дж. Кан видит в этом приеме горькую иронию [Cahn 2010: 200]. Другие комментарии Шенберга к пьесе предполагают не столько иронию, сколько попытку соотнести произведение с культовым символом сопротивления Холокосту — восстанием в Варшавском гетто. Как мы увидим, восстание имело символическое значение и в других странах. В странах соцлагеря это историческое событие, как, собственно, и «Уцелевший», никак не связывалось с евреями и подавалось как символ сопротивления фашизму как таковому.

Партитура написана в додекафонической технике и, как во многих двенадцатитоновых произведениях Шенберга, в ней используется гексахордовая комбинаторность: две половины серии — шестерки нот — расположены в последовательности, способствующей особым контрапунктическим отношениям между их пермутациями. В «Уцелевшем» первично отношение между серией P_0 (F# GCA♭EE♭B♭D♭ADFB) и I_5, ее инверсией, перемещенной на пять интервалов вниз (BB♭FAD♭DGEA♭E♭CF#). Важная особенность этой серии — преобладание увеличенного трезвучия A♭CE, которое пронизывает все произведение и придает ему гармоническую и мелодическую целостность. Шенберг обвел эту последовательность кружком во всех шести вариантах пермутации, в которых она фигурирует в его схеме серий (P_0, P_4, P_8 и их инверсии). Ей также приписывают символическое значение, так как она служит основой мелодии, на которую хор поет слова «Адонай Элохейну» («Господь Бог наш»). Дэвид М. Шиллер отмечает: «Как и само слово "Адонай", увеличенное трезвучие A♭CE служит здесь заменой непроизносимого имени Бога: это мотив Бога» [Schiller 2003: 103–104][12]. Джо Р. Арджентино обнаруживает еще большее мотивное и символическое единство, распространяя свой анализ с увеличенного трезвучия A♭CE на другие проявления симметричных трихордов, например B♭DF#;

---

[12] Я воспользовалась обозначениями Шиллера, хотя в других анализах его P_0 маркируется как P_6, поскольку начинается с шестой ступени звукоряда и продолжается соответственно.

он утверждает, что вездесущность таких созвучий (не обязательно связанных с A♭CE) указывает на попытку наполнить произведение присутствием Бога, который должен оставаться незримым и неназываемым [Argentino 2013: 12–13]. Как показала Эми Линн Влодарски, «при мнемоническом прочтении становится ясно, что увеличенное трезвучие играет не только мотивную роль», но и «определяет масштабную структуру кантаты», подтверждая предположение о «вездесущности Бога в повествовании Шенберга» [Wlodarski 2007: 607]. Для слуха, вероятно, еще важнее, что серия призвана подчеркнуть увеличенные трезвучия, и преобладание этого звучания гармонически и мелодически придает музыке тональный оттенок. Это сочетается с повторяющимися мотивами, а также яркими внешними элементами, резкими «экспрессионистскими жестами страха и тревоги», столь характерными для музыкального языка Шенберга после 1909 года [Móricz 2008: 256][13].

Произведения, заказанные Фондом Кусевицкого, чаще всего впервые исполнял Бостонский симфонический оркестр, однако Шенберг предоставил эту честь Курту Фредерику и его любительскому Гражданскому оркестру Альбукерке с условием, что Фредерик перепишет отдельные партии из дирижерской партитуры, которые потом будут принадлежать Шенбергу. Фредерик (1907–1997, настоящая фамилия Фуксгельб), еврей из Вены, был выдающимся музыкантом. Он руководил хором венской синагоги Штадттемпель на Зайтенштеттенгассе, где 45 лет прослужил кантором легендарный Соломон Зульцер. Фредерик занимал этот пост во время Аншлюса 1938 года; в 1991 году он считался единственным оставшимся в живых музыкальным руководителем венской довоенной еврейской общины[14]. С 1938 по 1942 год он

---

[13] Э. Л. Влодарски анализирует оба аспекта, см. [Wlodarski 2006: 59–87].

[14] Машинопись лекции Фредерика, прочитанной по случаю открытия выставки «Соломон Зульцер: кантор, композитор, новатор» в лондонской библиотеке Барбикан 21 октября 1991 года, и программа того же мероприятия. Документы Курта Фредерика (99M-18, Houghton Library, Harvard University). На момент моей работы с собранием Фредерика не было каталогизировано.

был альтистом в квартете Колиша. Он не только выписал партии из «Уцелевшего», но и поправил некоторые ударения и слова на иврите; много лет спустя он также аранжировал пьесу для голоса и фортепиано.

На мировой премьере 4 ноября 1948 года Фредерик дирижировал хором студентов и местных жителей, который пришлось дополнить певцами из соседнего города Эстансия; партию Чтеца исполнял Шерман Смит, профессор химии и заведующий кафедрой в Университете Нью-Мексико. Первые же опубликованные отклики на «Уцелевшего» задали тон последующей рецепции произведения. Критики отмечали ошеломляющее воздействие на публику, анализировали двенадцатитоновую технику и рассуждали об этике искусства, порожденного Холокостом. Газета «Albuquerque Journal» сообщила, что зрители «сидели в оцепенении и некотором ошеломлении», что побудило Фредерика спросить, не хотели бы они послушать это еще раз. Когда они дали понять, что хотят, ансамбль сыграл произведение еще раз, и только после этого публика ответила «искренними» и «оглушительными аплодисментами, предназначавшимися композитору в той же степени, что и дирижеру, музыкантам, чтецу и хору»[15]. Таким образом, традиция повторять произведение появилась уже во время премьеры. Даже популярная пресса сочла концерт достойным освещения: десять дней спустя заметку о нем опубликовал журнал «Time»[16]. Один из отзывов, появившийся в ноябре 1948 года, принадлежал Курту Листу, поклоннику Шенберга, на которого, однако, «Уцелевший» произвел двойственное впечатление. Он затронул этический вопрос, выразив сомнения по поводу «трагедии Варшавского гетто [как стимула для] художественного творчества» и, как, впрочем, и другие критики, сравнил драматический вымы-

---

[15] Civic Symphony Gives First Playing of Exciting New Schoenberg Work // Albuquerque Journal. 5 ноября 1948 года.

[16] Destiny and Digestion // Time. 15 ноября 1948 года. В этой заметке без подписи и со странным названием («Судьба и пищеварение») содержатся цитаты из интервью с Фредериком и Шенбергом и краткое описание музыки и реакции на нее публики. Судя по всему, репортер на концерте не присутствовал.

сел Шенберга с голливудской стилизацией, хотя отметил и музыкальные достоинства произведения [List 1948]¹⁷.

Спустя несколько недель «Уцелевший» прозвучал во второй раз. Европейская премьера состоялась в Париже в декабре 1948 года, в исполнении Симфонического оркестра радио (*Radio-Symphonique*) под управлением Рене Лейбовица. Загадочного Лейбовица можно считать одним из самых пламенных сторонников Шенберга в послевоенной Европе: он читал лекции о его музыке в Дармштадте, одним из первых опубликовал исследования додекафонии и включал музыку Шенберга в свои концерты. 26 февраля 1957 года он также выступил с израильской премьерой «Уцелевшего» в Иерусалиме: в ней приняли участие оркестр радиостанции «Коль Исраэль» («Голос Израиля) в сопровождении Симфонического оркестра Армии обороны Израиля, мужского хора «Коль Цион ла'Гола» и Иегошуа Зоара в роли Чтеца¹⁸. Однако отношения между Шенбергом и Лейбовицем часто были напряженными, поскольку последний имел привычку исполнять и записывать произведения Шенберга без выплаты авторских отчислений, а в своем ревностном стремлении проповедовать двенадцатитоновое евангелие за границей часто распространял неверные сведения. В своей колонке издания «Radio» — бюллетеня «Радио Франс» — Клод Ростан и Ноэль Буайе предупредили слушателей о предстоящей трансляции. Правда, главным событием они назвали французскую пре-

---

[17] См. также [Móricz 2008: 292–295; Schiller 2003: 121–123]. Параллель с Голливудом проводит и Р. Тарускин: «Если бы имя композитора не было окутано ореолом истории, если бы музыкальный язык пьесы не был защищен своей непрозрачностью, содержащиеся в ней штампы из второсортного кино — нацистское лающее "Ахтунг" в духе Эриха фон Штрогейма, китчевая торжественность кульминационного, неожиданно тонального пения еврейского символа веры — были бы до боли очевидными, и никому бы в голову не пришло ставить такую банальность рядом с Девятой симфонией Бетховена, как это теперь модно. Такая "поэзия после Освенцима" действительно свидетельствует о бессилии искусства» (Taruskin R. A Sturdy Musical Bridge to the 21st Century // New York Times. 24 августа 1997 года).

[18] Экземпляр концертной программы израильской премьеры находится в Собрании концертных программ д-ра Ури Эйнштейна в Национальной библиотеке Израиля. Я благодарю Инбаль Праг за содействие.

мьеру Второй камерной симфонии Шенберга, но также упомянули (ошибочно) предстоящую мировую премьеру *Un survivant de Varsovie* (французское название «Уцелевшего из Варшавы»)[19]. Вероятно, эту информацию они получили от Лейбовица, который также ошибочно полагал, будто Шенберг «обещал... первое в мире исполнение "Уцелевшего" именно ему — недоразумение, которое, безусловно, не пошло на пользу их отношениям»[20]. Произведение прозвучало по французскому радио 20 декабря в переводе Лейбовица; партию чтеца исполнил баритон Люсьен Ловано[21]. В тот момент европейская премьера не привлекла особого внимания. В книге «Художник и его совесть» (1950) Лейбовиц попытался вписать «Уцелевшего из Варшавы» Шенберга в сартровскую концепцию ангажированного искусства, утверждая, что «разработка и использование Шенбергом двенадцатитоновой техники представляли собой форму художественной ангажированности, равноценную политической ангажированности, заложенной в тексте "Уцелевшего" [Carroll 2003: 7, 109][22]. «Уцелевший» оказался включенным в повестку масштабной дискуссии об ангажированном искусстве, которая велась на многочисленных французских площадках в конце 1940-х — начале 1950-х годов, в том числе на страницах журнала Сартра «Тан модерн» («Новые времена») и в книге Лейбовица «Художник и его совесть», для которой Сартр написал предисловие.

---

[19] Rostand C., Boyer N. «Si vous aimez la Musique» // Radio. 17 декабря 1948 года. Трансляция была также объявлена в «Le Guide» № 29 от 10 декабря 1948 года. Издание «Le Guide» изначально представляло собой полный список «живых» представлений, но печатало также программу радиопередач, в числе которых была и трансляция концерта 29 декабря 1948 года по «Радио Франс».

[20] Письмо Шенберга Лейбовицу, 12 ноября 1948 года [Шенберг 2021: 354].

[21] В письме Шенбергу от 14 декабря 1948 года Лейбовиц сообщал об успехе недавнего исполнения «Уцелевшего», но не назвал точную дату. В программе передач «Радио Франс», составлявшейся и уточнявшейся каждый день, указано, что концерт, о котором Лейбовиц писал Шенбергу, передавали 20 декабря 1948 года.

[22] Кэрролл весьма подробно рассматривает тему «Уцелевшего» в контексте французских дискуссий об ангажированном искусстве. См. также [Ziakris 2005].

Ил. 1. Рене Лейбовиц в Париже, ок. 1952. Автор фото неизвестен. Париж (Фонд Пауля Захера, Базель, собрание Рене Лейбовица)

И Фредерик, и Лейбовиц работали с партиями, которые сами переписали от руки. Партитура была опубликована издательством «Бельке-Бомарт» в 1949 году, а первое исполнение в крупном музыкальном центре США состоялось 13 апреля 1950 года на концерте Нью-Йоркского филармонического оркестра под управлением Димитриса Митропулоса. В прессе поднялся шум. Началось с разгромной рецензии критика Олина Даунса в «Нью-Йорк таймс». По его мнению, это была «убогая и пустая музыка», состоявшая из «кошмарных шумов, которые уже много раз звучали в сочинениях Шенберга. В этих звуках нет ни новаторства, ни убедительности». Хореографический эпизод для хора (не отраженный в партитуре) был назван «неуклюжим», хотя он и «не противоречил характеру композиции»²³. Присутствовала в этом озлобленном тексте и претензия, аналогичная той, которую восемнадцатью месяцами ранее гораздо более деликатно высказал Лист: неуместное сходство с голливудской продукцией. Но в той же «Нью-Йорк таймс» появилась и статья Луиса Стэнли, где говорилось, что Шенберг использовал «свои передовые методы, чтобы с помощью музыки усилить и интерпретировать захватывающе драматичный текст. Если здесь и есть диссонансы и бессвязность, то это диссонансы и бессвязность, которые только добавляют драматизма»²⁴. Автор рецензии в журнале «Музыкальная Америка» предпочел указать на эффект, произведенный пьесой, не вдаваясь в тонкости композиции, так как «академический подход дал бы искаженное представление о произведении: ведь это прямой, красноречивый и впечатляющий человеческий документ, и его эмоциональное воздействие запоминается лучше, чем манипуляции со структурой композиции»²⁵. Схожим подходом воспользовался Генри Кауэлл, объявив, что разбирать особенности додекафонии (как это сделали Лист и Лейбовиц) в данном случае неуместно, поскольку музыкальное и драматическое воздействие «Уцелевшего» невозможно объяснить техникой²⁶. Поэтому критик сосредоточился на том, что Мориц называет «экспрессионистскими жестами» в партитуре; он отметил те же «кошмарные звуки», которые ранее так возмутили Даунса, и, вслед за Стэнли, объяснил успех «Уцелевшего» соответствием звуковой ткани сюжету [Móricz 2008: 255; Cowell 1950].

---

[23] Downes O. Schoenberg Work Is Presented Here: Mitropoulos and Philharmonic Offer Cantata, "Survivor from Warsaw" at Carnegie Hall // New York Times. 14 апреля 1950 года. См. также два письма Шенберга Митропулосу (от 26 апреля и 4 июля 1950 года), связанные с высказыванием Даунса о том, что в исполнение были включены хореографические эпизоды [Schoenberg 2003: 346].

[24] Stanley L. The Warsaw Ghetto: Schoenberg Score Recalls Survivors of Battle // New York Times. 9 апреля 1950 года.

[25] Orchestra Concerts: *A Survivor from Warsaw* given New York Premiere // Musical America. Май 1950 года. С. 10.

[26] См. [Cowell 1950]. В числе разборов, посвященных в первую очередь двенадцатитоновым сериям, Кауэлл мог бы также назвать рецензию на партитуру Р. С. Хилла (Notes. 1949. № 7. P. 133–135).

Некоторые сквозные темы американских отзывов — в частности, воздействие на публику и метод композиции — нашли отражение и в более широком европейском восприятии. Однако, учитывая геополитическую близость континентальных исполнителей и критиков к событиям, описанным в «Уцелевшем», неудивительно, что произведение вызвало и множество дополнительных вопросов. Настороженное отношение к музыкальному модернизму, формирование памяти о Холокосте и чувства вины, сосуществование евреев и бывших нацистов, изменение структуры массовой миграции и повсеместное присутствие оккупационных войск, в частности американцев, — для всех этих проблем «Уцелевший» по мере его распространения в послевоенной Европе становился как будто увеличительным стеклом. Кроме того, его рецепция во многом определялась отличительной чертой послевоенной Европы — как добровольной, так и вынужденной мобильностью ее жителей. Миллионы людей, согнанных с места либо самой войной, либо условиями мирного соглашения, пересекали континент волнами выселений и переселений. «Согласно подсчетам Яна Гросса, в 1939–1943 годах 30 миллионов европейцев были изгнаны, переселены или депортированы. В 1943–1948 такая судьба постигла еще 20 миллионов» [Эппльбаум 2015: 50][27]. Некоторым приходилось вести кочевую жизнь в течение многих лет. По состоянию на июнь 1950 года более 248 000 перемещенных лиц в своих временных убежищах все еще зависело от «заботы и помощи» Международной организации по делам беженцев [Hyman 1951: 306][28]. К тому же некоторые из тех, кому удалось покинуть континент, также вернулись, в основном из Соединенного Королевства и Северной и Южной Америки. Среди них были художники и интеллектуалы — изгнанники, чьи произведения попали под запрет во времена Третьего рейха. Возвращение на родину долгое время было в фокусе внимания послевоенной немецкой литературы[29]. Реэмиграция

---

[27] Краткий обзор масштабов мобильности и переселения см. в [Judt 2006: 22–31].

[28] О культурной жизни в одном из лагерей для перемещенных лиц см. [Fetthauer 2012].

[29] Краткое, но репрезентативное описание работы в этой области см. в [Lühe, Krohn 2005].

зачастую давалась трудно и не всегда была добровольной. Так, в 1948 году бывший ученик Шенберга Ханс Эйслер уехал из США в Европу, чтобы избежать депортации после столкновения с Комиссией по расследованию антиамериканской деятельности.

Шенберг не вернулся в Европу, зато вернулась его музыка. После более чем десятилетнего отсутствия и по всем причинам, упомянутым ранее, «повторное присутствие» его музыки оказалось заметным и значимым[30]. Это можно считать своего рода реэмиграцией. Мой подход отличается от того, где исследования репатриации исторически классифицируются как раздел немецкой *Exilforschung* («науки об изгнании») — раздел, для которого характерны сосредоточенность на физическом возвращении людей после войны, минимизация значимости произведений, созданных в США, и стремление включить их в (европейскую) национальную историю музыки[31]. Напротив, в этой книге основное внимание уделяется нематериальному возвращению Шенберга в форме его музыки; подчеркивается значимость его американского творчества и прослеживается его восприятие в Европе — но не для того, чтобы ассимилировать «Уцелевшего» в европейские националистические нарративы, а чтобы привлечь к ним внимание как к компоненту послевоенной культурной истории.

Мое понимание реэмиграции основывается на трудах нескольких ученых. Ханс-Ульрих Велер утверждал, что «история реэмиграции не может развиваться исключительно на основе биографий»; она должна «принять вызов культурной истории, обладающей тем преимуществом, что рассматривает вопросы не об исторических субъектах, но и об *Aktionsradius* [радиусе действия или сфере влияния]» (цит. по: [Schmidt 2005: 12]). Концепция Мариты Краус о «реэмиграции идей» особенно актуальна для данного исследования, поскольку касается действенности и восприятия литературных произведений в послевоенной Европе,

---

[30] «Повторным присутствием» назвал это явление Ф. Больман в своем программном выступлении на конференции «Еврейская музыка и Германия после Холокоста» в Дикинсон-колледже в феврале 2011 года.

[31] Такие воззрения подвергает критике Б. Коэн [Cohen 2012: 14–16].

авторы которых так и не вернулись на родину [Schmidt 2005: 11: Krauss 2001: 157][32]. Наконец, Ханс Моммзен подчеркивает, что при изучении реэмиграции не следует «допускать ошибку, считая решающим фактором личное, физическое присутствие реэмигранта» [Mommsen 2005: 33][33]. Согласно этим критериям, реэмиграция не ограничивается физическим присутствием человека и даже не требует его. Учитывая, насколько масштабным был *Aktionsradius* Шенберга, можно утверждать, что возвращение его музыки в любую часть Европы представляло собой своего рода реэмиграцию. По сути, все анализируемые в книге примеры могут пониматься как примеры реэмиграции: из США в Европу в целом либо в отдельную страну: Германию, служившую прежде культурной средой Шенберга; Австрию, где он родился; или Польшу — место события, на которое указывает «Уцелевший».

Однако это исследование объединяет более общая теория мобильности, для которой географическое место назначения не так важно, как для теории реэмиграции. В применении к творческому продукту аналог этого послевоенного перемещения людей по континенту описан в книге Стивена Гринблата «Культурная мобильность», где рассматривается, «что происходит с культурными продуктами, которые перемещаются во времени или пространстве, чтобы появиться и закрепиться в новых контекстах и конфигурациях» [Greenblatt 2010: 19]. Каким багажом оброс «Уцелевший» на своем пути, какую произвел культурную работу и что это означало? И Краус, и Гринблат признают, что смысл не бывает заложен в художественном произведении раз и навсегда: в каждом контексте он воссоздается заново. Музыкальное произведение присваивается, переосмысливается, адаптируется и интерпретируется, и акустикой каждого контекста определяется то, какой резонанс будет вызывать в нем «Уцелевший». Если музыка существует независимо от ее создателя, это не означает, что ей вовсе не требуется вмешательство

---

[32] См. также [Krauss 2004: 108], где понятие реэмиграции идей рассматривается М. Краус конкретно в применении к евреям.

[33] Моммзен ссылается на [Krauss 2001: 17, 54].

человека: далее мы увидим, что как раз наоборот, но это не обязательно вмешательство исполнителя. Особенно это касается музыки, мобильность которой гораздо больше зависит от физического присутствия исполнителей, чем композиторов.

В каждой главе книги прослеживается культурная мобильность «Уцелевшего» в отдельно взятом контексте, в хронологическом порядке: Западная Германия, Австрия, Норвегия, Восточная Германия, Польша и Чехословакия. (Европейская премьера во Франции описана во Введении очень кратко, поскольку о ней мало что известно.) Исследование охватывает двадцатилетний период (1948–1968), примерно соответствующий первой половине холодной войны. Напряженность времен холодной войны, по сути, коренится в событиях, предшествовавших Второй мировой войне, но свой привычный, застывший характер конфликт приобрел между 1945 и 1947 годами, когда «брак по расчету» союзных государств распался и перерос в противостояние, настроив США, Великобританию и Францию против Советского Союза. История исполнений «Уцелевшего» в Европе началась годом позже. А логическим завершением стал 1968 год, явивший собой поворотный пункт в истории XX века: студенческие бунты по всему миру, подписание Договора о нераспространении ядерного оружия, Пражская весна, за которой последовало советское вторжение в Чехословакию, и, наконец, заметный всплеск антисемитизма в Польше и других странах. Первоначально эпизоды для анализа в этой книге были выбраны на основе документации, которую издательство «Бельке-Бомарт», где вышла партитура «Уцелевшего», предоставило вдове Шенберга Гертруде для получения авторских отчислений. К сожалению, фирма «Рикорди», представитель издательства, отвечавший за распространение «Уцелевшего» в Европе, не очень утруждала себя вопросом выплаты гонораров. Гертруда неоднократно и не без оснований жаловалась в издательство «Бельке-Бомарт» на целый ряд исполнений, за которые ей так и не заплатили и о которых она узнавала только от своих европейских знакомых. В ходе этого исследования я обнаружила несколько таких случаев, в том числе первое исполнение в Чехословакии.

Страны, выбранные для анализа, представляют богатое разнообразие культурно-политических контекстов. На судьбу «Уцелевшего» в каждой из них оказал влияние целый ряд факторов: военный опыт страны, наличие в ней евреев, репутация Шенберга в регионе, взгляды на современную музыку и политическая ориентация в холодной войне (страна НАТО или Варшавского договора, нейтральная или оккупированная). Каждый пример уникален, и данное исследование во многом основано на их различиях. В некоторых случаях партия Чтеца звучала в переводе на местный язык (во Франции, Норвегии, Австрии, Чехословакии), в то время как в других использовался английский оригинал (в Западной Германии, Восточной Германии, Польше). Хор везде пел «Шма» в древнееврейском оригинале — я нашла лишь одну программу, в которой текст был переведен на местный язык (чешский).

Западную Германию часто изображают как рай для новой музыки послевоенной Европы, а Шенберга — как кумира Дармштадта. Однако возвращение Шенберга вызвало там немалое сопротивление — особенно возвращение в виде «Уцелевшего». Такая реакция была обусловлена не только антисемитизмом, но и возмущением, которое вызывала американская оккупация. Шенберг родился в Австрии, и возвращение его музыки в родную Вену было сопряжено со всеми проблемами реэмиграции, которые еще более усугублялись присутствием в стране союзников и претензией Австрии на исключительный статус первой жертвы нацистов. Норвегия была местом нетипичным, учитывая ее относительную оторванность от общей европейской сцены новой музыки, но эта страна пережила собственный Холокост, и появление там «Уцелевшего» может быть понято как попытка почтить память его жертв.

Главы, посвященные странам соцлагеря, расположены в книге последними, поскольку исполнение «Уцелевшего» стало в них возможным только после «секретной» речи Хрущева на XX съезде КПСС в 1956 году, ознаменовавшей конец сталинского террора и начало периода относительной либерализации, называемой оттепелью. ГДР, как правило, считалась наиболее бескомпромиссным из сателлитов, но именно она стала первой социалистической страной, где исполнялся «Уцелевший», хотя и в контексте борьбы с фашизмом. Следующей стала Польская Народная Республика. Выступление того же восточногерманского ансамбля на фестивале «Варшавская осень» преподносилось как акт покаяния на месте преступления, притом что под преступлением подразумевалось разрушение немцами Варшавы в 1944 году, а вовсе не уничтожение гетто и евреев годом ранее. Наконец, в Чехословакии «Уцелевший» впервые прозвучал в 1960-е, причем чехи дважды приглашали на роль Чтеца человека, действительно пережившего Холокост.

Но не менее важны для культурно-исторического аспекта этого исследования и темы, общие для обоих лагерей холодной войны. Неудивительно, что, как мы увидим далее, сама фамилия «Шенберг» во всех геополитических контекстах использовалась как кодовое обозначение додекафонии, модернистской музыки, еврейства или любого их сочетания. Стоит отметить, что фигура композитора оказалась на удивление многоплановой. Ее интерпретации были различны — Шенберга рассматривали как австрийца, венца, немца, европейца, американца, еврея, модерниста и антифашиста, причем для каждой из трактовок можно было найти подтверждение в его биографии и творчестве. Проецируемые на него идентичности служат важным компонентом любого нарратива, и цель этой книги — проанализировать не столько обоснованность этих проекций, сколько их конструирование и применение в конкретных контекстах. При этом каждый случай рассматривается сквозь призму двух дополнительных нарративов. Во-первых, это место модернистской музыки в культуре довоенного, военного и особенно послевоенного времени, когда музыкальный стиль оказался тесно связанным с политической идеологией времен холодной войны [Shreffler 2005: 217–245]. Во-вторых — опыт евреев в данном геополитическом контексте — исторический, времен Холокоста и послевоенный. Намечая линию сближения этих двух ветвей исследования, я старалась не забывать о «потенциальной напряженности и двусмысленности», «потенциально взрывоопасных политических и этнических проблемах» на стыке еврейских исследований и музыки [Móricz, Seter 2012: 558]. Наконец, политическая власть и способы функционирования ее институтов, определявшиеся как войной, так и условиями мирного соглашения, являются основой для любой культурной истории эпохи холодной войны. Американское присутствие в Западной Германии, статус Австрии как оккупированной и нейтральной страны, наследие норвежского движения сопротивления военного времени, проявления советского стиля правления и оттепель в ГДР, Польше и Чехословакии — в каждой стране государственный аппарат был важным, но не единственным фактором влияния в истории исполнения и рецепции «Уцелевшего». Примеры, рассматриваемые в этой книге, ставятся в прямую связь с политическими структурами, чтобы наглядно показать агентность отдельных лиц как в рамках государственных институтов, так и вопреки им.

Существует также ряд распространенных способов коммуникации, которые свидетельствуют о важности как интернациональных, так и транснациональных сетей, формальных и неформальных, правительственных и неправительственных. Стивен Вертовец использует термин «интернациональный» для обозначения

> взаимодействия между национальными правительствами (например, официальные соглашения, конфликты, дипломатические отношения) или касающегося перемещения субъектов и объектов из одного национального государства в другое (например, люди/путешествия или товары/торговля).

Термин «транснациональный» у него означает «устойчивые связи и постоянные обмены между негосударственными акторами, базирующимися за пределами национальных границ, — предприятиями, неправительственными организациями и отдельными лицами, имеющими общие интересы» [Vertovec 2009: 3]. Культурной мобильности «Уцелевшего» способствовали как интернациональные, так и транснациональные факторы, хотя, как отметила Лиза Джакельски, различия между ними часто размыты; один и тот же человек может быть одновременно вовлечен в оба этих способа преодоления границ. По словам

Джакельски, участники международных музыкальных фестивалей, спонсируемых государством, выступали от лица того или иного национального государства, но одновременно с этим у музыкантов могли возникать личные отношения, которые продолжались и после окончания фестиваля [Jakelski 2015]. Следует помнить об этой двойной функции, рассматривая международные фестивали как важные точки, через которые осуществлялась культурная циркуляция «Уцелевшего», а также о роли гастролирующих по всему миру музыкантов — непосредственных создателей этой цепочки. Премьера в ФРГ состоялась в рамках Международных летних курсов новой музыки (*Internationale Ferienkurse für Neue Musik*, IFNM) в Дармштадте, а австрийская — на Международном музыкальном фестивале в Вене; на венском концерте присутствовала норвежка, которая сразу же загорелась идеей привезти пьесу в Осло. Польская премьера «Уцелевшего» состоялась благодаря немцам из ГДР, исполнившим его на фестивале «Варшавская осень»; там его услышал чешский критик и дал положительный отзыв в издании чешского Союза композиторов. (В целом, трудно переоценить важность «Варшавской осени» как канала распространения современной музыки в странах Восточного блока и за их пределами [Jakelski 2009a].) Не меньшее значение имело радио: для распространения произведения радиоансамбли сыграли гораздо большую роль, чем оркестры и хоры, которые выступали только в концертных залах. Европейская премьера во Франции состоялась в исполнении Симфонического оркестра радио под руководством Рене Лейбовица; Норвежское радио приняло участие в организации концерта в Осло и транслировало его; Симфонический оркестр Лейпцигского радио исполнил произведение в ГДР и Польше, и в обеих странах его выступления транслировались по радио; Симфонический оркестр Чешского радио и Пражский хор в 1960 году создали первую запись «Уцелевшего», которую Чешское радио транслировало в эфире год спустя.

Очевидно, что для стран Восточного блока был свойственен свой отдельный набор проблем. Пьесу и ее исполнение требовалось обсуждать в бюрократических инстанциях советского образца; еврейское население понесло такие огромные потери, что евреи, оставшиеся в этих государствах, были практически невидимы; еврейский характер восстания в Варшавском гетто замалчивался и вытеснялся идеей антифашистского сопротивления в целом, а сторонники модернистской музыки использовали произведение как доказательство того, что и додекафония может служить политически верной идее (антифашизму). Данная точка зрения резко контрастировала с мнением о Шенберге, типичным для Западной Европы в конце 1950-х годов и позже: многие модернисты отвергали композитора как «архаичного», а музыковеды предпочитали изображать его жизнь в Соединенных Штатах одинокой и бесплодной[34]. Перемещение «Уцелевшего» из США в Западную и Центральную Европу, а затем и в страны Восточного блока иллюстрирует феномен «нейлонового занавеса», термина, выдвинутого венгерским ученым Дьердем Петери: в сфере культурного производства законы обмена и экономики отличались от тех, что регулировались государственной политикой по обе стороны железного занавеса [Péteri 2006].

Важнее всего то, что независимо от геополитики культурная мобильность «Уцелевшего» требовала транснациональной агентности преданных своему делу дирижеров, исполнителей и ученых. На переднем крае этой деятельности стоял Герман Шерхен (1891–1966), один из самых неутомимых сторонников Шенберга в Европе. Только в 1950–1951 годах он дирижировал на премьерах в Западной Германии и Австрии (причем вторая дала импульс к исполнению в Норвегии) и по меньшей мере во время еще трех постановок. Паулина Халл (1890–1969) практически единолично организовала исполнение в Осло, к которому привлекла дирижера Хайнца Фройденталя (1905–1999), немецкого еврея по происхождению и натурализованного гражданина Швеции, в то время успешно выступавшего в Израиле. Трудно переоценить и заслуги Герберта Кегеля (1920–1990), благодаря которому «Уцелевший» нашел дорогу в соцстраны Центральной Европы.

---

[34] Эти западноевропейские расхожие представления о Шенберге выявляет С. Файст [Feisst 2011: 3–6].

По всей видимости, с произведением он познакомился через Пауля Дессау (1894–1979), а позже организовал его исполнение в Лейпциге и привез в Варшаву, где его услышал влиятельный чешский критик. В Чехословакии музыковед Иржи Вислоужил (1924–2015), пользуясь примером «Уцелевшего», провозглашал американское творчество Шенберга образцом для политически ангажированных и социально активных композиторов, а в 1970-е годы переживший Холокост Карел Берман (1919–1995) неоднократно исполнял в «Уцелевшем» заглавную роль. Музыковеды, изучающие этот период, вероятно, знают о Германе Шерхене, но другие лица пользуются меньшей известностью. Культурная мобильность «Уцелевшего» стала возможной благодаря их личным сетям связей, и биографии этих людей должны стать неотъемлемой частью культурной истории послевоенной Европы.

Глава 1
Западная Германия
«Уцелевший из Варшавы»
и воинствующее ретроградство

В большинстве американских музыковедческих трудов, посвященных Западной Европе периода холодной войны, Федеративная Республика Германия (ФРГ, или Западная Германия) занимает видное место. Это объясняется как особыми отношениями между ФРГ и США, так и тем, что в Западной Германии широко поддерживали новую музыку. Эта поддержка, в частности, включала в себя организацию международных музыкальных событий, самым известным из которых были Международные летние курсы новой музыки (IFNM) в Дармштадте, где при участии радиостанций осуществлялись заказы, запись, распространение и популяризация нового репертуара. Первоначально это мероприятие было посвящено музыке, подвергавшейся гонениям при нацизме, но постепенно акцент сместился на новую музыку в целом. IFNM также поддерживали зарубежных композиторов, чьи произведения игнорировались или подвергались уничтожающей критике на родине[1]. В условиях холодной войны ФРГ стала в своем роде музыкальной теплицей, культурная миссия которой состояла во взращивании модернистского и авангардного репертуаров, слишком капризных или колючих, чтобы расцвести на какой-либо другой почве. Нельзя сказать, что эта миссия нравилась всем: и сам репертуар, и трата на него федеральных средств зачастую вызывали заметное сопро-

---

[1] Об этом см., в частности, [Beal 2006; Monod 2005; Janik 2005].

тивление. Новая музыка встретила в ФРГ как беспрецедентную поддержку, так и яростное противодействие: ведь несмотря то, что фестиваль с участием радио пользовался международным признанием, он все же был некоторой аномалией, как биосфера, искусственно созданная в неблагоприятном климате.

Это отмечали как исследователи европейской музыкальной культуры, так и некоторые музыковеды, публиковавшие свои труды в Германии[2]. Невзирая на неоспоримое значение Дармштадтского фестиваля и новой музыки в целом, послевоенный период в первую очередь характеризовался воинствующим ретроградством[3] — ведь «западногерманская музыкальная культура и ее образовательная инфраструктура практически не были восстановлены» [Thacker 2007: 118]. Исполнение и восприятие в ФРГ «Уцелевшего из Варшавы» в 1950-е годы вызвали столкновение между сторонниками новой музыки, чья позиция хорошо изучена, и менее известными поборниками отката в прошлое. Шенберг, и в особенности «Уцелевший» выступили в роли громоотвода для множества конфликтов, касающихся послевоенной повседневной жизни, глубину которых можно недооценить, если рассматривать Западную Германию исключительно как прибежище новой музыки. Тревога по поводу роли бывших нацистов в послевоенном обществе, стойкий антисемитизм, память о Холокосте, недовольство присутствием оккупационных войск, настороженное отношение к возвращению эмигрантов (как личному, так и символическому, в виде произведений искусства) и постоянные споры о модернистской музыке — все это повлияло на рецепцию «Уцелевшего» в послевоенной Западной Германии.

В настоящее время из всех этих тем больше всего внимания музыковедов привлекает вопрос о влиянии возвращения эми-

---

[2] См. [Thacker 2007] и заключительную главу («Композиторы послевоенной эпохи до 1960-х») книги М. Кейтера [Kater 2000: 264–284]. Музыковедские статьи, где рассматривается послевоенная напряженная ситуация в бывших нацистских государствах, содержатся в [Riethmüller 2006].

[3] Так охарактеризовал музыкальную культуру, доминировавшую в Западной Германии до 1960-х годов, М. Кейтер [Kater 2000: 264–284].

грантов на восстановление музыкальной жизни Западной Германии после войны [Köster, Schmidt 2005]. Согласно статистике, из полумиллиона немецкоязычных эмигрантов вернулось только около 30 тысяч, и реинтеграция в послевоенное общество зачастую была нелегкой. Также к началу 1950-х годов в Западную Германию иммигрировало примерно 7,9 миллиона этнических немцев из восточных регионов бывшего рейха, а также из Восточной Европы; это составило около 16 % населения страны и только усилило напряженность среди граждан послевоенных немецких земель[4]. Как чаще всего и происходит с эмигрантами, случаи реэмиграции музыкантов и музыковедов были исключением, а невозвращение — правилом. Как сообщает Марен Кестер, число вернувшихся после войны в Германию музыкантов колеблется между 200 и 400, тогда как покинуло страну около четырех тысяч. По сравнению с вернувшимися литераторами это число ничтожно мало, и, вероятно, эта тема не слишком занимала музыковедов именно из-за его ничтожности [Köster 2005: 20][5]. Но, какими бы несущественными ни казались эти данные, реэмиграция играла весьма важную роль в послевоенном обществе, особенно если расширить это понятие, применяя его не только для обозначения физического присутствия композиторов, но и для процесса возвращения музыки, которая не исполнялась во времена Третьего рейха. Шенберг так и не вернулся в Германию, страну, где он прежде жил и работал; в 1933 году он покинул Европу навсегда, но, судя по приему, оказанному его музыке после столь долгого отсутствия, некоторые восприняли ее возвращение как своеобразную символическую реэмиграцию композитора.

Реэмиграция основоположника додекафонии была еще более осложнена его еврейским происхождением. Как отмечает Марита Краус, все вернувшиеся были аутсайдерами, легкой мишенью «для негодования и гнева» по поводу страданий немцев во время войны,

---

[4] Münz R., Ulrich R. E. URL: http://migration.ucdavis.edu/rs/more.php?id+69_0_3_0 (дата обращения: 31.08.2024).

[5] Списки известных музыкантов, вернувшихся и не вернувшихся из эмиграции, см. [Там же: 200–201].

но больше всего доставалось евреям — из-за стойкого антисемитизма, боязни, что они начнут мстить, проецирования и чувства вины, которое испытывали оставшиеся [Krauss 2004: 113–114][6]. В декабре 1946 года только 22 % немцев в американской зоне безоговорочно утверждали, что евреи-эмигранты должны вернуться, а в октябре 1951 года «примерно такой же процент считал евреев частично ответственными» за Холокост[7]. Неудивительно, что символическое возвращение Шенберга не вызвало всеобщего восторга. Некоторые исполнители, задействованные в западногерманской премьере «Уцелевшего» в рамках IFNM 20 августа 1950 года, участвовали неохотно, критики упоминали враждебное отношение в некоторых кругах, и даже несколько лет спустя по меньшей мере один критик по-прежнему считал «Уцелевшего» случаем нежелательной реэмиграции. Ганс Шнор (1893–1976) возмущался присутствием в немецкой музыкальной жизни еврея, считавшегося поистине культовым символом модернистской музыки, но принявшего гражданство страны, которую критик ненавидел как оккупационную силу. Сопротивление Шнора символической реэмиграции Шенберга в виде «Уцелевшего» и выражает позицию воинствующих ретроградов, тех, кто после войны предпочел окопаться в прошлом и о чьих мнениях нам известно гораздо меньше, чем о взглядах их противников — адептов новой музыки.

Предыстория «Уцелевшего»: музыка и репутация Шенберга в Германии

Учитывая международный многоязычный состав публики на IFNM, высокую репутацию Шенберга в первые годы в Дармштадте и отношения между Соединенными Штатами и ФРГ (не

---

[6] Это одна из семи статей в указанном сборнике, посвященных проблемам реэмиграции.

[7] Цит. по: [Kater 2000: 283], источники см. [Там же: 377, прим. 95, 96]. Первый крупный проект возрожденной Франкфуртской школы в Германии, так называемый *Gruppenexperiment* (Групповой эксперимент) 1950–1951 годов, показал, что «в Германии сохраняются социальные условия для манипулятивной массовой психологии и потенциальная верность тоталитаризму» [Olick 2007: 48].

говоря уже об отношениях, установившихся между Управлением военной администрации США и IFNM), вполне вероятно, что некоторые слушатели и критики уже знали о том, как было воспринято это произведение ранее, до западногерманской премьеры, состоявшейся в 1950 году [Beal 2006: 36–41][8]. Если это действительно так, то источником сведений, скорее всего, стал Лейбовиц, польско-французский дирижер и композитор, который создал полную партитуру этого произведения и в декабре 1948 года дирижировал на его европейской премьере в Париже. Участникам IFNM, несомненно, было известно о положительном отношении к Шенбергу во Франции, учитывая заметную роль, которую, начиная с 1948 года, в этой стране играл Лейбовиц. В 1949 году он опубликовал свое «Введение в двенадцатитоновую музыку», где «Уцелевшему» было посвящено 13 страниц; почти весь его анализ был посвящен серийным компонентам пьесы, не имеющим отношения к ее теме [Leibowitz 1949a: 322–335]. Позитивистский подход, которого он придерживался в этой книге, резко контрастирует с философской направленностью его статьи «"Уцелевший из Варшавы" Арнольда Шенберга, или Возможно ли ангажированное искусство», опубликованной в том же году в лондонском журнале «Horizon» [Leibowitz 1949б], как будто в преддверии дискуссии, которая, как уже отмечалось во Введении, вскоре возникнет у него с Сартром[9].

Возможно, немцы уже читали его статью «Трагедия нашего времени», опубликованную в дюссельдорфской газете «Der Mittag» 15 ноября 1949 года, в которой Лейбовиц привел отрывки из текста «Уцелевшего», а также верные и ложные сведения об этом

---

[8] После объединения ФРГ в 1949 году на смену Управлению военной администрации США пришло Управление Верховного комиссара США по делам Германии, которое, в свою очередь, было упразднено в 1955 году, сменившись Верховной комиссией союзников.

[9] См. также ответ П. Гамбургера на эту статью, опубликованный под таким же заглавием [Hamburger 1950: 183], а также [Thoresby 1950: 116–118]. Оба журнала, и «Horizon», и «Music Survey», выходили в Великобритании; таким образом, пьеса начала обсуждаться в этой стране еще до того, как впервые прозвучала в концерте или по радио (то и другое произошло в 1951 году).

произведении. (Особенно широкую известность получило ошибочное заявление Лейбовица, будто рассказанная Шенбергом история — полностью правдива и композитор якобы услышал ее от единственного выжившего человека из Варшавского гетто.) Кроме того, он попытался примирить позитивистскую и герменевтическую точки зрения, уже высказанные в упомянутых публикациях, утверждая, что «Уцелевший» — это «произведение, в котором достигнут высочайший синтез внемузыкальных и чисто музыкальных элементов, произведение, которое музыкальными средствами проливает свет слушателю на нашу сегодняшнюю судьбу», пусть даже оно достигает «невероятного художественного уровня именно благодаря собственной трактовке этой судьбы». Лейбовиц настаивал на том, что произведение имеет как «чисто человеческие», так и «чисто музыкальные» истоки. Анализ партитуры был упрощен в расчете на читателей-неспециалистов, но в нем отмечено, что «Уцелевший» — это «программная, "описательная" музыка», созданная в строгой и радикальной додекафонической технике, «ведущей к совершенно новым принципам вариативности, которые, за неимением лучшего термина, я бы назвал "атематическими"». Все это говорит о том, что Лейбовиц обращался к максимально широкой публике: как знатокам, интересующимся додекафонией, так и «профанам», предпочитающим что-то более доступное.

Самым интригующим моментом в статье Лейбовица стало описание приема, оказанного «Уцелевшему» в Париже. Он утверждал, что после премьеры один из слушателей сказал ему: «Этой проблеме посвящены целые тома, длинные очерки, множество статей, но Шенберг за восемь минут сказал гораздо больше, чем кто-либо до него». Лейбовиц не назвал «эту проблему», но к концу статьи становится ясно, что речь идет отнюдь не о неприятии двенадцатитоновой музыки:

> Необычайная новизна произведения — вот что так захватило моих слушателей. Многие подходили ко мне со слезами на глазах, другие были так потрясены, что не могли даже говорить, и рассказали мне о своих впечатлениях гораздо позже. Но потрясена была не только публика: на-

чиная с первой репетиции, весь оркестр и хор пришли в такое волнение, что не оказывали сопротивления, с которым обычно приходится сталкиваться, репетируя новое произведение такой сложности. Репетиции проходили в величайшем спокойствии и с серьезностью, которую я редко встречал[10].

Тон этой статьи нарочито поучительный, почти педантичный. Возможно, это отражало редакторские предпочтения: Вольфганг Штайнеке, основатель IFNM и один из самых верных союзников Шенберга в Западной Германии, был редактором по культуре в «Der Mittag». Статья Лейбовица, по всей видимости, отвечала намерению Штайнеке опубликовать материал, который заметно снизил бы интенсивность сопротивления «Уцелевшему» в Западной Германии, описав, как вели себя французские зрители и исполнители. Однако, если это и было его целью, полностью достичь ее не удалось.

Штайнеке был одним из нескольких самых влиятельных защитников Шенберга в трех западных зонах оккупации союзниками, а затем и в ФРГ, возникшей в результате их объединения. В числе других были бывший ученик Шенберга Винфрид Циллиг, в 1947–1951 годах дирижер Симфонического оркестра Франкфуртского радио, Ганс Хайнц Штукеншмидт, музыковед и критик из Западного Берлина, и музыкальный администратор Генрих Штробель. В 1945 году французское военное правительство назначило Штробеля, очередного вернувшегося эмигранта, директором баден-баденской радиостанции, впоследствии SWF (Юго-Западное радио, *Südwestfunk*), а в 1950 году, когда радиостанция возобновила музыкальный фестиваль «Дни музыки в Донауэшингене», он возглавил и это начинание[11]. Как главный редактор журнала о новой музыке «Мелос», выпуск которого возобновился в 1946 году, главную задачу издания он определил как «ознакомление абсолютно несведущей публики с музыкой

---

[10] Статья Лейбовица цитируется по [Reich 1971: 222–223].

[11] О роли Штробеля в послевоенном немецком радиовещании см. [Scharlau 2005: 159–161].

Шенберга, Берга и других» [Beal 2006: 21][12]. Хотя его личные вкусы скорее склонялись к Стравинскому и в конечном счете журнал уделял больше внимания популяризации творчества молодых композиторов, Штробель был верным союзником, и, когда Шенберг подвергся нападкам, «Мелос» стал плацдармом для контрнаступления. В 1956 году Штробель также стал председателем Международного общества современной музыки (ISCM), еще больше расширив сферу своего влияния.

Штайнеке в 1930-е и 1940-е годы работал музыкальным критиком в нескольких немецких газетах, а в 1945 году, когда его назначили советником по культуре города Дармштадт, основал Летние курсы новой музыки[13]. Первые два сезона были посвящены музыке Пауля Хиндемита, о Новой венской школе не шло и речи, и многие считали, что обсуждать Шенберга в контексте современной музыки неактуально[14]. Однако в 1947 году ситуация начала меняться, когда Штукеншмидт и дирижер Герман Шерхен прочитали лекции о Шенберге, а также состоялось исполнение его «Книги висячих садов» и Второго струнного квартета. А в 1948 году Лейбовиц прочитал курс по двенадцатитоновой композиции и с большим успехом дирижировал западногерманскими премьерами Второй камерной симфонии и Фортепианно-

---

[12] Французы выбрали Штробеля, потому что он был компетентным и хорошо известным специалистом, см. [Schwartz 2000]. О роли Штробеля в организации фестиваля в Донауэшингене см. [Häusler 1996].

[13] Штайнеке сотрудничал в газете «Rheinisch-Westfälische Zeitung», выходившей в его родном городе Эссене, а также в «Deutsche Allgemeine Zeitung» (Берлин) и «Der Mittag» (Дюссельдорф). О его деятельности в годы войны см. [Custodis 2006]. Документы, касающиеся создания и первых лет работы IFNM, см. в «Darmstadt-DokumenteI», специальном выпуске серийного издания «Musik-Konzepte» (Munich: Editiontext+kritik, 1999). В числе прочих содержательных исследований стоит обратить внимание на [Borio, Danuser 1997; Stephan et al. 1996].

[14] Например, в статье Э. Кунца «Современная музыка», опубликованной 3 октября 1946 года в газете «Rhein-Neckar-Zeitung», говорится: «Творчество Шенберга… сегодня оценивается как бесплодное и полностью устаревшее». Цит. по: [Mauser 1994: 243]. Однако в 1947–1948 годах настроения изменились, и некоторые критики начали противопоставлять «консерватизму» Хиндемита «прогрессивность» Шенберга; см. [Mauser 1994: 244–246].

го концерта; таким образом, фигура Шенберга оказалась в центре внимания. С этого момента Штайнеке не оставлял попыток пригласить Шенберга в Дармштадт, и, хотя эта мечта так и не осуществилась, он продолжал неустанно пропагандировать музыку Шенберга и организовывать ее исполнение. В 1949 году статья в «Шпигеле» анонсировала приход «молодой поросли»:

> У группы «додекафонистов», состоящей из молодых французских композиторов школы Рене Лейбовица, пишущих в двенадцатитоновой технике, существует собственная иерархия музыкального величия. На вершине безусловно и непререкаемо стоит Арнольд Шенберг, а непосредственно после него — Лейбовиц. Стравинский же занимает самую нижнюю ступень этой «лестницы Иакова» (цит. по: [Mauser 1994: 247]).

В 1949–1951 годах в рамках IFNM предлагались курсы, названия которых говорят сами за себя: Вилли Райх читал «Путь двенадцатитоновой музыки», Йозеф Руфер — «Арнольд Шенберг», а Теодор В. Адорно — курс, посвященный Антону Веберну. В рамках фестиваля также было исполнено по меньшей мере семь крупных произведений, в основном новых. Но после смерти Шенберга в 1951 году ситуация снова изменилась — с приходом энергичного молодого поколения композиторов это было неизбежно. Тем не менее для Штайнеке Шенберг оставался лицом IFNM. В письме от 26 марта 1957 года он сообщил вдове композитора, что на тот момент наиболее важными достижениями в истории и миссии IFNM были следующие: (1) Летние курсы новой музыки возникли практически сразу после окончания войны; (2) именно в рамках этого фестиваля состоялись премьеры многих произведений Шенберга в Европе и Западной Германии[15].

Из послевоенной программы по использованию фестивалей и радиостанций в качестве одного из инструментов культурного

---

[15] Письмо Вольфганга Штайнеке Гертруде Шенберг от 26 марта 1957 года (ASC GSC). К 1963 году, спустя два года после смерти Штайнеке, в программах IFNM произошел заметный отход от Шенберга [Borio, Danuser 1997: 522–621; Heidenreich 1999: 80–88].

перевоспитания населения ФРГ Шенберг извлек заметную выгоду, поскольку многие из его союзников были активно вовлечены в эту деятельность. Этому еще более способствовало формирование Рабочего содружества общественно-правовых учреждений радиовещания ФРГ (ARD) из шести радиостанций (за исключением западноберлинской РИАС — Радио американского сектора). Соглашение предусматривало обмен программами, совместное студийное производство и техническое взаимодействие. Все члены содружества согласились участвовать в образовательной миссии (*Bildungsauftrag*), «приняв на себя просветительское обязательство по подготовке слушателей к восприятию нетрадиционной музыки» [Beal 2006: 54], в обмен на собственные субсидируемые оркестры, звукозапись и современное оснащение[16]. Обширная инфраструктура радио была тесно связана с многочисленными фестивалями и сериями концертов новой музыки. Помимо IFNM, после войны начали проводиться и другие фестивали, в том числе *Musica Viva* в Мюнхене, *Berliner Festwochen* (Берлинские фестивальные недели) и *Musik der Gegenwart* («Музыка современности») в Берлине, *Das Neue Werk* («Новое произведение») в Гамбурге, *Musik der Zeit* («Музыка времени») в Кельне, *Musik unserer Zeit* («Музыка нашего времени») в Штутгарте и Карлсруэ, *Tage der neuen Musik* («Дни новой музыки») в Ганновере и Ars Nova в Нюрнберге. Также были возрождены некоторые организации и мероприятия, ликвидированные во времена Третьего рейха: фестиваль «Дни музыки в Донауэшингене», немецкое отделение Международного общества современной музыки, «Дни музыки в Касселе» и «Виттенские дни новой камерной музыки». В 1950-е годы программы новой музыки часто представляли собой сочетание авангардной или экспериментальной

---

[16] Краткое изложение по [Beal 2006: 18–19, 25–26, 53–54]. В АРД (*Arbeitsgemeinschaft der öffentlich-rechtlichen Rundfunkanstalten der Bundesrepublik Deutschland*) входили гамбургское и кельнское отделения радиостанции NWDR (Северо-Западного радио), разделившегося впоследствии на Северное и Западное (британская зона); Юго-Западное радио (SWF) в Баден-Бадене (французская зона); Радио Бавария (Мюнхен); Радио Гессен (Франкфурт) Радио Южной Германии (Штутгарт); Радио Бремен (американская зона).

музыки и ранее запрещенных модернистских произведений, написанных по большей части композиторами-изгнанниками, возвращение музыки которых было своего рода реэмиграцией[17].

«Уцелевший» в Западной Германии: 20 августа 1950 года

Именно в таких условиях состоялась западногерманская премьера «Уцелевшего». Произведение было исполнено в рамках специального концерта IFNM в воскресенье, 20 августа 1950 года, в 19:00, в зале Дармштадтской ратуши (Stadthalle). Дирижировал Шерхен; в программу вошли концертная сюита Вольфганга Фортнера на основе партитуры его балета «Белая роза» (*Die weiße Rose*), «Уцелевший», европейская премьера оперы «Ионизация» Эдгара Вареза и Четвертая симфония Эрнста Кшенека. При исполнении «Уцелевшего» к оркестру Ландестеатра присоединились Ханс Олаф Хайдеман в роли Чтеца и небольшой мужской хор, состоящий из участников IFNM. Хайдеман читал текст по-английски, перевод не был напечатан в программке. Выступление транслировалось по меньшей мере тремя станциями ARD: Бременским радио, SWF Баден-Бадена и Северо-Западного радио Германии (NWDR) в Гамбурге[18].

Шерхен популяризировал музыку Шенберга с 1912 года, с тех пор, как во время гастрольного тура они по очереди дирижировали «Лунным Пьеро». Во времена Веймарской республики он стал сторонником новой музыки, рабочих хоров и левой политики, и, хотя не был ни евреем, ни коммунистом, в 1933 году он понял, что ему следует обосноваться в Швейцарии. После войны он стал постоянным участником фестивалей новой музыки

---

[17] О реэмиграции музыкальных произведений через канал WRD (Радио Западной Германии) см. [Scharlau 2005: 167–171].

[18] Запись трансляции этого концерта по Радио Бремен входит в выпущенный компанией RCA набор из шести дисков «Musikin Deutschland», 1950–2000. «Уцелевший» звучит в первом треке тома 1, *Rückkehrausdem Exil* («Возвращение из изгнания»). Балет Фортнера «Белая роза» основан на рассказе О. Уайльда «День рождения инфанты», однако в названии, возможно, содержится намек на одноименную антифашистскую организацию.

и часто исполнял на них музыку Шенберга. После исполнения «Уцелевшего» в Дармштадте он выступил также на Венецианской биеннале 13 сентября 1950 года и на Венском международном музыкальном фестивале 10 апреля 1951 года; в промежутках он дирижировал этим произведением еще как минимум два раза — в Риме и Генуе. В числе других его заслуг — управление оркестром на мировой премьере сцены с золотым тельцом из оперы «Моисей и Аарон» и незабываемое исполнение Фортепианного концерта в 1954 году с Эдуардом Штейерманом в качестве солиста. Неутомимый и настойчивый, он, возможно, был самым ревностным популяризатором музыки Шенберга. 13 июля 1950 года он из Цюриха написал композитору письмо, в котором сообщал, что всего через пять недель будет играть «Уцелевшего» на концерте в Дармштадте, и спрашивал, нет ли у автора каких-либо специальных пожеланий к исполнению[19]. Шенберг в то время тяжело болел, и нет никакой информации о том, написал ли он ответное письмо. Зато в дневнике Шерхена есть заметки о том, как он репетировал один на один с Хайдеманом, Чтецом[20]. Судя по записи выступления, они изменили одну из немецких фраз — *wie viele ich zur Gaskammer abliefere* («сколькиx я отправлю в газовую камеру») — на *wie viele ich abliefern kann* («скольких я смогу отправить»)[21]. От прямого упоминания газовой камеры, способа убийства, столь прочно ассоциирующегося с массовым истреблением евреев, они, по-видимому, отказались, щадя чувства немецкой публики.

Очевидно, что Хайдеман, баритон, снискавший известность как исполнитель Баха, счел эту уступку недостаточной и дал понять, что ему не очень-то хочется во всем этом участвовать. По словам Шерхена, впоследствии Хайдеман жаловался ему, «как

---

[19] Письмо Шерхена Шенбергу от 13 июля 1950 года (ASC).
[20] Дневник, август — сентябрь 1950 года. 22v22r. 999 Hermann-Scherchen-Archiv, Akademie der Künste, Berlin.
[21] На эту поправку в первый раз обратила мое внимание Сабина Файст. Тот же вариант текста прозвучал на венской премьере, также под управлением Шерхена (см. Главу 2).

неприятно было ему (по политическим мотивам) исполнять эту партию»[22]. По всей видимости, он также не удержался от того, чтобы поделиться своими чувствами с прессой. Немец Хольгер Хаген, в 1945–1948 годах работавший в управлении военного правительства США и занимавшийся вопросами музыки, написал рецензию на концерт для франкфуртской «Neue Zeitung». Эта газета, издававшаяся Отделом печати Управления Верховного комиссара США в Германии, позиционировала себя в качестве «американской газеты для немецкого народа», и ее позиция в отношении к перевоспитанию местного населения очевидна из обзора Х. Хагена. Хотя он и высказал мнение, что «Уцелевший» — не лучшее произведение Шенберга, поведение Хайдемана его возмутило:

> То, что у профессионального артиста-исполнителя хватило наглости противиться выступлению в роли Чтеца, а затем заявлять, что он согласился участвовать только «под моральным давлением», сделав при этом все возможное, чтобы его интерпретация текста звучала «более нейтрально»; то, что этот артист публично заявил после выступления: «худшей грязью мы не могли себя запятнать» — все это невыразимо постыдно.

Он назвал этот инцидент позором для артиста, для тех, кто был с ним солидарен, и «для всех порядочных людей, которые не желают, чтобы вопиющая несправедливость была "забыта" в результате ее замалчивания»[23].

Другие критики также отмечали ропот недовольства, хотя и писали об этом не так откровенно. Вилли Вернер Геттиг, корреспондент франкфуртской газеты «Die Abendpost», сообщал,

---

[22] Scherchen H. Ein lebendiges Stück Musikgeschichte // Sieben Jahre Internationale Ferienkurse für Neue Musik (специальный выпуск Darmstädter Theaterzeitschrift Neues Forum, 1951–1952). № 3. Цит. по: [Heidenreich 1999: 84].

[23] Рецензия Хольгера Хагена в «Die Neue Zeitung» от 23 августа 1950 года. Цит. по: [Sicking 2008: 276–277]. Опубликованная в виде книги диссертация К. Зиклинг содержит фукольдианский анализ дискурса немецких рецензий на произведения, посвященные теме Холокоста.

Ил. 2. Герман Шерхен, 1950-е годы. С разрешения Мириам Шерхен, представляющей семью Шерхен

что «еще до концерта этот реалистичный сюжет сильно шокировал определенные, не до конца денацифицированные круги»[24]. Несколько дней спустя другой критик отметил в «Aachener Nachrichten», что «вопрос о том, правильно ли было ставить "Уцелевшего из Варшавы" Шенберга в Германии, вызвал много споров», и пришел к выводу, что «сильное художественное впечатление от этой пронзительной музыкальной трагедии, самого лаконичного и в то же время величайшего из произведений Шенберга, созданных в изгнании, доказывает, что инициаторы были правы»[25]. В рецензии Клауса Вагнера, опубликованной в журнале «Musica», говорилось, что «не имеющие отношения к музыке события», развернувшиеся вокруг концерта, служат достаточным доказательством того, что «политическая нетерпи-

---

[24] Рецензия Вилли Вернера Геттига в «Abendpost», 25 августа 1950 года. Цит. по: [Sicking 2008: 278].

[25] Рецензия, подписанная «К.», в «Aachener Nachrichten», 29 августа 1950 года [Там же].

мость» вернулась, и эти события «изрядно подпортили» впечатление от концерта [Wagner 1950: 389].

Помимо возражений со стороны Чтеца, проблемы возникали также с музыкантами из оркестра и хора. В интервью журналистке Энни К. Шреффлер один из них рассказал, что «капельмейстер Конрад Лехнер счел необходимым извиниться перед хором в начале первой репетиции» в следующих выражениях: «Это очень неприятная пьеса, и мне не хочется ее исполнять, но, если уж мы должны с ней работать, давайте сделаем все, что в наших силах». Музыкантам раздали перевод английского текста на немецкий, но, когда они попросили перевод с иврита, им ответили: «Перевод лежит у вас дома. Ведь у всех вас есть Библия, не так ли?» Недовольны были и оркестранты:

> Пьеса была воспринята как антинемецкая. Оркестранты были в ужасе оттого, что вынуждены ее играть, и даже устроили общее собрание, чтобы обсудить, не следует ли отказаться от выступления. С небольшим перевесом музыканты проголосовали за то, чтобы продолжить репетиции и выступить.

По словам того же интервьюируемого, один из оркестрантов сказал: «Пусть американки играют это сами». На вопрос Шреффлер, не евреи ли подразумевались под «американками», собеседник ответил утвердительно[26]. В довершение всего, в хоре было очень мало участников IFNM, и несколько критиков пожаловались, что его небольшой размер и расположение на сцене отрицательно сказались на исполнении.

Однако критики усмотрели в музыке и исполнении немало достоинств. В дюссельдорфской «Der Mittag», той самой газете, где в ноябре 1949 года Лейбовиц опубликовал предваряющую концерт статью, французский музыковед румынского происхождения Антуан Голеа писал, что исполнение имело «колоссальный

---

[26] Я благодарю Энни К. Шреффлер за разрешение процитировать записи, сделанные ею во время интервью, взятого в августе 2004 года. Похожий рассказ Х.-К. Мецгера приводится в [Leukert 1992: 25].

успех, что было особенно ценно как с музыкальной, так и с этической точки зрения. Одна из самых ужасных трагедий Второй мировой войны предстает здесь в самой лаконичной, и в то же время самой впечатляющей и пугающей форме». Хотя текст на английском и иврите был непонятен большинству публики, отмечает Голеа, «потрясающая выразительность музыки достигла своей цели». Голеа сравнил интенсивность и стиль внешних приемов с теми, что присутствовали в «Ожидании», и процитировал статью Лейбовица 1949 года из той же газеты, чтобы объяснить их воздействие: «Слушатель взволнован тем, что услышал так много за столь короткое время». Однако, по мнению Голеа, «"взволнован" — это слишком мягко сказано». Сам он был «потрясен до глубины души зверствами доатомного века» и назвал произведение «музыкой опыта, в точности соответствующей нашему времени». В статье он не дал полного перевода либретто, ограничившись тем, что привел название на немецком языке. Возможно, критик счел, что названия и общего описания было достаточно, чтобы передать суть, избавив таким образом и себя, и читателя от «неудобного» пересказа известных событий недавней истории. Может быть, он также рассчитывал на то, что читатели помнят отрывки текста, которые Лейбовиц опубликовал в той же газете семью месяцами ранее. Как отметила Эми Линн Влодарски, упоминание «доатомной эпохи», по-видимому, было призвано отвлечь внимание от вины Германии в Холокосте и намекнуть на роль Америки в более поздних ужасах. Голеа еще раз воспользовался образом ядерного оружия как хронологическим ориентиром, разбирая «Ионизацию» Вареза, которую охарактеризовал как «произведение доатомной эпохи». В своей рецензии он дает понять, что с музыкальной точки зрения именно произведение Вареза, а не Шенберга, вызвало «обязательный скандал», без которого не должен обойтись ни один концерт по-настоящему современной музыки [Goléa 1950; Wlodarski 2006: 101][27].

---

[27] См. также статью: Neue Musik auf neuen Wegen // Darmstädter Tagblatt. 22 августа 1950 года, — автор которой сообщает, что «Уцелевший» — додекафоническое произведение, и анализирует музыку, не касаясь текста.

Ведущая еврейская газета ФРГ, похоже, не обратила внимания на дармштадтское исполнение «Уцелевшего». «Allgemeine Wochenzeitung der Juden in Deutschland», «еженедельная газета о политике, культуре, религии и еврейской жизни», была основана в 1946 году в Дюссельдорфе Карлом Марксом (1897–1966), журналистом, вернувшимся из эмиграции с твердым намерением возродить в Германии еврейскую прессу. В течение следующего года имя Шенберга неоднократно появлялось на ее страницах: газета сообщала о радиопередачах и концертах, в частности, об июльской премьере отрывка о золотом тельце в Дармштадте, а также опубликовала известие о его смерти. 9 сентября 1949 года в независимой берлинской еврейской газете «Der Weg» появилась также хвалебная статья Конрада Латте, посвященная 75-летию Шенберга[28]. Конечно, «Allgemeine Wochenzeitung» было позволительно пройти мимо такого события, учитывая количество более насущных проблем, с которыми сталкивались евреи ФРГ в 1950 году. Данные за первые послевоенные годы скудны, но подсчеты Американского объединенного распределительного комитета показали, что в марте 1950 года в ФРГ проживало 27 634 еврея [Sapir 1951: 316]. В это число не вошло около 11 470 перемещенных лиц, из которых более 10 900 было размещено в американской зоне [Hyman 1951: 306]. Таким образом, дармштадтский концерт был сыгран в период, когда в стране с населением более 50 миллионов человек насчитывалось менее 40 тысяч евреев, из которых многие находились в бедственном положении, а с 1949 года, после того как союзники официально передали управление немцам, произошло несколько громких антисемитских инцидентов. У Маркса не было недостатка в новостях для «Allgemeine Wochenzeitung», но в 1950 году эти новости по преимуществу не касались культуры. Правда, в газете имелась регулярная рубрика

---

[28] Giordano A. Arnold Schönberg im NWDR // Allgemeine Wochenzeitung der Juden in Deutschland. 19 июня 1951 года; «Moses und Aron» Schönberg-Uraufführung in Darmstadt // Allgemeine Wochenzeitung der Juden in Deutschland, 13 июля 1951 года; Zwei jüdische Künstler gestorben // Allgemeine Wochenzeitung der Juden in Deutschland, 20 июля 1951 года; Latte K. Arnold Schönberg zu seinem 75. Geburtstag // Der Weg. 9 сентября 1949 года. Я благодарю Тину Фрюхауф за помощь в работе с этими источниками.

под названием «Wort und Ton» («Слово и звук»), посвященная культурным событиям, которые, как считалось, представляли интерес для еврейских читателей; в первые годы в ней освещались радиопередачи и концерты с участием еврейских композиторов и исполнителей, таких как Феликс Мендельсон, Аарон Копленд, Дариус Мийо, Лернард Бернстайн и Серж Кусевицкий.

При жизни Шенберга «Уцелевший» прозвучал в ФРГ как минимум еще один раз, 13 июня 1951 года, в первом сезоне цикла Гессенского радио «Новые произведения», в исполнении симфонического оркестра Франкфуртского радио под управлением Германа Шпица. В роли Чтеца выступил Ганс Герберт Фидлер (1907–2004), бас, в 1954 году исполнивший партию Моисея на премьере оперы «Моисей и Аарон». Это произошло в рамках вечера, посвященного творчеству Шенберга, и в «Allgemeine Wochenzeitung» было помещено сообщение о трансляции, а также об исполнении Шерхеном сцены с золотым тельцом из оперы «Моисей и Аарон» в Дармштадте и о смерти композитора в июле 1951 года. 13 сентября 1951 года в разделе «Слово и звук» была анонсирована передача на NWDR, посвященная памяти «американского еврейского композитора», в программу которой вошли произведение для хора «Мир на Земле», Второй струнный квартет и комментарий Теодора Адорно[29].

В течение следующего десятилетия в Западной Германии состоялось еще около десятка исполнений «Уцелевшего»[30]. В тот же период Адорно опубликовал две статьи, в которых ставил «Уце-

---

[29] «Moses und Aaron»: Schönberg-Uraufführung in Darmstadt // Allgemeine Wochenzeitung der Juden in Deutschland, 13 июля 1951 года; Zweijüdische Künstlergestorben // Allgemeine Wochenzeitung der Judenin Deutschland, 20 июля 1951 года.

[30] Информация из документов издательства «Бельке-Бомарт», опубликовавшего партитуру «Уцелевшего», представленная в переписке с вдовой композитора Гертрудой Шенберг (ASC; Deutsches Rundfunk archiv; Deutsches Musik archiv Berlin; GEMA (Gesellschaft für musikalische Aufführungs- und mechanische Vervielfältigungsrechte)). Документация издательства, мягко говоря, не является полной. Либо агентство «Рикорди», представлявшее интересы «Бельке-Бомарт» в Европе, нерегулярно запрашивало авторские отчисления с европейских концертов, либо некоторые исполнения были пиратскими.

левшего» рядом с «Герникой» Пабло Пикассо. Эти соображения не раз приводились как доказательство безоговорочного одобрения произведения со стороны Адорно. Однако Клара Мориц обнаруживает глубокую двойственность в его попытках «вписать новое произведение Шенберга в рамки [его] собственной эстетической концепции искусства после Холокоста», так как «по мнению Адорно, послевоенное искусство было в любом случае проблематичным, независимо от того, игнорировало ли оно Холокост или использовало его в качестве темы» [Móricz 2008: 293; Schiller 2003: 117–123][31]. В 1962 году, опубликовав статью «Ангажированность», он мог прямо критиковать «Уцелевшего» на том основании, что в нем «немыслимое казалось имеющим какой-то смысл». Такой взгляд, широко распространившийся в 1960-е годы, привел к резким изменениям в восприятии произведения по сравнению с 1950-ми годами; это можно истолковать как отражение более масштабного сдвига в общем понимании Холокоста как такового [Móricz 2008: 295].

Музыкальный критик Ганс Шнор и «Уцелевший из Варшавы»

Неприятие «Уцелевшего», характерное для рецепции произведения западными немцами в первые годы холодной войны, особенно ярко проявилось в работах музыкального критика Ганса Шнора (1893–1976). Шнор написал диссертацию под руководством Хуго Римана и был его последним ассистентом. Он изучал музыку Карла Марии фон Вебера, и его статьи об этом композиторе хранятся в Берлинской государственной библиотеке. С 1926 по 1945 год Шнор был музыкальным критиком в «Dresdner Anzeiger», а 1 мая 1932 года в Дрездене вступил в НСДАП (нацистскую партию, официально именуемую Национал-социалистической рабочей партией Германии) с партийным билетом

---

[31] Статьи Адорно, написанные в этот период — «О современном соотношении философии и музыки» (1952, опубликовано в 1953) и «К пониманию Шенберга» (1955).

№ 1131053. Этот не особенно престижный номер, говорящий о том, что он не был одним из первых, почетных членов партии, но тем не менее билет был вручен Шнору еще до прихода Гитлера к власти, поэтому можно предположить, что критик разделял нацистские идеи. Шнор стал председателем Дрезденского отделения Содружества немецких музыкальных критиков, а также членом Имперской палаты литературы, подразделения Имперской палаты культуры (RSK RKK)[32]. Среди сопроводительных документов, которые он представил в RSK RKK вместе со вступительным заявлением, была биографическая заметка о нем из 11-го издания Музыкального словаря Римана. Годы войны Шнор провел в Дрездене, после чего ненадолго переехал в Берлин; предположительно, в одном из этих городов он прошел процесс денацификации в соответствии с приказом № 201, главной инициативой советской военной администрации по денацификации. Приказ проводил четкое разграничение между категориями номинальных нацистов, полезных для восстановительной работы и достойных доверия, и бывших активных нацистов, милитаристов и военных преступников, которые должны были как можно скорее предстать перед судом. Шнор почти наверняка был отнесен к первой группе и, следовательно, быстро прошел официальную процедуру и получил работу. В 1949 году он поселился в западногерманском городе Билефельде, где до самой смерти в 1976 году работал как музыкальный критик и музыковед[33]. В его судьбе в целом нет ничего необычного: он был всего лишь одним из множества бывших низовых членов партии, живших и работавших в Западной Германии после войны.

---

[32] Документы NARA BDC NSDAP, Ortsgruppenkartei, микрофильм A3340-MFOK. Там же — 30-страничное личное дело Шнора.

[33] Мне не удалось обнаружить документы о его денацификации ни в берлинском, ни в дрезденском архиве, но хочу поблагодарить Майкла Альбрехта, Робина Куксона, Алана Стайнвайса, Нормана Наймарка и Дэвида Пайка за подсказки, касающиеся процедуры денацификации в советской зоне. О денацификации см. [Vollnhals, Schlemmer 1991; Kappelt 1997]. Источниками биографических данных о Шноре мне послужили статья о нем в «The New Grove Dictionary of Music and Musicians»; а также [Barlitz 1993; Prieberg 1982: 167].

Шнор использовал свою регулярную колонку «Мы и радио» в билефельдской газете «Westfalen-Blatt» как трибуну для нападок на программы современной музыки, транслируемые западногерманскими государственными радиостанциями. Его заметка от 16 июня 1956 года завершалась упоминанием «Уцелевшего»:

> В следующий четверг бременская радиостанция будет транслировать «Уцелевшего из Варшавы» Шенберга, эту неудобоваримую пьесу, которую все порядочные немцы (*anständigen Deutschen*) наверняка воспримут как издевательство. Чтобы добиться полного эффекта от этой провокационной непристойности, дирижер Герман Шерхен (а кто же еще?) поместил этот шенберговский гимн ненависти (*Haßgesang*) рядом с увертюрой Бетховена «Эгмонт». Как долго еще это будет продолжаться?[34]

В один короткий абзац Шнор ухитрился вместить множество важных намеков. Его отвращение к модернистскому репертуару и его поборникам (Шенбергу, Шерхену) не удивляет, но манера их подачи заслуживает отдельного рассмотрения. Апеллируя ко «всем порядочным немцам», он назвал своих сограждан так, как обращался к ним Гитлер. Национал-социалистическая риторика позволяла читателям без труда понять, что их призывают отвергнуть «Уцелевшего» по всем тем причинам, которые оскорбили бы чувства нацистов: додекафоническое произведение, написанное евреем, в котором немцы и их роль в «окончательном решении» были представлены в негативном свете. «Гимн ненависти», скорее всего, тоже возник не случайно. Возможно, это отсылка к реликту англофобской пропаганды времен Первой мировой войны — агитационному стихотворению Эрнста Лиссауэра «Гимн ненависти к Англии» (*Haßgesang gegen England*), написанному в 1914 году. Его невероятная популярность во время той войны, по-видимому, объясняется прямотой воздействия: «оно превра-

---

[34] Schnoor H. Wir und der Funk // Westfalen-Blatt. 16 июня 1956 года. М. Болль считает случай Шнора важным событием интеллектуальной истории радио в первые годы существования ФРГ. См. [Boll 2004: 213–221].

щает единственную идею ненависти к врагу в заклинательное и осознанное крещендо». Оно послужило источником лозунга «Gott strafe England» («Боже, покарай Англию»), и его посыл был однозначным:

> Одна у нас есть ненависть, одна, одна!
> Она нам навеки веков дана,
> Ее мы выпьем до дна, до дна!
> Будь проклят наш единственный враг —
> А н г л и я![35]

Учитывая послевоенное британское присутствие в ФРГ, это выражение, по-видимому, должно было прочитываться как националистический сигнал тревоги: «Враг среди нас». Но, возможно, Шнор вложил в него и другие смыслы: низведение пьесы на уровень военной пропаганды или намек, что Шенберг написал ее с целью объединить евреев и их союзников в порыве ненависти к другому общему врагу — Германии. Шенберг и Лиссауэр, помимо прочего, были «собратьями» — евреи, отторгнутые нацистами. В годы Первой мировой войны Лиссауэр получил от кайзера орден Красного Орла за патриотизм, но, поскольку он был евреем, «Гимн» не был возрожден, чтобы поддерживать боевой дух немцев во Второй мировой войне (Лиссауэр умер в 1937 году, а перед тем отрекся от своего давнего стихотворения). Наконец, нельзя было мириться с соседством Шенберга и Бетховена, незыблемым и непререкаемым символом немецкого музыкального национализма. В контексте этой крайне взрывоопасной риторики вопрос «как долго еще это будет продолжаться?» звучит не иначе, как призыв к оружию.

Колонка Шнора от 16 июня 1956 года могла бы остаться незамеченной за пределами местного круга читателей «Westfalen-Blatt»,

---

[35] Перевод К. И. Чуковского [Чуковский 2002: 229]. Этим соображением я обязана Рейчел Кауджилл, также обратившей внимание на то место в воспоминаниях С. Цвейга, где он пишет об эффекте, произведенном «Гимном ненависти»: «Стихотворение угодило словно бомба в склад с боеприпасами» [Cowgill 2007: 317–362].

если бы всего десять дней спустя он не принял участие в конференции, которая получила общенациональное освещение в «Frankfurter Allgemeine Zeitung» (FAZ)[36]. Конференция «Интеллектуал и радио» была организована Протестантской академией радио и телевидения, и Шнора пригласили выступить на секции «Место новой музыки в радиопрограммах». Вторым участником дискуссии был уже упоминавшийся Винфрид Циллиг, бывший ученик Шенберга и один из самых преданных его сторонников в ФРГ. У Циллига, как и у Шнора, имелось нацистское прошлое, которое он должен был отринуть (впрочем, как и у некоторых других сторонников Шенберга, включая Штробеля и Штайнеке). Хотя Циллиг не был членом партии, его карьера в Третьем рейхе складывалась весьма благополучно: он занимал пост дирижера оперного театра в Дюссельдорфе (1932–1937), затем в Эссене (1937–1940), и наконец стал музыкальным директором Нейхсгаутеатра в оккупированной Польше, в Познани (1940–1943). После успеха его музыки, написанной для фильма «Всадник на белом коне» (*Der Schimmelreiter*, 1933), он стал получать новые заказы на только на музыку для фильмов, но и на другие виды музыкального сопровождения, в том числе для Имперского фестиваля в Гейдельберге. В 1936 году Имперский симфонический оркестр Национал-социалистического культурного сообщества заказал ему и исполнил Романтическую симфонию до мажор. Шенберги знали о деятельности Циллига во время войны, но оставались с ним близки: ему было доверено завершить «Лестницу Иакова» и вокальную партитуру «Моисея и Аарона». После войны он заявлял, будто нацисты запретили его музыку, но это было явной выдумкой: многие из его сочинений впервые прозвучали именно в нацистской Германии, однако, как

---

[36] Данные о газетах ФРГ доступны за 1953 и 1960 годы. В 1953 году «Westfalen-Blatt» была региональной газетой с тиражом 80 000 экземпляров, включавшим и 11 ее приложений; в 1960 году ее тираж увеличился до 107 999 экземпляров, включая 16 приложений. В 1953 году международный тираж FAZ с ее пятью зарубежными редакциями составлял 93 000 экземпляров; в 1960 году тираж вырос до 258 554 экземпляров, а корреспонденты газеты работали в 11 зарубежных городах. Оба издания были политически независимыми. См. [Deutsche Presse 1954, 1961].

это часто случалось, подобная деятельность, похоже, не повредила его послевоенной карьере[37].

Циллиг был первым докладчиком на секции; он выступал за смелый подход к радиопрограммам, утверждая, что, как указано в программном заявлении ARD, просвещение слушателей в сфере новой музыки входит в обязанности радиостанций. Большую часть отведенного ему времени он посвятил наглядной демонстрации педагогического метода, за который ратовал: рассказывал об эволюции Шенберга как композитора, приводил музыкальные примеры из разных периодов его творчества с 1899 («Просветленная ночь») по 1950 год («Современный псалом»). Циллиг утверждал, что заинтересовать этим слушателей — задача, вполне посильная для радиостанций, но основываться следовало на музыке предшественников, начиная с Малера, а затем объяснять, как из нее развивалась новая музыка, и вводить более современный репертуар. Он призвал руководителей радиостанций не поддаваться влиянию меньшинства, заваливающего редакции письменными жалобами, а поклонников новой музыки — писать на любимые радиостанции письма благодарности, чтобы нейтрализовать реакцию скептиков. В заключение он отметил, что до недавнего времени знал о своем коллеге Шноре только то, что в 1937 году тот положительно отозвался об одной из его опер, но теперь знает о нем кое-что еще. Зачитав вслух цитированную выше статью из «Westfalen-Blatt», Циллиг объявил о собственном глубочайшем восхищении своим учителем и публично отказался от каких-либо контактов со Шнором.

Конечно же, Шнор не стал оправдываться и посреди общего шума покинул зал; заседание закончилось тем, что оставшиеся участники прослушали запись «Уцелевшего»[38]. На следующий

---

[37] Для биографов Циллига характерно подчеркивать его противостояние нацистскому режиму и преуменьшать успешность его карьеры при Третьем рейхе. См., например, [Gradenwitz 1998: 49–55].

[38] См. расшифровку его выступления, которую Циллиг послал Гертруде Шенберг (ASC GSC), а также письмо на ту же тему, датированное 31 июля 1956 года (ASC GSC).

день 21 из 51 участника подписал письмо Герману Штумпфу, главному редактору газеты Шнора, в котором сообщалось о произошедшем [Boll 2004: 215].

Этот инцидент стал известен всей стране 30 июня 1956 года, когда Вальтер Диркс (1901–1991) рассказал о нем в журнале FAZ, использовав его как отправную точку для разоблачения Шнора, или, точнее, явления, которое тот олицетворял. Штробель незамедлительно перепечатал материал в «Мелосе», тем самым максимально увеличив число читателей. Диркс был лидером ХДС и представлял в немецком католическом движении влиятельное меньшинство — интеллектуалов левого толка, стремившихся установить демократию путем построения христианского социализма. Он печатался во многих газетах как внештатный корреспондент, а в начале 1950-х годов стал сотрудничать с Франкфуртским институтом социальных исследований, где вместе с Адорно выпускал журнал «Frankfurter Beiträgezur Soziologie».

В 1956–1966 годах он также возглавлял отдел культуры радиостанции «West deutsche Rund funk» в Кельне; все это означало, что он был публичной фигурой, интеллектуалом, лично заинтересованным во влиянии радио на послевоенное общество. Он также располагал возможностью привлечь как можно более широкое внимание к поведению Шнора. Диркс процитировал несколько статей Шнора, в частности его критические высказывания в адрес радиостанций, финансируемых из федерального бюджета:

> [радиостанции] Гамбурга, Кельна, Франкфурта и Баден-Бадена, пользуясь своим авторитетом, насаждают тиранию людей, наводнивших разоренную Германию после 1945 года на волне определенного сорта реэмиграции (иными словами, вместе с жалкой процессией оккупационных войск). Имена пока не называются. Но близится час, когда каждый будет готов говорить обо всем этом публично и предметно. Произойдет восстание — не масс, а лучших.

Ненависть Шнора к оккупационным войскам была так велика, что именно их он обвинял в содействии «определенного сорта реэмиграции», возможно, намекая на Шенберга или даже Хиндемита, новоиспеченных граждан США, чья ранее запрещенная музыка триумфально вернулась в финансируемый государством эфир. Более того, его туманно-угрожающие слова «имена пока не называются» говорят о том, что он был готов «назвать имена» сотрудников радиостанции, которых считал виновными в «тирании», навязанной «оккупационными войсками», — типично подстрекательское высказывание на грани прямых обвинений в коллаборантстве. Диркс признал, что Шнор имел полное право быть недовольным музыкой, но, по его мнению, критик перешел черту допустимого:

> Его неприятие новой музыки и склонность к агрессивным оскорблениям и намекам на злонамеренность продиктованы антисемитским национализмом. То, чем занимается доктор Шнор, — нечто вроде критики новой музыки и музыкальной индустрии в сочетании с антисемитской позицией — представляет собой не только национал-социалистическое явление, но и национал-социалистическое выступление [Dirks 1956: 233–234].

Вскоре после этого в «Die Zeit» появилась редакционная статья, в которой Диркса похвалили за разоблачительный материал, но потребовали объяснить, почему автор не назвал тех сотрудников Евангелической академии радиовещания и телевидения, будь то отдельное лицо или комиссия, которые сочли уместным пригласить Шнора[39].

В следующем номере «Мелоса» Штробель опубликовал опровержение, в котором Шнор выразил несогласие как с изложением событий на конференции, так и с оценкой Дирксом его, Шнора, деятельности. Он отстаивал свой стиль критики, утверждая, что она «направлена не на отдельных людей как таковых, а скорее на принципы и процедуры, например, против телевизионной передачи об эволюции электронной музыки». Были и более конкретные возражения: «Неправда, что моя музыкальная кри-

---

[39] P. H. Wer hat Herrn Schnoor bestellt? // Die Zeit. 12 июля 1956 года.

тика — "национал-социалистическое явление", как неправда и то, что она продиктована "антисемитской позицией"». В доказательство он привел положительную рецензию на свою последнюю книгу, опубликованную в немецкой еврейской газете: «Мюнхенская "Jüdische Nachrichten" сочла меня достойным комментатором и консультантом»[40].

Книга, на которую ссылается Шнор, называлась «Опера, оперетта, концерт» и представляла собой «практическое руководство для театралов, посетителей концертов, радиослушателей и любителей звукозаписи» (1955) — вполне естественно, что в ней не было предвзятости, свойственной его работам о новой музыке. Она была опубликована в издательстве «Гютерсло» К. Бертельсманом, плодовитым издателем нацистской пропаганды в период существования Третьего рейха, к тому времени официально реабилитированным. Шнор также утверждал, что после инцидента с Циллигом он «мирно беседовал» на конференции с несколькими лицами. В числе собеседников, чьи имена он упомянул, по-видимому, в порядке положительной рекомендации самому себе, были программный директор Нидерландского радио в Хилверсюме по имени г-н Гук, некий музыкальный публицист («Мартин») и священник Ганс Вернер фон Майен[41]. Личности первых двух установить не удалось, а что касается фон Майена, то он был директором Центрального католического радио в Бефиль-Билефельде и сыграл заметную роль в клеветнической

---

[40] Опровержение Шнора было опубликовано в разделе «Возвращаясь к напечатанному» (Melos. 1956. Vol. 23. № 9. С. 263). Газету «Jüdische Nachrichten» издавал Мозес Люстиг; он выступал за полную эмиграцию всех евреев из Германии и надеялся, что эта цель будет достигнута в 1952 году. См. [Kauders 2004: 51].

[41] В материалах, опубликованных в октябре того же года, нет ни списка участников, ни упоминания об эпизоде со Шнором, ни доклада. Зато в предисловии пространно описывается предполагаемая задача конференции: разработка третьей программы немецкого радио по образцу программы Би-би-си. См.: Evangelische Akademie für Rundfunk und Fernsehen. Der kluge Mann und das Radio: Referate und Diskussionen einer Tagung der Evangelischen Akademie für Rundfunk und Fernsehen in Arnoldshain im Taunus. Munich: Evangelischer Presseverband für Bayern, 1956.

кампании, развернутой в декабре 1952 года против писателя Генриха Белля, остро критиковавшего католическую церковь за нежелание противостоять нацизму.

В стычке с Дирксом у Шнора нашлось множество защитников. 7 июля 1956 года его газета отдала весь новостной раздел под анонимную статью, озаглавленную «Заговор против доктора Шнора»; за ней следовало открытое письмо фон Майена Шнору, в котором он похвалил его критические работы и повторил вопрос, который часто задавал Шнор: *действительно ли радио должно поддерживать новую музыку, или это просто политическая программа, продвигаемая определенной кликой?* Издатель из Майнца Адольф Фраунд также присягнул на верность Шнору, заявив, что на самом деле это Диркс подстроил скандал на конференции. Однозначно высказал свою позицию и Штумпф, главный редактор газеты, где работал Шнор. Он назвал критика «жертвой нападения» и заявил, что радио «оккупировано теми, кто слепо верит победителям, даже не пытаясь понять, что думает об этих людях население». Вслед за Шнором он назвал «Уцелевшего» гимном ненависти и лицемерно добавил, что наверняка евреи, исходя из собственных интересов, не захотели бы, чтобы подобная пьеса попала в регулярную ротацию на немецком радио [Boll 2004: 216–217].

Шнор был всего лишь одним из множества пишущих для широкой публики критиков и музыковедов, продолжавших так же успешно делать карьеру после войны, как и при нацистах, чей стиль письма практически не изменился. В этот список входят также Рудольф Бауэр, Рудольф Клойбер, Ганс Кельцш, Отто Шуман, бывший нацист Вальтер Абендрот, вставший на сторону Шнора, когда его «Музыка и хаос» подверглась жесткой критике в печати, а также проживавший в Мюнхене австриец Алоис Мелихар, который на протяжении 1950-х годов специализировался на публикации обличительных статей против Шенберга. Кульминацией его усилий стала книга «Шенберг и последствия: необходимое культурно-политическое разъяснение» (*Schönberg und die Folgen: Eine notwendige kulturpolitische Auseinandersetzung*). В ней он осуждает «двенадцатитоновый фашизм, который объявил тотальную войну тональному миру и записывает любого, кому не нравится музыка Шенберга, в антисемиты». По словам Майкла Кейтера, «Мелихар порицал "дурной" антисемитизм как дискредитацию "оправданного" антисемитизма» [Melichar 1960: 6; Kater 2000: 283]. Сфера влияния этих критиков, по-видимому, была достаточно широкой: в частности, как отмечает Кейтер, «Абендрот, старый друг Пфицнера, бывший нацист и ярый антисемит, после 1947 года каким-то образом пробрался на должность редактора отдела культуры в недавно созданном либеральном еженедельнике "Die Zeit"» [Kater 2000: 277]. Едва ли стоит удивляться нежеланию критиков пересмотреть свои формулировки; как считает Йенс Малте Фишер, более тревожным фактом было то, что их публикации расходились большими тиражами, а общественность, по-видимому, не осуществила никаких попыток давления, чтобы заставить их отказаться от «национал-социалистического жаргона». Иными словами, у Шнора и ему подобных была своя аудитория. Наивный или неосведомленный читатель мог не заметить идеологической предвзятости, но распроданные тиражи в сотни тысяч экземпляров свидетельствуют о том, что многие прекрасно понимали и разделяли позицию авторов [Fischer J. M. 1993: 249–250].

Слухи о «деле Шнора» в конце концов проникли в Калифорнию и дошли до Гертруды Шенберг. В письме от 31 июля 1956 года Циллиг написал, что на той самой конференции «творился жуткий беспорядок»: «В своем выступлении я в пух и прах разгромил одного типа по имени доктор Шнор, в той же степени одиозного, что и бесноватого (вероятно, вы уже слышали об этом)»[42]. По словам Циллига, многие газеты сообщили об этом событии и осудили поведение Шнора — в том числе «Die Neue Zürcher Zeitung», «Die Welt», «Die Tat» и «Die Süddeutsche Zeitung». Два месяца спустя Циллиг снова пишет госпоже Шенберг об истории со Шнором: «Конечно, сегодня так называемый художественный критик не может причинить Шенбергу особого вреда... но это не художественная критика; это "Stürmer" плюс "Schwarzes Korps" [официальные газеты СС]». И еще: «Этот сморчок Шнор оказал-

---

[42] Письмо В. Циллига Гертруде Шенберг, 31 июля 1956 года (ASC GSC).

ся первым настоящим неонацистом, которого я увидел собственными глазами». Циллиг посоветовал ей обратиться в американское посольство: «Поскольку Шенберг был одним из самых выдающихся американских граждан нашего века, на этого типа нужно непременно подать в суд и заставить его выплатить круглую сумму для возмещения причиненного ущерба»[43].

Штробель отнесся к этому делу не менее серьезно. В сугубо личном письме от 5 октября 1956 года Штробель убеждал Гертруду подать на Шнора в суд за антисемитские высказывания в адрес Шенберга в целом и «Уцелевшего» в частности; суть была в том, что по немецким законам инициировать подобный процесс могли только сами пострадавшие или их ближайшие родственники[44]. В ответных письмах Штробелю (а позже окружному прокурору Франкфурта Арнольду Бухталю, который написал ей в декабре) Гертруда признала, что слышала об эпизоде со Шнором, но отказалась вмешиваться в немецкие политические дрязги[45]. Однако она сообщила о произошедшем в издательство «Бельке-Бомарт» с явным расчетом на то, что компания подаст иск о возмещении потерянных доходов[46]. На самом деле у издательства ничего бы не вышло: иск мог исходить только от потерпевшей стороны или ее родных, и даже если издатель выиграл бы процесс, немецкое законодательство не гарантировало ему возмещения ущерба.

---

[43] Письмо Винфрида Циллига Гертруде Шенберг, 22 сентября 1956 года (ASC GSC). Похоже, упоминание «Schwarze Korps» и ругательство «сморчок» он позаимствовал из статьи Э. Куби «Радио на горных тропах» (Rundfunk auf Höhenwegen // Süddeutsche Zeitung. 2 июля 1956 года).

[44] Письмо Генриха Штробеля Гертруде Шенберг, 5 октября 1956 года. Благодарю Стеффи Кандзия за разъяснение этого вопроса.

[45] Письмо Гертруды Шенберг Штробелю, 10 октября 1956 года (ASC GSC). О том же она пишет окружному адвокату Арнольду Бухталю в письме от 5 декабря 1956 года (ASC GSC). В 1933 году Бухталь был уволен из окружного суда Дортмунда из-за еврейского происхождения.

[46] Переписка с Марго Бельке, 25 октября 1956 года; письмо Бельке Гертруде Шенберг, 19 ноября 1956 года; письмо Бельке Гертруде Шенберг, 23 января 1957 года; недатированное письмо Гертруды Шенберг к Бельке (ASC GSC).

Однако состоялся другой судебный процесс, получивший достаточно широкую огласку. 17 июля 1956 года 28-летний радиожурналист Фред Приберг сообщил о случившемся по Юго-Западному радио Баден-Бадена. Приберг на весь эфир назвал Шнора «национал-социалистическим музыкальным критиком» и обвинил в том, что тот по-прежнему пишет статьи с национал-социалистическим душком, как во времена Третьего рейха [Prieberg 1982: 22][47]. Шнор и его издатель незамедлительно подали на Приберга в суд за клевету. В июне 1957 года первая же судебная инстанция в Билефельде отклонила иск, мотивировав свой отказ тем, что высказывание не может расцениваться как клеветническое, если его содержание соответствует действительности. (Шнор и в самом деле был членом нацистской партии.) В доказательство суд привел статью Шнора 1939 года под названием «Постыдная защита "Римана": "немецкие" евреи в Новом Музыкальном словаре», в которой он говорит о евреях в открыто антисемитских выражениях[48]. Суд признал, что и после войны критика Шнора демонстрировала тенденцию к высмеиванию еврейских композиторов и дирижеров, например добавлять к их фамилиям артикль der вместо уважительного «господин». В одной из статей он умышленно назвал Адорно фамилией отца, ассимилированного еврея, — «Визенгрунд», вместо предпочитаемой Адорно корсиканской фамилии матери, а о еврее Генрихе Гейне высказался как о «сотоварище» Адорно.

Одним из самых любопытных обстоятельств во время этого процесса было мнение суда, что, учитывая оскорбительный характер текстов Шнора, Приберг имел полное право отвечать в том же духе:

> Гражданский истец [Шнор] по пункту 2) не признает современную музыку и электронную музыку и выступает против нее в крайне резких рецензиях, публикуемых в газете «Westfalen-Blatt» под редакцией гражданского истца по

---

[47] О том же — электронное письмо Приберга автору этой книги от 2 августа 2005 года.

[48] Schnoor, Peinliche Ehrenrettung des «Riemann»: «Deutsche» Juden im neuen Musiklexikon // Dresdner Anzeiger. 14 марта 1939 года.

пункту 1). Он называет ее «узуфруктуарной музыкой, анальным искусством, забугорным отщепенством, мерзкими пьесками, испражнениями электронных студий» и утверждает, что «те самые люди, которые после 1945 года хлынули в разоренную Германию как жалкое охвостье оккупационных войск, чтобы навести порядок, все еще осуществляют свою тиранию на руководящих постах немецкого радио»; он обвиняет их в стремлении одурачить публику. Таким образом, если ответчик [Приберг], являющийся постоянным сотрудником Юго-Западного радио, столь же резко критиковал политическую позицию гражданского истца [Шнора] и цитировал резкие статьи из «Frankfurter Allgemeine Zeitung», то на него, следовательно, распространяется защита, предусмотренная § 193 Уголовного кодекса Федеративной Республики Германия. Гражданский истец по пункту 2) [Шнор] должен согласиться, что его грубые нападки заслуживают аналогичного ответа[49].

Упомянутая статья § 193 немецкого Уголовного кодекса признает законным «соответствующие ответные меры» — именно так суд квалифицировал заявления Приберга: очевидно, нападки Шнора на радиостанции были настолько вопиющими, что Приберга сочли вправе защищаться тем же оружием. В судебном постановлении цитировалось несколько выдержек из работ Шнора — в подтверждение того, что в них использовался «язык

---

[49] «Гражданскими истцами» (*Privatkläger*) названы Шнор и его издатель, «ответчиком» (*Beschuldigte*) — Приберг. «Первый районный суд 8 BS 139/56 в деле по гражданскому иску издательства Vereinigte Westfalen-Zeitungen G.m.b.H., Билефельд, Зудбракштрассе, 16, представленного лично генеральным директором, издателем Карлом-Вильгельмом Буссе, и музыкальным критиком д-ром Гансом Шнором, Билефельд, Нидерваль, 9, гражданскими истцами, адвокат стороны Эрих Нойман, Билефельд, против г-на Фреда К. Приберга, Баден-Баден, Фремерсбергерштрассе, 60а, ответчика, адвокат стороны д-р Адольф Арндт, Бонн, Драхенштрассе, 18, — окружной суд Билефельда 27 июня 1957 года постановил: гражданский иск отклонить. Гражданские истцы обязаны выплатить судебные издержки, а также расходы, понесенные ответчиком». Постановление суда под заглавием «Остракизм № 3» («Scherbengericht Nr. 3») было перепечатано «Мелосом» (Melos. 1957. Vol. 25. № 3. С. 105–106). Я благодарю Стеффи Кандзиа и Беатрис Брокман за помощь в работе с юридическими документами.

национал-социалистической журналистики»; как и в письме Циллига, в постановлении стиль Шнора сравнивался со стилем газеты СС «Das schwarze Korps».

То, что Шнор подал в суд на Приберга за клевету, когда его членство в нацистской партии было неоспоримым и легко доказуемым фактом (и по тем временам не таким уж необычным), может казаться абсурдным лишь до того момента, пока мы не поймем непосредственного контекста, в котором осуществлялась денацификация. Подобные иски часто подавались, чтобы защитить свою честь, несмотря на то что исход был практически предопределен. Стоит сказать, что «влияние немецкой "культуры оскорблений" — представлений о чести и ее защиты в суде — остается сильным и по сей день» [Goldberg 2010: 208][50]. Более того, историк Энн Голдберг полагает, что в послевоенный период «на юридический дискурс о чести наложило отпечаток восходящее к XIX веку понятие "личных прав" (*Persönlichkeitsrechte*) и ценность защиты универсального права личности на "свободное самоопределение"» [Goldberg 2010: 207][51]. *Persönlichkeitsrechte* также включают в себя право контролировать использование своего публичного образа — одну из фундаментальных ценностей европейского законодательства о неприкосновенности частной жизни [Whitman 2004: 1161][52].

Защищая то ли свою честь, то ли публичный образ, а может быть, то и другое одновременно, Шнор и его издатель подали

---

[50] В результате похожего судебного разбирательства в Швейцарии иск, поданный Алоизом Мелихаром, был-таки удовлетворен; это наводит на мысль, что для швейцарского суда защита достоинства и частной жизни истца была важнее, чем право общественности знать правду. См.: Zimmermann H. Neue Musik vor den Schranken des Gerichts: Alois Melichar und seine «tausend jährige Vergangenheit» // Neue Zürcher Zeitung. 9 ноября 1996 года.

[51] Э. Гольдберг далее отмечает, что исторически такие законы защищали только высшие классы и «ирония в том, что только в эпоху нацизма честь в эгалитарной форме "фольксгемайншафт" была полностью демократизирована и охватывала все население; этот процесс продолжался в несколько видоизмененном, либерально-демократическом ключе и после Второй мировой войны» [Там же: 209].

[52] В послевоенный период слушалось несколько громких дел такого рода. См. также [Gottwald 1996].

апелляцию, но в декабре 1957 года шестая уголовная палата окружного суда Билефельда оставила в силе решение низшей судебной инстанции[53]. Позже Шнор оказался участником еще как минимум одной подобной тяжбы: 24 февраля 1958 года радиостанция «Westdeutsche Rundfunk» подала на него в суд за клевету. Окружной суд Билефельда признал критика виновным и приговорил к штрафу, который затем был распределен в пользу некоммерческих организаций. Шнора оштрафовали не за критику модернистской и электронной музыки и транслировавших ее радиостанций, а за тон его статей, то есть снова за использование языка национал-социалистической журналистики [Schnoor 1962: 236–237].

Впоследствии и Шнор, и Приберг опубликовали по книге, где рассказали об этом судебном процессе: «Гармония и хаос» Шнора вышла в 1962 году, а «Музыка в нацистском государстве» Приберга — в 1982-м. Ни в одной из них Приберг не назван ответчиком. Шнор кратко упомянул об иске, а в подтверждение своего по-прежнему отрицательного мнения об «Уцелевшем» процитировал письмо, полученное им от «великого адвоката и благороднейшего из людей», который в 1956 году высказал собственное мнение о произведении Шенберга: «Оно не имеет отношения к искусству... Его грубый натурализм... не может сравниться с тем, как изображал евреев И. С. Бах в своих "Страстях"... Я согласен с вами в том, что его исполнение может лишь продолжать сеять ненависть между людьми» [Там же: 174]. Адвокат Шнора проявил удивительную прозорливость, как будто предвосхитив споры об антисемитизме и антииудаизме, разгоревшиеся в 1990-е годы вокруг «Страстей по Иоанну» Баха, но, насколько мне известно, еще не ставшие предметом научного рассмотрения. В свою очередь Приберг, описывая судебный процесс, назвал ответчика (то есть себя) просто «сотрудником Юго-Западного радио в Баден-Бадене» [Prieberg 1982: 22].

---

[53] Решение апелляционного суда почти дословно совпадает с первоначальным постановлением. Оно было перепечатано в «Мелосе»: Melos. 1957. Vol. 25. № 3. С. 105–106.

Новая музыка в послевоенной Западной Германии пользовалась поддержкой известных интеллектуалов, получала щедрые субсидии от радиостанций и фестивалей, находилась под защитой государства и федерального законодательства, но также имела заметное число противников. У Шнора неприятие новой музыки в целом и «Уцелевшего» в частности выражалось в прозе, отразившей множество социальных тревог того времени. С точки зрения суда, главная вина Шнора состояла в том, что он использовал национал-социалистическую риторику как проверенное средство для призыва сплотиться против привычного врага. Безусловно, имелись все основания предполагать, что, как журналист и бывший член нацистской партии, он, прибегая к подобному языку, апеллировал к сохранившемуся антисемитизму. Его карьера свидетельствует о том, что эти мнения находили отклик у широкой читательской аудитории. Он продолжал пропагандировать свои взгляды посредством публикаций в «Westfalen-Blatt», издатель газеты поддерживал его во всех подобных судебных процессах, а свою книгу о музыке XX века «Музыка и хаос» он сумел опубликовать в известном издательстве, у которого, правда, имелось собственное нацистское прошлое. (Во времена Третьего рейха мюнхенское издательство Ю. Ф. Лемана публиковало книги по расовой гигиене[54].)

Присутствие американских, британских и французских войск также было для него очень болезненной темой. Шнор обвинял радиостанции, транслировавшие новую музыку, в сотрудничестве с «оккупационными армиями» и пособничестве тем, кто жаждет лишить Германию государственного суверенитета и национальной идентичности. Он также возлагал на западных союзников

---

[54] В рецензии на книгу Г. Старка «Предприниматели от идеологии: неоконсервативные издатели в Германии, 1890–1933 годы» [Stark 1981] И. Кершоу пишет о Ю. Ф. Лемане как об «архетипическом пангерманском империалисте-расисте, который убежден в необходимости искоренить "иностранные" элементы в немецкой культуре и мечтает о будущем, управляемом евгеникой и расовой биологией» [Kershaw 1983: 373]. Леман вступил в нацистскую партию в 1931 году, и под его руководством издательство широко публиковало труды по евгенике. См. [Stäckel 2002], антологию, выпущенную самим издательством.

ответственность за «определенного сорта реэмиграцию», и само это выражение говорит о том, насколько остро стоял в послевоенной Германии вопрос о «возвращенцах». Те немногочисленные перемещенные музыканты, которые после войны физически или символически вернулись в Германию, в 1950-е годы сыграли важную роль в восстановлении музыкальной жизни страны[55]. В тревожной послевоенной реальности именно это произведение (додекафоническая пьеса, напоминавшая немцам об их ответственности за Холокост и восхвалявшая мужество и религиозную преданность евреев) именно этого автора (композитора-еврея, который долгое время был в равной степени превозносимой и поносимой иконой европейского музыкального модернизма, а теперь стал натурализованным гражданином США) звучало достаточно провокационно, чтобы присутствие «Уцелевшего» воспринималось как символическая реэмиграция, несмотря на физическое отсутствие самого Шенберга. Поскольку после войны в Германию вернулось лишь около 4 % евреев, которым удалось бежать от нацистского режима, даже символическая реэмиграция знаменитого еврея стала весьма заметной. На эмигрантский статус Шенберга косвенно указывал и текст, написанный на трех языках: повествование на довольно невыразительном английском, несколько немецких фраз, вложенных в уста нациста, и заключительный хор на иврите. Рут Р. Виссе видит в многоязычии «черту современной еврейской литературы, создающую больше всего сложностей» [Wisse 2003: 5][56], отчасти потому, что оно служит прямым вызовом стандартной националистической модели анализа и часто свидетельствует об эмигрантском статусе. На немецкой премьере и английский, и еврейский текст прозвучали без перевода; возможно, это было сделано умышленно, чтобы с помощью завесы непонимания пощадить чувства слушателей. С другой стороны, это можно истолковать как своего рода языковой империализм под эгидой Верховного комиссара США по

---

[55] Гораздо больше научных трудов посвящено литературной реэмиграции, например [Parker et al. 2004; Lühe, Krohn 2005].

[56] Я благодарна Элисон Шахтер за то, что обратила мое внимание на эту цитату.

делам Германии, особенно если вспомнить музыканта из Дармштадтского оркестра, который в своем неприятии «Уцелевшего» смешал американцев и евреев. Поэтому устойчивый образ ФРГ как послевоенной утопии для модернистской музыки под покровительством государственных радиостанций и фестивалей имеет свою обратную сторону: воинствующее ретроградство, показавшее себя в лице музыкального критика — бывшего нациста, лишь формально реабилитированного, который сопротивлялся возглавляемой союзниками реэмиграции модернистской музыки посредством знакомой риторики из арсенала национал-социалистической журналистики.

Глава 2
Австрия

*«Уцелевший из Варшавы»:
возвращение на родину*

> Больше всего мне бы хотелось, чтобы исполнение моей музыки в Вене запретили полностью и навсегда. Нигде ко мне не относились хуже, чем там.
>
> *Арнольд Шенберг — Герману Шерхену,
> 29 января 1951 года*

Таким был ответ Шенберга дирижеру Герману Шерхену, когда тот сообщил ему, что намерен исполнить «Уцелевшего из Варшавы» в Вене, и попросил у композитора благословения. С родным городом Шенберга долгое время связывали отношения любви-ненависти. Всего шестнадцатью месяцами ранее, в октябре 1949 года, он искренне радовался, что получил от мэра города звание почетного гражданина Вены, хотя его переписка с венскими друзьями свидетельствовала о глубокой и неизменной двойственности его чувств. У него было множество причин вести себя настороженно. Организованная антисемитская фракция подорвала его академическую карьеру в этом городе, а пресса регулярно обрушивалась на его музыку, а заодно и на произведения его учеников. Учитывая такие обстоятельства прошлого, а также тот факт, что в 1938 году Австрия очень тепло встретила Третий рейх, после окончания войны он по понятным причинам опасался идти на сближение и отклонял предложения участвовать в возрождении венской музыкальной сцены. Тем не менее 10 апреля 1951 года в рамках Четвертого международного музыкального фестиваля, организованного обществом Концертхауса, Шерхен все-таки исполнил «Уцелевшего» в Вене. В первом отделении концерта были представлены новые двенадцатитоновые произведения: премьеры камерной оратории Йозефа Матиаса Хауэра «Превращения» и Фортепианного концерта Марио Перагалло, а за ними *Ein Überlebender von Warschau* — название «Уцелевший из Варшавы» в переводе на немецкий. Монолог «Уцелевшего», исполненный венским актером Альбином Шкодой, прозвучал по-немецки в первый и, наверное, единственный раз. После антракта Венский симфонический оркестр, Венская певческая академия, Венский камерный хор и несколько солистов вернулись на сцену и объединенным составом исполнили «Четыре духовные пьесы» Джузеппе Верди (*Ave Maria*, *Stabat Mater*, *Laudi alla Vergine Maria* и *Te Deum*).

Шерхен не пошел наперекор пожеланиям композитора, однако несколько смягчил его позицию; это ясно из письма Шенберга, присланного дирижеру в феврале 1951 года: «Мне совсем не хотелось давать согласие на исполнение "Уцелевшего" в Вене; шесть минут на фоне других современных произведений, звучащих во много раз дольше. Но я, конечно же, не буду вам препятствовать»[1]. Шенбергу на тот момент было 76 лет, он тяжело болел и жил в Калифорнии; пять месяцев спустя, 13 июля 1951 года, он умер. Благодаря известности, которую после войны приобрели в Европе его произведения, на закате жизни он смог взять своего рода реванш и не хотел идти на поводу у венцев, позволив им использовать себя как пешку в их культурной политике, хотя и раздражался, полагая, что при такой репутации его творчество могло бы быть представлено более масштабным произведением. Кроме того, какой бы короткой пьесой ни был «Уцелевший», Шенберг наверняка понимал, какой шум вызовет в послевоенной оккупированной Вене пьеса о Холокосте (в котором австрийцы и не думали признавать свою вину), исполненная в городе, где

---

[1] Письмо Шенберга Шерхену, 24 февраля 1951 (ASC).

процветал антисемитизм, и написанная в спорной двенадцатитоновой технике местным уроженцем еврейского происхождения (человеком, которого сторонились в родном городе и чья музыка была запрещена при Третьем рейхе). К тому же повествование звучало не в английском оригинале, а в переводе на немецкий, родной язык слушателей. Шенберга исполняли в Вене уже с 1945 года, но это было первое из его произведений, которое должно было прозвучать на городском фестивале новой музыки, и, похоже, первое исполнение, на которое он дал письменное согласие.

Теоретической основой этой книги служит концепция культурной мобильности С. Гринблата, однако случай Шенберга в Австрии представляет собой особый тип культурной мобильности [Greenblatt 2010: 19]. Здесь, в отличие от других рассмотренных примеров, определяющую роль играет место назначения как географическая локация; это, по сути, возвращение домой, в родной город, и именно благодаря месту назначения присутствие «Уцелевшего» в Вене можно рассматривать как форму реэмиграции. Если считать верным утверждение Ганса Моммзена, что физическое присутствие не служит обязательным условием для реэмиграции, то концепция «реэмиграции идей», понимаемая М. Краус как распространение в послевоенной Европе литературных произведений, созданных эмигрантами, физически не вернувшимися на родину, в данном контексте вполне уместна [Krauss 2001: 157]. Особенно это касается музыки, мобильность которой в большей степени зависит от присутствия исполнителей, чем композиторов. Концепция «реэмиграции идей» Краус имеет много общего с концепцией Гринблата о мобильности культурной продукции, однако Краус акцентирует внимание на месте назначения, а не на процессе. Именно уникальный характер места назначения — бывшего родного города Шенберга — выделяет этот случай из прочих. В этой главе судьба «Уцелевшего» в Вене рассматривается как форма музыкальной реэмиграции и возможность ответить на вопросы о том, каким образом произведение оказалось в городе, где родился Шенберг, и что произошло, когда оно там оказалось.

Антисемитизм и Холокост в Австрии

Учитывая множественную идентичность Шенберга (еврей по происхождению, венец по рождению, немец по культуре, американец по гражданству) и тему «Уцелевшего», антисемитизм в Австрии следует рассматривать как один из важнейших факторов, повлиявших на послевоенную реэмиграцию композитора и на его рецепцию в Вене. В годы, когда Шенберг жил там, антисемитизм в стране был широко распространенным явлением; он процветал при аншлюсе и сохранился после войны как в массах, так и в политике. В 1946 году венская Еврейская религиозная община (IKG — Israelitische Kultusgemeinde) сообщила, что «Вена, как и прежде, остается центром самого уродливого и предательского антисемитизма»: если бы не четыре оккупационные державы, «ни один из 4000 евреев не посмел бы даже появиться на улицах Вены»[2]. Леопольд Куншак был избран президентом Национального собрания Австрии после того, как в сентябре 1945 года выступил с заявлением, что «всегда был антисемитом», и обвинил евреев во всех политических и экономических бедах Австрии; из чего журнал «Американский еврейский ежегодник» сделал вывод, что «из всех новых режимов в европейских странах австрийский является самым антисемитским»[3].

История личных столкновений Шенберга с этим явлением до его эмиграции и реэмиграции позволяет понять этот остаточный контекст. В 1897–1910 годах бургомистром Вены был известный своим антисемитизмом Карл Люгер, тот самый, которому приписывается печально знаменитая фраза «Здесь я решаю, кто еврей!». Моше Лазар, фиксировавший особенности культурно-нормативного антисемитизма, с которыми Шенберг как еврей сталкивался в люгеровской Вене, отмечает, что до 1921 года композитор, похоже, игнорировал — или делал вид, что игнорирует — проявления антисемитизма [Lazar 1994], хотя многие из подобных

---

[2] Rosenfield G. Central Europe: Austria // American Jewish Year Book. 1946–1947. P. 318.

[3] Там же. P. 319.

оскорблений он просто не мог бы не заметить. Его бывший ученик Эрвин Штайн сообщал, что в 1910–1911 годах Шенберг стал жертвой «антисемитских нападок из политического лагеря (когда стало известно, что ему собираются предложить должность профессора в венской Академии [музыки и изобразительных искусств]» [Там же: 48]. Эта массированная атака стоила ему должности. Поворотным пунктом, после которого Шенберг начал гораздо серьезнее относиться к таким вещам, стал, в общем-то, незначительный инцидент, произошедший летом 1921 года. Ему пришлось отменить семейный отпуск в австрийском курортном городке Маттзее, так как выяснилось, что евреям запрещено въезжать туда без свидетельства о крещении, подтверждающего обращение в христианство [Там же: 49–50]. Поскольку Шенберг ничего подобного не ожидал, свидетельства при нем не было. Рассказывая об этом в письме своему ученику Альбану Бергу, он попытался сыронизировать («Они обращались со мной так презрительно, будто знали мою музыку»), но сразу же перешел к более серьезным обобщениям: «Но вне профессии это так же неприятно, как и внутри нее — только там с этим приходится мириться. Может быть, и здесь тоже? Почему, не знаю»[4]. Беспокоясь о репутации своего учителя, Берг попросил жену никому не рассказывать об этом случае: «Никому ничего не рассказывай и не пиши; держим все в секрете. Никто не должен знать об "антиеврейской враждебности"» (цит. по: [Lazar 1994: 50]). Однако вскоре эта история попала в газеты, а еще более тревожной оказалась опубликованная в «Wiener Morgen-Zeitung» короткая заметка под названием «Шенберг, Маттзее и вероисповедание»:

> Читатель пишет нам: «По поводу вашего сообщения о том, что композитор Арнольд Шенберг отказался от летнего отдыха в Маттзее рядом с Зальцбургом, где евреям не рады: хотя он и протестант, но можно возразить, что протестантизму господина Шенберга без году неделя. На самом деле по рождению он еврей и крестился уже в молодости, будучи студентом. Поскольку он не является арийцем, он

---

[4] Письмо А. Бергу, 16 июля 1921 года. Цит. по: [Schoenberg 2003: 159].

предпочел покинуть арийский Маттзее, чтобы избежать дальнейших неприятностей. Свидетельство о крещении тоже иногда лжет» (цит. по: [Schoenberg 2003: 159]).

В 1923 году антисемитизм лишил его еще одной профессиональной возможности: В. В. Кандинский пригласил его в Веймар возглавить музыкальную академию, но Шенберг отказался, так как слышал об антисемитизме многих преподавателей Баухауса, в том числе самого Кандинского. Вновь обострившееся осознание своего статуса сформулировано в письме к художнику: «Ибо чему учили меня все последние годы, я наконец-то понял и больше уже никогда не забуду. Я не немец, и не европеец, и, быть может, даже не человек (по меньшей мере европейцы предпочитают мне сквернейших представителей своей расы), — я еврей» [Шенберг 2007: 415][5].

В мае 1923 года, за пять месяцев до Пивного путча, Шенберг уже обратил внимание на деятельность Гитлера: «...я не могу объяснять тут каждому, что я как раз тот самый, для кого Кандинский и некоторые другие делают исключение, причем Гитлер их мнение отнюдь не разделяет». В том же письме Кандинскому он осудил опасную популярность фальшивых «Протоколов Сионских мудрецов» и прозорливо написал о последствиях антисемитизма: «Но к чему же поведет антисемитизм, если не к насилию? Так ли уж трудно представить себе это? Вам, возможно, достаточно того, что евреи будут лишены всех прав. Тогда, конечно, будут упразднены Эйнштейн, Малер, я и многие другие» [Там же: 419][6]. В 1926 году он переехал в Берлин, где занял почетную должность, в которой ему долгое время отказывали в Австрии, — профессора Прусской академии искусств, и оставался на этом посту, пока его не уволили на основании нацистского Закона о государственной службе, принятого в 1933 году. Одним словом, Шенберг слишком хорошо знал, что такое антисемитизм, и это было одной из причин, по которой он с негодованием отвергал предложения принять участие в обновлении послевоенной музыкальной жизни Вены.

---

[5] Шенберг — Кандинскому, 19 апреля 1923 года.
[6] Шенберг — Кандинскому, 4 мая 1923 года.

В 1928 году нацистская партия в Австрии насчитывала всего 4400 разрозненных членов, но с приходом Гитлера к власти в Германии движение активизировалось, и к июню 1933 года, когда партию в Австрии запретили, в ней уже состояло около 68 000 человек; после запрета они ушли в подполье [Pauley 1979: 22]. В 1934–1938 годах австрофашизм давал евреям больше правовой защиты, чем национал-социалистическое правительство Германии. Музыканты-евреи могли выступать и записываться в Австрии, и, пожалуй, никто не получил большей известности, чем Бруно Вальтер, под чьим управлением Венский филармонический оркестр исполнил Девятую симфонию Малера 16 января 1938 года, всего за два месяца до аншлюса. Однако режим, представлявший собой особую разновидность христианского авторитаризма, ничего не делал для того, чтобы обуздать антисемитские настроения. Аншлюс послужил катализатором физического и юридического насилия по отношению к еврейскому населению Австрии, настолько массированного, что в течение 18 месяцев примерно две трети этого населения эмигрировало, а те, кто не смог выбраться, были отправлены в лагеря в Польше, в которых погибло около 65 000 человек. По словам Роберта Вистриха, «так была отдана "дань" свирепости венского антисемитизма, гораздо более радикального, чем все, что до тех пор наблюдалось в "Старом рейхе", нацистской Германии до аншлюса» [Wistrich 1999: 2]. Этот «свирепый» антисемитизм проявлялся в том, что преступления против евреев непропорционально часто совершались австрийцами, служащими в СС. Политолог Дэвид Арт писал:

> Хотя австрийцы составляли всего 8 % населения Третьего рейха, более 13 % эсэсовцев были австрийцами. Немало австрийцев было среди ключевых фигур проекта уничтожения евреев в Третьем рейхе (Гитлер, [Адольф] Эйхман, [Эрнст] Кальтенбруннер, [Одило] Глобочник и многие другие), австрийцы составляли более 75 % командиров и 40 % персонала нацистских лагерей смерти. По оценкам Симона Визенталя, австрийцы несут прямую ответственность за гибель трех миллионов евреев [Art 2006: 43].

Послевоенная Австрия и оккупация

Хотя присутствие союзных оккупационных войск и сделало улицы послевоенной Вены относительно безопасными для евреев, на общее отношение к ним оно никак не повлияло. По сути, союзники приняли три решения, посредством которых, сами того не желая, позволили антисемитизму по-прежнему процветать в Австрии. Первое было принято в 1943 году, когда Австрию официально провозгласили «первой жертвой нацизма». Это означало, что Австрия в гораздо меньшей степени, чем Германия, несет ответственность за местный нацизм и свою роль в Холокосте. Во-вторых, этому способствовали первоначальные условия денацификации: при «хорошем поведении» можно было отделаться условным сроком — а ведь в Австрии члены партии никогда не «злоупотребляли» своей партийностью и демонстрировали «положительное отношение» к независимой Республике, так что на это послабление могло рассчитывать 85–90 % всех бывших партийцев, общее число которых составляло 537 000 человек. Этот закон был пересмотрен только в 1947 году, когда терпение союзников было на исходе и они переключили внимание на холодную войну; массовая денацификация завершилась в 1948 году [Eisterer 2002: 209–210]. Наконец, третье решение состояло в том, что в 1955 году Австрию убедили включить в конституцию Второй республики положение о политическом нейтралитете. Это решение не только укрепило национальное чувство собственной исключительности, но и фактически вывело Австрию из холодной войны, а заодно и из поля зрения международной политики: о ней вспоминали лишь в тех случаях, когда ей приходилось играть роль моста между Востоком и Западом [Rathkolb 2010: 3]. По сути, именно действия союзников породили ситуацию, отраженную в популярном анекдоте о двух главных достижениях австрийцев: 1) они убедили весь мир, что Гитлер был немцем; 2) они убедили весь мир, что Бетховен был австрийцем.

Австрия была разделена на четыре зоны и оставалась оккупированной союзными державами с 1945 по 1955 год. С самого начала ей предоставили гораздо больше политической независимости, чем Германии, поэтому, хотя официальная оккупация Австрии длилась дольше, решить некоторые проблемы там оказалось гораздо труднее, чем в Германии. Вена, как и Берлин, была разделена и оккупирована и находилась в советском секторе. Союзники согласились вывести войска только после того, как 15 мая 1955 года был подписан Договор о восстановлении независимой и демократической Австрии. К 25 октября они покинули страну. Парламент Австрии тут же внес поправки в Конституцию и принял Декларацию о нейтралитете, согласно которой страна получала постоянный нейтральный статус. Предполагалось, что это должно успокоить Советский Союз, желавший получить гарантии, что Австрия не вступит в НАТО. С тех пор записанный в Конституции нейтралитет стал неотъемлемой частью австрийских политики и идентичности. Эта глава послевоенной европейской истории не так хорошо известна, как история двух Германий и оккупированного Берлина, — вероятно, потому, что благодаря своему нейтральному статусу Австрия не принимала заметного участия в геополитических играх холодной войны. Однако в первое послевоенное десятилетие Вена, возможно, была местом не меньшего числа интриг, чем Берлин. Районы города были разделены между союзными державами, за исключением первого района (Внутреннего города), который находился под совместным управлением всех четырех союзников; в соответствии с четырехсторонним соглашением, административные полномочия передавались от одного союзника к другому в порядке ротации.

Как уже отмечалось, первым фактором, способствовавшим стойкому антисемитизму и, как следствие, замалчиванию Холокоста, стала подписанная в Москве в 1943 году Декларация об Австрии, в которой Австрия была названа «первой свободной страной, павшей жертвой гитлеровской агрессии». (Пункт, в котором Австрии напоминалось, что она «несет ответственность, которой не может избежать, за участие в войне на стороне гитлеровской Германии», был благополучно предан забвению[7].)

---

[7] Декларация об Австрии // Внешняя политика Советского Союза в период Отечественной войны. Документы и материалы. Т. 1. М.: ОГИЗ. Государственное издательство политической литературы, 1944. С. 362–363.

Федеральное правительство принялось поспешно распространять «доктрину жертвы», подчеркивая сопротивление австрийцев и преподнося национал-социализм как «иностранную тиранию» [Wistrich 1999: 12; Uhl 2006: 42]. Официальный статус первой жертвы трактовался весьма широко — как отпущение всех грехов военного времени, включая австрийский нацизм и роль страны в Холокосте. Одним из побочных результатов такой трактовки и стал беспрепятственный разгул антисемитизма как во время, так и после оккупации. Р. Вистрих отмечает:

> Хотя после 1945 года антисемитизм был официально запрещен (как и в Германии), он никуда не делся. Пусть он и перестал быть государственной доктриной, политической программой партии или допустимой реакцией на социальную и экономическую конкуренцию с евреями (в 1945 году евреи составляли всего 0,1 % жителей Вены), его власть над массовым сознанием оставалась неизменной [Wistrich 1999: 16].

Статус первой жертвы просуществовал на удивление долго: лишь после «дела Вальдхайма» 1986 года, когда во время предвыборной кампании будущего президента страны Курта Вальдхайма его деятельность во время войны привлекла к себе пристальное внимание, роль Австрии в Холокосте начала широко обсуждаться и пересматриваться[8].

Австрийская премьера «Уцелевшего» состоялась в то время, когда разгул антисемитизма в Вене вызывал серьезную обеспокоенность. В отчете «Американского еврейского ежегодника» о положении евреев и иудаизме в Австрии за 1951–1952 годы отмечалось, что «бытовой антисемитизм широко распространен отнюдь не только среди бывших нацистов и существовал задолго до нацизма»; особенно наглядно он проявлялся в «бульварной прессе», такой как «Wiener Montag», главный рассадник послевоенного венского антисемитизма, но иногда проникал и в более солидные издания, например, в газеты АНП (Австрийской на-

---

[8] См. [Wassermann 2002] — необычное исследование, в котором существование этого явления прослеживается до 1990-х годов.

родной партии)⁹. Всего за неделю до концерта Шерхена эти массовые настроения обернулись насилием: 2 апреля 1951 года произошло первое в послевоенной Австрии крупномасштабное и публичное антисемитское выступление. Около 60 бывших членов нацистских организаций с криками «Евреи и американцы, убирайтесь вон!» напали на демонстрантов, протестовавших против показа нового фильма Файта Харлана «Бессмертная возлюбленная» в Зальцбурге, находившемся в американской зоне. Пострадало 30 евреев-демонстрантов, 12 получили серьезные ранения, причем, по словам свидетелей, полиция тоже была не на стороне протестующих¹⁰. Харлан, один из любимых кинорежиссеров Геббельса, прославился фильмом «Еврей Зюсс», представлявшим собой квинтэссенцию антисемитской пропаганды¹¹. (IKG в Вене удалось надавить на городскую полицию и Министерство внутренних дел, заставив их отменить показ фильма в столице [Adunka 2002: 20].) Тот факт, что в результате нападения пострадало 30 евреев, опровергает утверждения, будто к тому времени в Австрии почти не осталось евреев: на конец июня 1952 года их насчитывалось около 14 000. Примерно 11 560 человек было зарегистрировано в религиозных общинах, из них 9547 — в одной только Вене; 2000–3000 человек, как считалось, не состояло ни одной общине, и еще около 1200 человек проживало в лагерях для перемещенных лиц в Вене, Зальцбурге и Линце¹².

---

9 Central Europe: Austria // American Jewish Year Book. 1953. P. 324. Об антисемитской прессе см. также [Adunka 2002: 15–16].

10 Salzburg Nazis Attack Jews, Shout "Jews and Americans Get Out"; 30 Jews Injured // Jewish Telegraphic Agency. 6 апреля 1951 года.

11 В выходившей в Вене советской газете сообщалось, что антифашистская группа добилась отмены показов фильма во многих городах, и единственным городом, где протестующие столкнулись с насильственными действиями полиции, был Зальцбург. В типичной советской манере о демонстрантах говорится исключительно как об антифашистах, без какого-либо упоминания о евреях. См.: Harlan-Film in Salzburg unter Polizeischutz aufgeführt // Österreichische Zeitung. 4 апреля 1951 года. Подробный анализ звуковых элементов фильма см. в [HaCohen 2011: 343–358].

12 Central Europe: Austria // American Jewish Year Book. 1953. P. 327.

Музыка и культурная политика в послевоенной Вене

Как и в Берлине, в Вене концертная жизнь началась, когда еще не успел рассеяться дым войны; с одной стороны, это был обнадеживающий признак возвращения к нормальной жизни, а с другой — символ стойкости и сопротивления[13]. 29 марта Красная армия вошла в Австрию, 2 апреля началась Венская наступательная операция, и 11 дней спустя город был взят. 27 апреля, в день официального отделения Австрии от Германии, Венский филармонический оркестр (Philharmoniker), ведущий оркестр города под управлением Клеменса Крауса, дал концерт для приглашенных политических деятелей. В программу вошли два опуса, не сходивших с венской музыкальной сцены («Неоконченная симфония» Шуберта и увертюра «Леонора № 3» Бетховена), и, как жест доброй воли по отношению к сидевшим в зале советским офицерам, любимое многими произведение русского композитора — Пятая симфония Чайковского. Однако, при всей триумфальной символичности этой программы, по составу собравшихся на сцене музыкантов невозможно было бы догадаться, что нацисты потерпели поражение. Краус был скомпрометирован как эмиссар культурной политики Третьего рейха, а из 117 оркестрантов 45 % были членами НСДАП; половина из них вступила в партию до аншлюса, а двое были сотрудниками СС. Для сравнения: в конце войны среди 110 музыкантов Берлинского филармонического оркестра было лишь 20 членов НСДАП[14].

30 апреля советская газета «Österreichische Zeitung» объявила возрождение австрийской культуры важной частью политиче-

---

[13] О важности государственной культуры как катализатора послевоенной жизни см. [Rathkolb 2010: 190–216].

[14] Описание мероприятия и некоторые статистические данные см. в [Karner 2008: 31–32]. В марте 2013 года на сайте Венского филармонического оркестра были опубликованы результаты новых разысканий, касающиеся его нацистского прошлого и проливающие свет на процесс денацификации. См.: Rathkolb O. Notes on the Denazification. URL: https://wph-live.s3.amazonaws.com/media/filer_public/d9/44/d94407f3-0f3b-4a9e-a549-31ffee31cf56/ns_rath_entnazifizierung_en_v01.pdf (дата обращения: 7.09.2024).

ского курса страны, а 20 мая написала, что теперь, когда Австрия свободна от «иностранного господства нацистов и оков фашистской цензуры», видное место в этом возрождении будет занимать Густав Малер[15]. Г. Малера в Вене не слышали с 1938 года, и возвращение его музыки входило в проект реабилитации города. 3 июня Венский филармонический оркестр дал свой первый послевоенный концерт, на котором Роберт Фанта дирижировал Первой симфонией Малера. В соответствии с нюрнбергскими расовыми законами Р. Фанта был отстранен от работы, поэтому его возвращение на сцену было так же символично, как и произведение, которым он дирижировал. Второй ведущий музыкальный коллектив города — Венский симфонический оркестр (Wiener Symphoniker) при Концертхаусе — был распущен в 1944 году. 16 сентября возрожденный ансамбль дал свой первый послевоенный концерт под управлением Йозефа Крипса, еще одного дирижера, которому не позволялось работать при нацистах. Прозвучала Третья симфония Малера.

Эти концерты должны были напомнить публике о том, что музыкальное наследие Вены пережило аншлюс — и для этой цели могли бы подойти также Моцарт, Гайдн, Бетховен, Шуберт или другой любимый народом представитель венской традиции. Но имя Малера содержало более конкретный политический смысл: его возвращение должно было символизировать новую демократическую Австрию, отречение от антимодернистской и антисемитской политики германского нацистского режима [Scheit, Svoboda 2002: 128–129]. Статус «первой жертвы» позволял делать вид, будто в самой Австрии Малера никогда не отвергали из антимодернистских или антисемитских соображений. Однако для этой цели годился не всякий возвращенный или вернувшийся композитор-еврей. Музыка Малера оказалась наиболее подходящей, так как была более доступной и ее было легче популяризировать, чем творчество Шенберга или даже Франца Шреке-

---

[15] Die Wiedergeburt der österreichischen Kultur // Österreichische Zeitung. 30 апреля 1945 года; объявление без названия в «Österreichische Zeitung» 20 мая 1945 года. Благодарю Тима Фрице за помощь в поиске материалов о рецепции Малера в Вене.

ра [Карр 2005: 210]. В отличие от композиторов Новой венской школы, музыка Малера легко адаптировалась к дискурсу об австрийском «народе» (*Volk*) и «народности» (*Volkstümlichkeit*), которым сопровождалось все послевоенное переосмысление страной собственной позиции [Scheit, Svoboda 2002: 133].

У Шенберга в 1945 году тоже нашлись сторонники, хотя преимущественно из числа ценителей и специалистов. Уже 20 апреля 1945 года бывший ученик Шенберга Х. Э. Апостель возобновил деятельность австрийского отделения Международного общества новой музыки (ISCM), организации, основанной в Австрии в 1922 году. Одним из первых концертов, состоявшимся 28 июня в зале Брамса Венской филармонии, стал вечер камерной музыки, на котором наряду с произведениями Прокофьева, Хиндемита, Эйслера и де Фальи был исполнен Второй струнный квартет Шенберга. 26 сентября в ISCM состоялся вокальный вечер, на котором обладательница «вагнеровского» меццо-сопрано Элизабет Хенген исполнила произведения композиторов Новой венской школы (Шенберга, Берга, Веберна, Апостеля). В программном буклете был анонсирован обширный репертуар на оставшуюся часть сезона, в том числе шесть произведений Шенберга — больше, чем любого другого композитора. Неизвестно, сколько из них было исполнено на самом деле, но очевидно, что ISCM признала символическое значение Шенберга почти с самого момента своего возрождения. В протоколе заседания исполнительного комитета от 9 марта 1946 года записано, что Шенберг принял приглашение исполнительного комитета стать почетным президентом общества[16].

Самой влиятельной фигурой за кулисами венской публичной художественно-музыкальной культуры в послевоенный период был функционер от искусства и редактор, бывший юрист Эгон Зеефельнер (1912–1997). Он изучал право в Венской дипломатической академии, а с 1938 по 1943 год работал в берлинском

---

[16] Я благодарю доктора Ирене Зухи из ORF (Австрийское телерадиовещание), хранителя документации австрийского отделения ISCM. Она любезно предоставила мне копии некаталогизированных концертных программ, протоколов собраний и других документов, касающихся роли Шенберга в этой организации.

офисе AEG (компании «Дженерал электрик»). Сразу после войны он начал редактировать литературный журнал «Der Turm» («Башня»), а также стал генеральным секретарем Австрийского культурного союза (Kulturvereinigung). Когда эта организация была передана в ведение Министерства образования, ему был поручен надзор за процедурами денацификации, что дало ему существенные дискреционные полномочия[17]. В июле 1946 года он также получил должность генерального секретаря Венского общества Концертхауса (Konzerthausgesellschaft) и оставался на обоих постах до 1963 года. В 1954 году этот неутомимый деятель добавил в свой послужной список должность заместителя директора Венской государственной оперы. По мнению Зеефельнера, основные культурные учреждения города (Бургтеатр, Концертхаус, Музыкальное общество, Государственная опера, филармония) были чересчур привязаны к венским традициям. Однако одну местную музыкальную традицию слушатели принимать не спешили: додекафонию шенберговской Новой венской школы. Зеефельнер организовал Международный музыкальный фестиваль под эгидой Общества Концертхауса, чтобы убедить несведущую венскую публику приобщиться к мейнстриму международного модернизма. В конце концов, в послевоенный период додекафония была *почти* международным модернизмом. Зеефельнер считал, что если Вена однажды хочет снова стать востребованной для новой музыкальной сцены, то она должна загладить вину перед своим сыном Шенбергом и его музыкой.

Шенберг и культурная политика в послевоенной Вене

В декабре 1947 года Зеефельнер попросил у Шенберга разрешения включить одно из его произведений в программу второго Международного музыкального фестиваля, запланированного на

---

[17] О подходе Зеефельнера к денацификации см. его автобиографию [Seefehlner 1983: 88–89]. Некоторые исследователи считают, что он чересчур поспешно снимал с исполнителей ответственность за нацистское прошлое; см. [Bruckmüller 2006: 152].

1948 год. Больше всего он был заинтересован в новом произведении («Для нас было бы большой честью, если бы вы позволили нам организовать премьеру одного из ваших произведений») и пригласил его посетить фестиваль в статусе гостя Общества Концертхауса[18]. Ответ Шенберга от 10 января 1948 года был сдержанным. Он заметил, что его личное разрешение на исполнение его музыки Зеефельнеру не требуется, и предложил ему пойти обычным путем и договориться с издателем; он также порекомендовал в качестве дирижера Рене Лейбовица. Но затем добавил: «По понятным причинам я не решаюсь дать вам личное согласие. У меня сложилось впечатление, что в Вене при оценке произведений искусства расовый вопрос по-прежнему важнее художественных достоинств», — из чего следует, что он был в курсе происходящего в Вене. — «В противном случае потребность исполнять мою музыку после стольких лет забвения возникла бы раньше, и не только в связи со вторым Международным музыкальным фестивалем». Возможно, предвидя реакцию Зеефельнера, он предупреждает: «Только не говорите, что для меня было бы лучше забыть причиненное мне зло»[19]. Зеефельнера это, по-видимому, ничуть не смутило: «Не думаю, что с вашей стороны справедливо относиться с подобным подозрением к сегодняшней музыкальной жизни Австрии», — возразил он, а затем заверил Шенберга, что сам он, как генеральный секретарь Общества Концертхауса, при выборе репертуара никогда не смотрит на расовую принадлежность композитора. Он сообщил, что Первая камерная симфония Шенберга уже исполнялась, а планы на исполнение «Лунного Пьеро» и «Оды Наполеону» были отложены исключительно по техническим причинам. Он буквально умолял Шенберга доверить ему распространение его музыки в Вене, но композитор остался непреклонен.

Зеефельнер не единственный, кто пытался вернуть Шенберга в венский музыкальный мир. В марте 1946 года австрийский культурный политик и музыкальный критик Питер Лафит (1908–1951) попросил у него статью для своего нового издания

---

[18] Письмо Зеефельнера Шенбергу, 2 декабря 1947 года (ASC).
[19] Письмо Шенберга Зеефельнеру, 10 января 1948 года (ASC).

«Австрийский музыкальный журнал» (*Österreichische Musikzeitschrift*), задуманного как открытая площадка, пропагандирующая все направления музыкального модернизма. Шенберг отказался, сославшись на другие обязательства[20]. В октябре 1948 года с ним связался Фридрих Вильдганс (1913–1965), кларнетист и композитор, в то время занимавший должность музыкального советника в Венском городском управлении по культуре. В своем письме Ф. Вильдганс написал композитору, что его фигура в Вене снова окружена почетом: «Ваше имя и творчество уже не просто служат боевым кличем и предметом раздора в венской музыкальной жизни; ширится новое понимание того, что вы внесли один из самых ценных вкладов в австрийскую музыку XX века». Как весомое доказательство нового отношения к Шенбергу Вильдганс привел тот факт, что муниципалитет Вены приобрел портрет композитора, написанный Р. Герстлем в 1906 году, и повесил на почетное место рядом с автопортретом Шенберга в Галерее австрийских художников[21]. А кто-то из сотрудников независимой газеты «Die Presse» настолько пристально следил за американской карьерой Шенберга, что счел нужным сообщить о мировой премьере «Уцелевшего», состоявшейся в Альбукерке под управлением уроженца Вены Курта Фредерика и имевшей колоссальный успех. Больше всего журналиста поразило, что хор, исполнявший столь сложное произведение, состоял из ковбоев и фермеров, а в роли Чтеца выступил заведующий кафедрой химии Университета Нью-Мексико[22].

Однако не следует думать, что инициатива этих лиц была частью широкого общественного движения за возвращение Шен-

---

[20] Письмо Шенберга Петеру Лафиту, 27 марта 1946 года (ASC).
[21] Письмо Фридриха Вильдганса Шенбергу, 12 октября 1948 года (ASC).
[22] Schönberg-Uraufführung in Neu-Mexiko // Die Presse. 4 декабря 1948 года. Возможно, этот репортаж написал сам Фредерик. В его архиве (Kurt Frederick Papers) имеется вырезка из газеты, а также более обширная заметка, написанная с использованием его личных письменных принадлежностей и в очень похожих выражениях (Kurt Frederick Papers 99M-18, Houghton Library, Harvard University). В момент, когда я обращалась к собранию Фредерика, оно не было каталогизировано.

берга. Когда Виктор Матейка, глава городского совета по культуре (Kulturstadtrat) и лидер Коммунистической партии Австрии (КПА), попытался организовать приезд Шенберга в Вену, он натолкнулся на сопротивление муниципальных властей, которые отказались даже предоставить Шенбергу квартиру. При таком положении вещей принятое в 1949 году решение присвоить композитору звание почетного гражданина Вены выглядело, по выражению Отто Карнера, «почти трагикомическим», а то, что Шенберг с явно искренней благодарностью его принял — еще более горькой иронией [Karner 2008: 36][23]. Прохладную реакцию на возможность возвращения Шенберга Карнер объясняет нежеланием преодолеть порожденное нацизмом предубеждение против современной музыки, особенно учитывая «половинчатую» денацификацию столь многих известных музыкантов, которые очень быстро взялись за старое [Там же].

Апостель, бывший ученик Шенберга, был сильно разочарован такими настроениями. В 1948 году, досадуя на «некомпетентных», по его мнению, людей, которые стремились взять под контроль новую музыкальную сцену, он покинул пост президента ISCM, на котором его сменил Вильдганс. Апостель сетовал на отсутствие в послевоенной музыкальной жизни Альбана Берга, Антона Веберна и Давида Йозефа Баха, без которых «даже среди молодежи в концертных залах бушует реакционная стихия. Я могу дать только самый мрачный, фатальный прогноз». По его словам, концерт Венского симфонического оркестра, организованный ISCM в честь 75-летия Шенберга, был испорчен из-за нехватки исполнителей, разбирающихся в современной музыке, и, возможно, это было к лучшему, что Шенберг не был вовлечен в эту ситуацию[24]. Однако иногда появлялись и поводы для оптимизма. 8 февраля 1950 года при участии ISCM был организован концерт ансамбля «Die Reihe», который мог напомнить о концер-

---

[23] Карнер основывается на мемуарах В. Матейки [Matejka 1984: 189–200]. Текст благодарственной речи, произнесенной Шенбергом по этому случаю в Лос-Анжелесе, см. [Schoenberg 2010: 29–30].

[24] Письмо Апостеля Шенбергу, 6 ноября 1949 года (ASC).

тах Общества закрытых музыкальных выступлений, действовавшего в 1918–1921 годах под руководством Шенберга и его единомышленников. Ансамбль исполнил по два произведения Бо Нильссона, Луиджи Ноно и А. Веберна, а в центре программы стояли «Пять фортепианных пьес» (op. 23) и «Трижды тысяча лет» Шенберга. Апостель также сообщил, что Амстердамский струнный квартет исполнил в Вене Четвертый струнный квартет Шенберга и музыкантов шесть раз вызывали на бис: по его мнению, реакция публики была обнадеживающим знаком сопротивления «филистерству и фанатизму». Тем не менее Апостелю было трудно добиться исполнения собственных додекафонических сочинений или произведений Ханса Елинека, другого композитора круга Шенберга, поскольку «у так называемого неоклассицизма, к сожалению, больше сторонников, чем он того заслуживает, тогда как Берг и Веберн, а заодно и мы с Елинеком, остаемся никому не нужными сиротами»[25].

Апостель делил новую музыкальную сцену на четыре группы: постромантики, возглавляемые композитором Карлом Марксом; неоклассики во главе с И. Н. Давидом; политическая группа, в которую он включал всех, кто выступал против формализма и пропагандировал советский социалистический реализм; и, наконец, додекафонисты, «которые должны найти слабое утешение» в том, что история отнесется к ним справедливее[26]. История показала, что эта надежда Апостеля была излишне оптимистичной. Сколько бы ни было написано о Новой венской школе, о распространении додекафонии и ее последователях-сериалистах после Второй мировой войны, очень немногие из этих работ расскажут нам о том, что происходило в городе и стране, где эта школа родилась. Первое исследование послевоенной австрийской додекафонии появилось только в 1988 году, и эта тема до сих пор остается малоизученной [Scholz 1988].

Явно раздосадованный тем, что его отодвинули на обочину музыкальной жизни, Апостель объяснял успех некоторых на-

---

[25] Письмо Апостеля Шенбергу, 3 мая 1950 года (ASC).
[26] Там же.

правлений продолжением музыкальной политики и эстетики, насаждавшихся Третьим рейхом. Особенно его возмущала популяризация «неоклассицизма определенного сорта»: он даже намекал на его предположительную связь с национал-социализмом — аргумент, впервые выдвинутый в 1930-е годы, — тем самым подводя под свою эстетическую оппозиционность политическую базу. Он определил его как «послевоенное вторичное цветение Третьего рейха (Nachblüte des Dritten Reiches)» и сожалел, что Концертхаус симпатизирует музыке Новой венской школы меньше, чем неоклассицизму Хиндемита, этому «отголоску блокфлейты Третьего рейха (Blockflöte des Dritten Reiches)»[27]. «Блокфлейта» здесь, скорее всего, отсылка к определению *Blockflötenkultur* («культура блокфлейт»), которое в середине 1930-х годов ввел в обиход венский композитор Эрнст Кшенек, критикуя Молодежное музыкальное движение в целом и Хиндемита в частности[28]; Адорно, в свою очередь, усматривал идеологическую связь между этим движением и национал-социализмом [Krenek 1937; Adorno 2002: 382]. Прежде чем впасть в немилость, Хиндемит был фаворитом Третьего рейха, и его имя уже давно ассоциировалось с неоклассицизмом.

Начиная с берлинского периода 1920-х годов, отношения между двумя композиторами были натянутыми, а в 1945 году Шенберг был уверен, что Хиндемит находится «во враждебном ему лагере, считая его главным заговорщиком» [Kater 2000: 54]. Шенберг осуждал Хиндемита за то, что он предал искусство ради коммерции. Когда Шенбергу сообщили, что Вильдганс отрекся от додекафонии, он ответил: «теперь, очевидно, он выбрал более доходную сторону и переметнулся к Хиндемиту»; в другом случае

---

[27] Письма Апостеля Шенбергу, 26 февраля 1950 года и 3 мая 1950 года (ASC). Я благодарна Стивену Хинтону, Михаэлю Штельцнеру и Николасу Вашоню за указание на аллюзию к *Blockflöte*.

[28] «Молодежное музыкальное движение» (Jugendmusikbewegung), возникшее в начале XX века в немецкоязычных странах в рамках протеста городской молодежи против «буржуазных ценностей», пропагандировало народную и старинную музыку, а также любительское музицирование. П. Хиндемит был активным участником движения. — *Прим. перев.*

Шенберг сожалел, что Генрих Штробель, организатор Баден-Баденского фестиваля, «признает только двух богов — Хиндемита и Стравинского» (популярность Стравинского раздражала Шенберга больше всего)[29]. В то время Хиндемит гастролировал по послевоенной Европе, пытаясь возобновить там свою карьеру, и публика принимала его благосклонно. Зеефельнер гордился тем, что познакомил венцев с музыкой Хиндемита, и называл его «звездой» первого Международного музыкального фестиваля 1947 года [Seefehlner 1983: 98][30]. «Звездный» период Хиндемита продолжался в течение нескольких лет: на фестивалях 1947–1951 годов у него состоялось четыре мировые и пять австрийских премьер, в то время как у Шенберга — только одна (первое исполнение «Уцелевшего» в 1951 году) [Barta 2001: 219]. Иными словами, утверждение Апостеля, что Новой венской школой пренебрегают, не было продиктовано обычной паранойей: репертуар, который он называл неоклассическим, действительно исполнялся гораздо чаще, чем додекафонические произведения. Кшенек объяснял необычайный успех Хиндемита в послевоенной Австрии тем, что бывшие «официальные нацисты» втайне «интересовались музыкой, которая кажется прогрессивной, но на самом деле крайне проста и традиционна» (цит. по: [Maurer-Zenck 1980: 264]). Но какой бы ни была подлинная мотивация, в 1945–1953 годах программы Общества Концертхауса включали 72 исполнения крупных произведений Хиндемита, 53 — Стравинского, 42 — Бартока и 40 — композиторов Шестерки, притом что Шенберг исполнялся 15 раз, Берг — шесть, а Веберн — всего три раза [Cerha 2009: 673][31].

---

[29] Письмо Шенберга Апостелю, 19 апреля 1950 года (ASC); письмо Шенберга Гансу Розбауду, 22 сентября 1948 года (ASC). Последним источником я обязана Дэнни Дженкинсу.

[30] На форзаце книги воспоминаний Зеефельнера воспроизведен автограф первой страницы сонаты Хиндемита для контрабаса и фортепиано с дарственной надписью Зеефельнеру.

[31] Об общем состоянии додекафонической музыки в Вене в те годы см. [Scholz 1988; Grassl et al. 2008].

Концерт

Именно так обстояли дела, когда Шерхен попросил у Шенберга благословения на исполнение «Уцелевшего» в Вене. Вспоминая свой опыт жизни в этом городе и приняв к сведению новую информацию Апостеля, Шенберг, вероятно, счел письма Зеефельнера и Вильдганса подобострастными и корыстными попытками манипулировать им в политических целях. Кроме того, Зеефельнер уже объявил, что темой четвертого Международного музыкального фестиваля будет Новая венская школа и что в программе прозвучит «Уцелевший». В январском номере журнала ÖMZ за 1951 год появился анонс, в котором говорилось, что круг Шенберга известен во всем мире, а серия предстоящих концертов призвана в самом полном на тот момент объеме продемонстрировать мировое значение Вены для современной музыки. Еще одним «гвоздем» Музыкального фестиваля 1951 года была объявлена Восьмая симфония Малера, так как она не исполнялась в Вене в течение 15 лет[32]. В последующие месяцы ÖMZ неоднократно возвращался к Шенбергу, публикуя такие материалы, как, например, ответ Фридриха Заатена Уинтону Дину, написавшему рецензию на сборник «Стиль и мысль», или заметки Йозефа Руфера о додекафонии[33].

Возможно, Шенберг узнал о запланированном исполнении от Апостеля, который написал ему, как только прочитал анонс[34]. В письме Шерхену от 30 января 1951 года старый композитор никак не упомянул «Уцелевшего», хотя и написал, что едва ли сможет приехать в Дармштадт из-за «плохого самочувствия,

---

[32] H. R. Aus der Zeit: Zum Programm des IV: Internationalen Musikfestes in Wien // Österreichische Musikzeitschrift. 1951. № 1. S. 27–28. Сходное мнение высказывал в фестивальной прессе и Зеефеельнер. См.: Wien lädt zu neuer Musik: Gespräch mit Dr. Egon Seefehlner, dem Organisator des 4. Internationalen Musikfestes // Neue Wiener Tages zeitung. 31 января 1951 года.

[33] Saathen F. Arnold Schönberg, ein Buch und Mr. Dean // Österreichische Musik zeitschrift. 1951. № 3. S. 83–88; Rufer J. Die Zwölftonreihe: Träger einer neuen Tonalität // Österreichische Musikzeitschrift. 1951. № 6–7. S. 178–182.

[34] Письмо Апостеля Шенбергу, 14 января 1951 года (ASC).

высоких цен, нацистских выходок [*Nazistörungen*] и т. д.»[35]. В феврале Шерхен, пытаясь добиться от Шенберга согласия («Пишу от своего имени и от имени всех ваших настоящих друзей в Вене и прошу вас: пожалуйста, пришлите дружественную телеграмму с разрешением исполнить "Уцелевшего"»), уверял его, что его родной город действительно начал новую жизнь; кроме того, «Вена, несмотря ни на что, как питательная среда для музыки не сравнится ни с какой другой». К тому же он был твердо уверен, что в Вене «не будет никаких нацистских выходок», и постарался успокоить композитора, напомнив ему, что тот уже успешно справился с недоброжелателями в Дармштадте[36]. Все эти заверения, по-видимому, не оказали особого воздействия. И когда Шенберг в конце концов уступил, Зеефельнер, вероятно, увидел в его согласии нечто большее, чем простую уступку: организаторы Международного музыкального фестиваля тут же предложили Шенбергу войти в состав почетного фестивального комитета, что тот воспринял как оскорбление[37]. Похоже, Шерхену исключительно силой воли удалось добиться, чтобы мероприятие состоялось. Будучи одним из самых неутомимых пропагандистов Шенберга в послевоенной Европе, он имел к «Уцелевшему» самое непосредственное отношение: в 1950 году дирижировал скандальной премьерой в Германии, а позже исполнил его в трех городах Италии[38].

Самой примечательной особенностью венской премьеры стало то, что текст, первоначально написанный на английском языке, прозвучал в немецком переводе. Издатель просил, чтобы Шенберг выполнил перевод на немецкий сам, но тот колебался: «Это разрушит эффект от немецких слов, внезапно появляющихся среди английских. В данный момент я не могу с уверенностью

---

[35] Письмо Шенберга Шерхену, 30 января 1951 года (ASC).

[36] Письмо Шерхена Шенбергу, 10 февраля 1951 года (ASC).

[37] Письмо Зеефельнера Шенбергу, 2 марта 1951 года (ASC).

[38] Шерхен пишет Шенбергу о трех исполнениях в разных городах Италии: Венеции (письмо от 30 сентября 1950 года), Генуе (письмо от 2 марта 1951 года) и Риме (письмо от 4 апреля 1951 года).

сказать, нужно ли сохранять этот эффект. Я должен подумать»[39]. Очевидно, что, пока он думал, издатель решил обойтись без него: в 1949 году немецкий перевод, приписываемый Маргарет Петер, появился в издании «Уцелевшего» рядом с одобренным автором переводом на французский Рене Лейбовица [Schoenberg 1949]. Шенберг был в ярости:

> Этот немецкий перевод совершенно непригоден. Вы обязаны убрать его и заменить на тот, который я одобрю. Этот одобрять я отказываюсь. Это перевод не на немецкий, а на жаргон, на котором, возможно, когда-то говорили в Берлине, но я не позволяю поступать так с тем, что мною написано. Как вы вообще могли опубликовать такое, не спросив меня[40].

Должно быть, эта история была известна кому-то из организаторов венского концерта — Зеефельнеру или Шерхену, и Общество Концертхауса обратилось к бывшему дипломату и профессиональному переводчику Хансу фон Винтеру (1897–1961) для создания новой версии. Текст Винтера прозвучал на концерте в исполнении венского актера Альбина Шкоды и был полностью напечатан в программке[41]. Шенберг узнал о переводе постфактум, когда Винтер прислал ему текст и попросил одобрения[42]. Винтер представился как один из старинных членов Общества закрытых музыкальных исполнений. Шенберг его не помнил, но Апостель поручился за него как за союзника. Винтер поддерживал Вторую венскую школу в прессе, а именно, в 1950 го-

---

[39] Письмо Шенберга Маргарет Тиц, 3 января 1949 года (ASC).

[40] Письмо Шенберга Маргарет Тиц, 22 октября 1949 года (ASC).

[41] Альбин Шкода (1909–1961) — любимый публикой актер театра и кино, известный также своими чтецкими вечерами цикла «Прославленный голос» (*Die berühmte Stimme*), на которых он декламировал классические немецкие баллады. Шкода активно участвовал в работе театрального отдела Австрийско-Советского общества, проводившего просоветскую культурную политику в годы оккупации. Благодарю за помощь сотрудницу Австрийского театрального музея д-ра Лидию Гребль.

[42] Письмо Винтера Шенбергу, 30 апреля 1951 года (ASC).

ду он опубликовал в ÖMZ статью, в которой упрекал венцев за пренебрежение к музыке своего города и обращал их внимание на то, что додекафония в то время преподавалась в Берлине, Штутгарте, Мюнхене, Париже и даже в Университете Иллинойса, но только не в Вене[43].

Неавторизованный перевод М. Петер из партитуры 1949 года содержит несколько ошибок, некоторые из которых — например, неправильное использование апострофов — выдают вмешательство чересчур усердного американского редактора. Однако в целом перевод довольно точно и последовательно передает стиль и настроение английского оригинала и поддается прочтению с минимальными отклонениями от указанного в нотах ритма. Возможно, Петер пыталась воспроизвести нейтральный, бесцветный стиль оригинала. Для американской публики эта особенность была четким указанием на то, что Уцелевший говорит на неродном языке, рассказывает свою историю не у себя на родине и не своим соотечественникам. Однако мы не знаем, осознавал ли Шенберг, что чрезмерная нейтральность его стиля выдает в авторе иностранца; если он так не считал, это могло бы объяснить его возмущенную реакцию на немецкий перевод, выполненный в таком же стиле. Почему он заявил, что язык перевода звучит как «берлинский жаргон», — загадка: в тексте нет очевидных регионализмов, за исключением немецких реплик фельдфебеля, а они присутствуют и в оригинальном тексте Шенберга. Выражения *na jut* и *Stilljestanden* («Стоять смирно!») носители немецкого языка действительно сочли бы за признак берлинского или бранденбургского диалекта.

В отличие от нейтрального английского оригинала и такого же немецкого перевода Петер, австрийскую версию Винтера можно назвать лирико-поэтической[44]. Хотя текст по своему

---

[43] Winter H. von. Man spricht wieder von der «Wiener Schule» // Österreichische Musikzeitschrift. 1950, июль — август. С. 157.

[44] Благодарю Андреа Уэзермен за ее тонкий анализ и сравнение этих текстов, а также Дитмара Фризенеггера и Грегори Уика за их идеи по поводу перевода Винтера.

ритмическому рисунку существенно отклоняется от ритма, указанного в нотах, в целом его было не так трудно адаптировать под акценты и интонации, предписываемые партитурой. Винтер отдает явное предпочтение десятисложным строкам; он добавляет прилагательные, знаки препинания и фразеологизмы для придания красочности; при этом весь текст написан строгим литературным языком. Иными словами, он звучит как речь образованного носителя немецкого языка, обращенная к таким же слушателям. Некоторые выбранные им варианты привлекают внимание тем, что они выходят за рамки общей стратегии «возвышения» стиля. Он переводит конец строки «старая молитва, которой они пренебрегали столько лет — этот забытый символ веры» (*the forgotten creed*) как «Забытая песня! (*Ein vergessen Lied*)», что звучит гораздо менее весомо, чем «забытый символ веры». Похожее словосочетание он добавляет в финал повествования: «...[запели] свою старую песню (*Ihr altes Lied*)», — перед припевом, начинающимся со «ШМА ИСРАЭЛЬ». Строка «Как ты мог спать? (*how could you sleep?*)» переводится как «Кто нашел там сон? (*Wer fand da Schlaf*)». Риторический вопрос, начинающийся с вопросительного местоимения «Кто?», звучит гораздо менее прямолинейно, чем тот же вопрос с использованием второго лица в оригинале. Но главное, что бросается в глаза, — это пропуск слова *Gaskammer* (газовая камера) в заключительной реплике сержанта: «Через минуту я желаю знать, сколько вас я отправлю в газовую камеру!» У Винтера — «*wie viele ich abliefere!* (скольких я отправлю!)». Возможно, эта купюра — дело рук Шерхена. В записи дармштадтской премьеры 1950 года, также под управлением Шерхена, чтец Ханс Олаф Хейдеман произносит эту фразу так: «*wie viele ich abliefern kann*»[45]. Неупоминание способа массовых казней, недвусмысленно указывающего на Третий рейх, делает текст намного менее выразительным; похоже, это было сделано, чтобы пощадить чувства немецкой публики, хотя смысла существенно не меняло.

---

[45] Запись этого исполнения бременским радио включена в собрание «Musikin Deutschland», 1950–2000 (шесть дисков, RCA), т. 1, трек 1.

Весьма любопытно, как Винтер переводит звание сержанта-фельдфебеля. В оригинальном тексте Шенберга слово «фельдфебель» употребляется лишь один раз, перед первой репликой на немецком языке; остальные шесть раз этот персонаж назван по-английски «сержантом» (*sergeant*). Винтер в первых трех случаях использует слово «фельдфебель», а затем переходит на «шпис» (*Spieß*). Фельдфебель — сугубо немецкое воинское звание, а «шпис» — армейское прозвище гауптфельдфебеля (старшины полка), также используемое только в Германии. В австрийской армии аналогом фельдфебеля был вахмистр (*Wachtmeister*) или унтер-офицер — за исключением периода аншлюса, когда австрийские воинские звания были заменены немецкими. В оригинале жаргонное «шпис» отсутствует. Таким образом, намеренное именование сержанта немецким прозвищем (даже если оно не совсем точно применено к фельдфебелю) позволяет предположить, что Винтер проводит различие между австрийцами и немцами: даже если бы австриец носил звание фельдфебеля во времена аншлюса, никто не называл бы его «шписом»[46]. Тем самым преднамеренное использование немецкого жаргона подразумевает, что австрийцы не совершали действий, описанных в повествовании.

Однако это входит в противоречие с другими изменениями, внесенными Винтером в слова сержанта: переводчик устранил признаки берлинско-бранденбургского диалекта, присутствующие у Шенберга в первой реплике персонажа. (В машинописи, которую Винтер после премьеры прислал Шенбергу на утверждение, этих поправок нет: вероятно, переводчик опасался, что они заденут композитора, чья обидчивость была хорошо известна[47].) Винтер заменил *Stilljestanden* на *Stillgestanden*, а *Na jut* — на *Meinetwegen*: то и другое — стандартная немецкая лексика без наме-

---

[46] Благодарю Грегори Уикса за то, что помог разобраться в немецких и австрийских воинских званиях.

[47] Приложение к письму Винтера Шенбергу, 30 апреля 1951 года (ASC). В этом варианте также отсутствуют слова «газовая камера». Между версией, напечатанной в программке, и той, что была прислана Шенбергу, есть еще несколько расхождений, в основном незначительных.

ка на региональный диалект. Это можно расценивать как попытку указать на виновность всех, для кого немецкий язык был родным, в том числе и австрийцев, а не только жителей Бранденбурга. С другой стороны, учитывая поэтический характер текста и использование возвышенного стиля на протяжении всего повествования, представляется вероятным, что поправки были сделаны, чтобы стилистическая окраска реплики не выделяла ее из остального текста.

Неожиданный поворот судьбы, столь частый в запутанной послевоенной реальности, имел место и в жизни Винтера. Он был членом нацистской партии, в которую вступил 3 марта 1932 года под псевдонимом Вальтер Хенгауф, партбилет № 896020[48]. Из биографии, приложенной к его заявлению в СС, поданному в июне 1939 года, следует, что с самого начала, занимая дипломатические посты в географически разбросанных странах, он верно служил партии, в частности посылал доклады из Москвы и Парижа гауляйтеру Вены Альфреду Фрауэнфельду (возможно, это и было причиной создания его партийного псевдонима, ведь австрийская полиция пристально следила за известными нацистами еще до 1933 года, когда партия была объявлена вне закона). После запрета партии он находился в Стамбуле, где тесно сотрудничал с агентами гестапо в Турции. Поскольку для СС расовая чистота брака была вопросом первостепенной важности, он также должен был отчитаться о «правильном» выборе супруги. Винтер сообщает, что в 1930 году женился на русской, которая после большевистской революции неоднократно попадала в советские тюрьмы, в том числе в печально известный трудовой лагерь на Соловецких островах[49]. Бывший нацист, создавший немецкий перевод «Уцелевшего» для австрийской премьеры, — сейчас это кажется иронией судьбы, но подобные повороты

---

[48] Bundesarchiv, Sammlung BDC, NSDAP-Mitgliederkarteikarte Winter, Hannsvon, geb. 18.07.1897. Благодарю Грегори Уикса и Эвана Бэрра Берки за помощь в работе с материалами о Хансе фон Винтере.

[49] RuSHA, собрание Винтера, NARA BDC, микрофильм A3343-RS-G5272, кадры 1336–62.

были типичны для послевоенной жизни Германии и Австрии. Работа рядом с бывшими нацистами, реабилитированными или нет, какой бы области она ни касалась, была неизбежной.

Фаустианское созвездие

Реакция на реэмиграцию Шенберга в Вену, выразившуюся в исполнении «Уцелевшего», была предвосхищена реакцией на возвращение двух других изгнанников, чьи произведения пришли туда раньше: уже упоминавшегося Малера и Томаса Манна. В послевоенных интеллектуальных кругах Вены эти трое воспринимались как своеобразное фаустианское созвездие; этим и был обусловлен прием, оказанный Шенбергу родным городом. Т. Манн, как и Шенберг, был немецкоязычным эмигрантом; он тоже поселился в Калифорнии и получил американское гражданство; его произведения тоже были запрещены во времена Третьего рейха. Его опубликованный в 1947 году роман «Доктор Фаустус. Жизнь немецкого композитора Адриана Леверкюна, рассказанная его другом», в котором он показывает, как его родная страна погружается в варварство, вызвал в Германии эффект разорвавшейся бомбы. Книга заставила взорваться и Шенберга: ведь ее главный герой, композитор Адриан Леверкюн, был во многом списан с него, причем портрет получился не очень лестный. Леверкюн продает душу дьяволу, а взамен получает возможность в течение 24 лет сочинять непревзойденную двенадцатитоновую музыку. По истечении срока его настигает безумие, вызванное сифилисом, — аллегория судьбы Германии после того, как она продала душу Гитлеру. Зрение Шенберга к тому времени так ослабло, что он почти не мог читать роман самостоятельно: содержание ему пересказали жена и знакомые. Ситуация усугубилась, когда Манн прислал композитору экземпляр книги с автографом и дарственной надписью «Арнольду Шенбергу, настоящему» [Beddow 1994: 103]. Поскольку в музыкальных вопросах Манна консультировал Адорно, процесс сочинения Леверкюном музыки описан достоверно, и композитор опасался, что читатели подумают, будто додекафонию изобрел сам Манн.

Кроме того, он беспокоился о своей личной репутации. Марта Фейхтвангер вспоминала, как однажды встретила композитора в овощном отделе супермаркета в Брентвуде, и он прокричал ей: «Все ложь, фрау Марта, ложь! Вы должны знать, что я никогда не болел сифилисом!»[50]

Если такие вещи беспокоили его в Калифорнии, он, вероятно, также задавался вопросом, какие слухи ходят о нем в его родном городе. К моменту премьеры «Уцелевшего» венская интеллигенция знала о существовании «Доктора Фаустуса», но едва ли многие его читали: первоначальный европейский тираж в Швейцарии и Западной Германии составил всего 21 000 экземпляров. Найти роман было настолько трудно, что по меньшей мере один немецкий критик публично обвинил своего коллегу, написавшего на нее рецензию, в обмане («Он не читал этой книги. Здесь ее просто невозможно достать») [Beddow 1994: 99]. Едва ли ситуация в Австрии сильно отличалась. В 1950 году Винтер сослался на роман Манна в доказательство того, что Новая венская школа получает множество хвалебных отзывов за рубежом; из этого явствует, что книги он не читал и с мнением Шенберга на этот счет знаком не был. Одним из писателей, который, по всей видимости, «Доктора Фаустуса» действительно читал, был Эрнст Фишер, уважаемый литератор и видный деятель КПА, к тому времени успевший вернуться из Москвы, где провел годы эмиграции, и стать членом Центрального комитета компартии.

В 1949 году он опубликовал критический анализ романа Манна, озаглавленный «Доктор Фаустус и немецкая катастрофа: возражение Томасу Манну», в котором оценивал книгу с позиций советской эстетики социалистического реализма [Fischer 1949a: 37–97][51]. Неудивительно, что Фишер счел манновскую трактов-

---

[50] Этот анекдотический случай пересказывается в [Ross 2007: 36].

[51] Возводить германскую *Misere*, или катастрофу, к Фаусту было любимым занятием коммунистически настроенных авторов. В их писаниях традиционный *Sonderweg* («особый путь») Германии представлен в негативном свете, а подъем фашизма объясняется тем фактом, что Германия так и не пережила настоящей социальной революции. Фишер также писал на эту тему [Fischer 1949б: 676–690; Fischer 1952: 59–73]. Вторая из этих двух работ

ку причин торжества фашизма недостаточно марксистской. В том же году вышла статья Дьердя Лукача на немецком языке под названием «Трагедия современного искусства»; хотя ее сильно омрачает неуклюжая попытка «пристегнуть роман к советским кампаниям против модернистской музыки», она послужила первым аргументированным «опровержением обвинений романа в антинемецкой направленности» [Beddow 1994: 102]. Поэтому, даже если венская интеллигенция не прочла «Доктора Фаустуса», многие знали об этой книге, а также о том, что своего антигероя Манн писал по образу Шенберга. Наконец, фаустовский контекст, связывающий Шенберга с Манном, включает и Малера. Его Восьмая симфония, в основу которой, как известно, положен текст из «Фауста» Гете, также была включена в программу музыкального фестиваля Musikfest в 1951 году. Именно это фаустианское созвездие — Шенберг — Малер — Манн — повлияло на критическую рецепцию «Уцелевшего» в Вене.

Рецензии

Венские и Берлинские критики регулярно очерняли музыку Шенберга, связывая ее с нежелательными политическими движениями. Еще в 1907 году на премьере его Камерной симфонии, ор. 9 критик из «Illustrierte Wiener Extrablatt» жаловался, что это был «дикий, необузданный, *демократический* шум, который ни один аристократ не принял бы за музыку» (курсив мой); в 1915 году другой критик сравнил его отказ от традиционных правил композиции с анархизмом Макса Штирнера; а в 1919 году волей некоего берлинского критика Шенберг стал первым, кого обвинили в «музыкальном большевизме» — вариант «культур-большевизма», ярлыка, который нацистская пропаганда навешивала на творчество всех евреев, большевиков и чернокожих, чтобы

представляет собой рецензию на либретто, которое написал Х. Эйслер к своей опере о Фаусте. Статья Фишера вызвала бурные споры среди культурных аппаратчиков ГДР, что имело тяжелые последствия для Эйслера. В 1955 году Фишер женился на второй бывшей жене Эйслера Луизе.

в конечном счете объявить его «дегенеративным искусством» (*entartete Kunst*)⁵². Но такие уподобления намекали не только на непопулярную политическую ориентацию. Так, вышеупомянутый венский критик из 1907 года порицал Малера за то, что тот дирижировал такой «дегенеративной музыкой», и оказался своего рода первопроходцем, так как первым применил определение *entartet* (в предыдущие полвека антисемиты использовали слово *Zersetzung* — «разложение»). Он возмущался тем, что «какие-то грубияны устраивают тут шум (*Lärm*), как у себя дома» — короткое высказывание, отражающее, тем не менее, множество венских стереотипов, связанных с еврейскими иммигрантами с востока: неотесанными, бродячими и шумными. Слово *Lärm* (шум) Рут Хакоэн считает центральным понятием многовековой музыкальной клеветы на евреев, в которой какофоническая синагогальная музыка позиционируется как полная противоположность христианской гармонии [HaCohen 2011: 127–128].

Как отмечают Герхарт Шайт и Вильгельм Свобода в своей работе, посвященной послевоенной рецепции Малера в Австрии, отсутствие выраженных признаков нацистского дискурса (таких идеологем, как здоровье, гигиена, раса и дегенерация) не всегда означает отсутствие антисемитизма: авторы могли передавать те же понятия с помощью менее стигматизированного, но понятного проницательному читателю кода [Scheit, Svoboda 2002: 163–165]⁵³. И это, конечно, относится не только к антисемитизму. (Стоит еще раз подчеркнуть, что не всякая критика Шенберга в целом и «Уцелевшего» в частности непременно является антисемитской.) Знание пересекающихся контекстов, о которых здесь говорилось, позволяет сегодняшнему читателю расшифровывать те разнообразные коды, подтексты и аллюзии, которые в то

---

[52] Эти примеры приводятся в книге Б. Лазера [Laser 2010: 82], во многом основывающегося в своем анализе на [John 1994].

[53] Среди тех, кто даже не пытался как-то «закодировать» свои высказывания, — Э. Пройснер («Musikgeschichte des Abendlandes», 1951) и М. Граф («Geschichte und Geistder modernen Musik», 1953). Прочие приспосабливали новый, политически корректный язык к старому, антисемитскому содержанию; см. [Moser 1952].

время были очевидны для венцев, но впоследствии их смысл оказался утраченным. Язык, использовавшийся для оценки композитора, а также жертв и преступников, многое говорит о разделенном, оккупированном городе, каждая часть которого представлена собственными средствами массовой информации.

«Венский курьер», газета американской оккупационной администрации, отличалась смелым новаторством и красочностью — ее принято считать первым австрийским таблоидом. Рецензент газеты превозносил «творческую мощь старого мастера Венской школы (весьма уважаемого в Америке)», которая «вновь с необычайной яркостью проявилась в этом изображении массовых убийств, когда-то являвших собой ужасную реальность». Упоминание о том, что Шенберга ценили в США, повышало культурную репутацию Америки и в то же время подразумевало, что жители Вены не проявляли к нему должного уважения. Что же касается преклонного возраста и погруженности в американскую культуру, они не только не ослабили его творческую мощь, но, напротив, обновили и углубили ее. Рецензент высоко оценил реалистичное изображение недавней истории, эту «констатацию, проникнутую этической значимостью, выходящей за узкие рамки ["Уцелевшего"]», а повествование Чтеца охарактеризовал как «обвинение», которое служит прелюдией к *Chorus Mysticus* обреченных, хором поющих "Шма Исраэль"»[54]. Прямое называние «Шма» указывает на жертв и, хотя бы косвенно, на обвиняемых. Упоминание «Мистического хора» должно также вызвать ассоциацию с Малером — еще одним великим венским композитором-евреем, чье имя, как уже говорилось выше, хорошо подходило для политических целей, — и с «Фаустом». Это отсылка одновременно к заключительной сцене «Фауста» Гете и к финалу великой Восьмой симфонии Малера, произведения, которым Шерхен должен был дирижировать на фестивале всего несколькими днями позже. Хор у Гете поет:

---

[54] P. L. Gesternbe im Musikfest: Pioniere vongestern — heute Meister: Hermann Scherchen dirigerte die Wiener Symphoniker // Wiener Kurier. 11 апреля 1951 года.

> Все быстротечное —
> Символ, сравненье.
> Цель бесконечная
> Здесь — в достиженье.
> Здесь — заповеданность
> Истины всей.
> Вечная женственность
> Тянет нас к ней[55].

Уподобление «Мистическому хору» наводит на мысль, что критик интерпретировал пение «Шма» как триумфальный акт перед лицом смерти, знаменующий конец земной, бренной жизни и переход к новой, подлинной. Возможно, к этому его подтолкнул панегирик Малеру, написанный Шенбергом в 1912 году; в 1948 году композитор переработал статью и включил в сборник «Стиль и мысль», вышедший в ÖMZ в 1950 году. В статье содержится комментарий к толкованию Малером заключительной сцены «Фауста» («Вечная женственность влечет нас — и вот мы там — мы покойны — мы обладаем тем, чего на земле можем лишь желать, страждать…»). Шенберг поясняет: «Вот способ проникнуть туда! Не просто разумом, но чувством, уже жить в этом *самому*. Тот уже не живет на земле, кто так на нее смотрит. Тот уже призван» [Шенберг 2006: 31].

«Венский курьер» был утренней газетой. Вечером того же дня газета «Weltpresse Wien», представлявшая социал-демократическую партию Австрии (SPÖ), опубликовала резко отрицательный отзыв о концерте и, в частности, об «Уцелевшем». «Weltpresse Wien» издавалась в Вене в 1945–1950 годах Британской информационной службой и пропагандировала взгляды британского лейбористского правительства, в целом близкие взглядам SPÖ; в 1950 году британцы перестали контролировать газету, но она продолжала издаваться в британской зоне. Критик, подписавшийся N. V., продемонстрировал некоторое поверхностное знакомство с техническими аспектами додекафонии, но представил сам метод в ложном свете. Это неудивительно: к 1951 году еще не было опубликовано ни одной работы, где четко разъяснялись бы осно-

---

[55] И.-В. Гете. Собрание сочинений в 10 томах. Т. 2. С. 440. Пер. Б. Пастернака.

вы двенадцатитоновой композиции; нельзя было полагаться даже на таких ее приверженцев, как Лейбовиц. В данном случае критик утверждал, что этот метод был порожден «неверным пониманием и использованием» интервальных соотношений тональности и редко приводил к успеху, а если такое и случалось, успех объяснялся «остатками этих тональных соотношений». Автор признает, что «возможно, именно такое безжизненное использование тонов уместно для изображения страха и ужаса» в «Уцелевшем». Рассуждения о «безжизненной» манипуляции тонами отдают критикой нацистских времен, клеймившей атональную музыку как неестественную, дегенеративную и нездоровую.

О сугубо пропагандистском характере, который носила журналистика в оккупированном городе, свидетельствует то, что N. B., судя по всему, писал свою рецензию с «Венским курьером» под рукой, так как, ругая «Уцелевшего», прошелся по всем ключевым пунктам опубликованной там статьи: упомянул и Соединенные Штаты, и реализм, и этику: «Видно, что этот репортаж предназначен исключительно для Америки. Потому что для нас просто немыслимо, чтобы в произведение искусства были включены команды сержанта, какой бы возвышенной ни была этическая цель, оправдывающая подобный реализм»[56]. Вредные европейские мифы о пагубном влиянии американской культуры на жизнь и творчество Шенберга уже были выявлены и развенчаны Сабиной Файст [Feisst 2011]. По версии N. B, эстетические воззрения Шенберга оказались настолько извращены вкусами американского мещанства, что он больше не может соответствовать высоким художественным стандартам, задаваемым его венскими корнями. В этом замечании отражено также презрительное отношение к доктрине американских оккупантов о «кока-колонизации», то есть импорту всего американского, от серьезной музыки до поп-культуры [Wagnleitner 1994][57]. Однако, в каком

---

[56] N. B. IV. Internationales Musikfest: Zwölfton werke beim Musikfest // Weltpresse Wien. 11 апреля 1951 года.

[57] О том, как в соответствии с этой доктриной пропагандировались и распространялись все типы американской музыки, см. [Там же: 193–221].

бы стиле ни была написана рецензия, утверждение, будто «Уцелевший» рассчитан только на американскую публику, давало венскому читателю право не углубляться в его содержание, особенно в том, что касалось «обвинения», на которое указывал первый критик. Вопрос о том, может ли этическая цель быть настолько возвышенной, чтобы оправдать подобный реализм в искусстве, является давним предметом эстетических споров, однако в контексте Австрии 1951 года это отступление от темы звучит лицемерно, особенно потому, что автор не указывает на цель, о которой он пишет: в рецензии нет никаких указаний о сюжете произведения, за исключением «страха и ужаса».

Самая красноречивая рецензия, написанная Куртом Блаукопфом, появилась к газете «Der Abend», печатном органе КПА. В 1935 году К. Блаукопф (1914–1999), еврей, коммунист и музыковед, опубликовал под псевдонимом Ганс Э. Винд марксистский анализ роли Шенберга в кризисе капитализма под названием «Окончательный кризис буржуазной музыки и роль в нем Арнольда Шенберга» [Wind 1935][58]. В 1938 году Блаукопф бежал из Вены, в 1940–1947 жил в Иерусалиме, а по возвращении основал Институт социологии музыки и стал ведущим австрийским специалистом в этой области. В рецензии на «Уцелевшего» он не придерживался типичной для того времени позиции коммунистов, безоговорочно отвергавших музыку Шенберга как формалистическую. По его словам, характер музыки в «Уцелевшем» напоминал «пессимизм неореалистического кино», но заключительная молитва демонстрировала близость к преодолению «диссонирующей идеологии и идеологического диссонанса».

Блаукопф подробнее прочих рецензентов излагает сюжет произведения, характеризуя его как «хронику судьбы евреев в Варшавском гетто», которая затем «переходит в проникновенную молитву хора». Блаукопф также постарался отграничить

---

[58] В послевоенный период Блаукопф публиковался под обоими именами, иногда в одном и том же издании. См., например, первые три номера журнала о культуре «Erbe und Zukunft» (1946–1947), выходившего в Вене в 1946–1948 годах. Я благодарна Майклу Стельцнеру и Энн Сирси за помощь в связи с Блаукопфом.

«исторического» Шенберга от персонажа Т. Манна. «Это не "антипод Девятой симфонии", не отрицание гуманистического идеала классического произведения Бетховена», — пишет он, цитируя слова манновского рассказчика об антибетховенском шедевре Леверкюна «Плач доктора Фаустуса» и его «Оде к скорби», которой тот завершается. Скорее, это «попытка заново обрести человеческое достоинство среди развалин, воссоздать гармонию из диссонанса»[59]. Этот пронзительный образ, несомненно, нашел отклик у венцев, которые и сами изо всех сил старались воссоздать свой разрушенный войной, оккупированный город. В своей короткой рецензии Блаукопф трижды охарактеризовал «Уцелевшего» как преодоление, или разрешение диссонанса. Обратившись к понятию «диссонанс», этому общему месту отрицательных отзывов о музыке Шенберга, критик наделяет его противоположным, важным для послевоенного времени положительным смыслом, подразумевающим преодоление и восстановление. По-видимому, рецензия была рассчитана на то, чтобы помочь произведению закрепиться на концертных площадках послевоенной Вены.

Критик из «Österreichische Volksstimme», центрального органа КПА, оказался менее благосклонным, что неудивительно, учитывая, что эта газета была официальным австрийским рупором советской власти. Марсель Рубин (1905–1995) — венский композитор еврейского происхождения, ученик Дариуса Мийо, — в годы войны работал в оперном театре Мехико. В 1940 году он вступил в КПА, а в 1947 году вернулся в Вену, где продолжил свою деятельность композитора и музыкального критика. Рубин уделил должное внимание сюжету («пьеса повествует о массовых убийствах в Варшавском гетто и заканчивается старой еврейской молитвой»). Но он с сомнением относился к додекафонии как композиционному методу. Он упомянул «Оду Наполеону» как еще одно «бесспорное» произведение, «жалобы и проклятья которого направлены на события гитлеровских времен», однако

---

[59] Blaukopf K. Ein Überlebender von Warschau: Scherchen leite te Schönbergs Werk für Sprecher, Chor und Orchester // Der Abend. 11 апреля 1951 года.

оба этих произведения заставляют задаться вопросом: в какой степени двенадцатитоновая музыка способна отражать реальность XX века? Рубин признал, что иллюстративная, как в кино, музыка мощно передает «ужас переклички в гетто, рев сержанта, хрипы и стоны жертв», но посетовал, что в своей музыке Шенберг не выражает чувства так, как выразил бы их Бетховен (еще одно доказательство того, что Шенберг «не дорос» до своих великий венских предшественников).

По мнению Рубина, Шенберг с помощью финальной молитвы попытался внести в музыку проблеск надежды, указав на жизнестойкость религиозной идеи, однако потерпел неудачу: «В конце произведения звучит такая же безысходность, как и в начале». Критик также делает весьма странное заявление: в 1947 году, когда была написана пьеса, автор якобы не мог предвидеть дальнейшего пути «уцелевших из Варшавы» — восстановления родного города. Хотя ранее в рецензии было упомянуто гетто, здесь речь явно идет о городе в целом: гетто восстановлено не было, а в самой Варшаве осталось очень мало евреев, которые могли бы принять участие в ее восстановлении. Рубин приходит к выводу, что атональная музыка, может быть, и подходит для того, чтобы передавать страхи одиноких людей в буржуазном обществе, но никогда не станет музыкой (социалистического) будущего, — будущего, в котором воцарятся мир и свобода[60].

Короткие отзывы о концерте были опубликованы еще в трех газетах. «Wiener Tageszeitung» была центральным органом АНП, основанной в 1945 году, чтобы привлечь голоса патриотически и консервативно настроенной буржуазии. Музыковед Роланд Теншерт написал в этой газете, что повествование было подлинным свидетельством, «доверенным» Шенбергу, а по экспрессивности музыкальных приемов сравнил «Уцелевшего» с «Одой Наполеону», из чего следует, что он был знаком с творчеством Шенберга. Он сообщил, что пение «Шма» не вызвало возвышенных чувств и не принесло утешения, которого он ожидал от

---

[60] Rubin M. Ein Überlebender von Warschau // Österreichische Volksstimme. 14 апреля 1951 года.

финала «Уцелевшего», зато после антракта он сполна испытал эти эмоции, слушая «Четыре духовные пьесы» Верди[61]. Возможно, эта претензия и не была продиктована антисемитизмом (не чуждым АНП) и отражала всего лишь личное эстетическое пристрастие к хорошо знакомому, будь то музыка или литургия. «Neues Österreich» представляла «большую коалицию» Второй республики (социал-демократическую, народную и коммунистическую партии Австрии) и позиционировалась как «Орган демократического единства». Критик из этой газеты (Х. К. Л.) назвал сюжет «подлинным свидетельством о страшном событии времен Второй мировой войны», которое Шенберг изобразил «в соответствии с бескомпромиссной правдивостью своих стилевых принципов»[62]. В трактовке додекафонии как проявления «бескомпромиссной правдивости» было что-то адорнианское и, конечно, бесконечно далекое от формулировок «Weltpresse Wien», где то же самое было названо безжизненностью.

И последняя рецензия на концерт появилась в «Die Furche», еженедельнике о культуре с сильным католическим уклоном, но без официального статуса «голоса церкви». Х. А. Фейхтнер написал просто: «Шенберг забрасывает нас в недавнее прошлое и расцвечивает рассказ Уцелевшего из Варшавы зловеще пламенеющими красками»[63]. В свою очередь, советская газета «Österreichische Zeitung» опубликовала заметку, в которой объяснялось, что издание бойкотировало весь фестиваль, поскольку, несмотря на название, мероприятие было не столько междуна-

---

[61] Tenschert R. Im IV: Internationalen Musikfest hörten wir: Zwölftonmusik unter Scherchen // Wiener Tageszeitung. 12 апреля 1951 года. Теншерт был единственным, кто написал о впечатлении, произведенном исполнением «Четырех духовных пьес» для хора непосредственно после «Уцелевшего». Известен только один случай, когда «Уцелевший» звучал в концерте, призванном выполнять явно псевдорелигиозную, литургическую функцию, — это случилось в Норвегии в 1954 году.

[62] H. K. L. Internationales Musikfest — Viertes Chor-Orchesterkonzert // Neues Österreich. 13 апреля 1951 года.

[63] Feichtner H. A. Ausklang des IV. Internationalen Musikfest // Die Furche. 14 апреля 1951 года.

родным, сколько космополитическим. К советским композиторам отнеслись пренебрежительно, концерты были недоступны простым жителям Вены, и единственным светлым пятном стало возвращение на сцену Восьмой симфонии Малера[64]. В двух еврейских газетах тогдашней Вены — «Die Stimme» и «Neue Welt und Judenstaat» — концерт не освещался по понятным причинам: все их внимание было сосредоточено на политических проблемах внутри страны и в Израиле, где в результате так называемого инцидента в Эль-Хамме 4 апреля 1951 года обострилась напряженность в отношениях между Израилем и Сирией[65].

Излагая сюжет «Уцелевшего», всего лишь трое из написавших о концерте авторов употребили в каком-либо варианте слово «еврей» (Блаукопф в коммунистической «Der Abend», Рубин в коммунистической же «Österreichische Volksstimme» и безымянный автор аннотации к программе концерта). Еще в двух материалах еврейская тема была обозначена косвенно, через название «Шма» (американский «Венский курьер» и «Wiener Tageszeitung» от ÖVP), хотя трудно сказать, сколько читателей были способны опознать в нем слово из иврита. Эта деталь важна, поскольку само по себе название «Уцелевший из Варшавы» не содержало для тогдашней публики всех тех смыслов, которые видим в нем мы. В 1951 году Центральная Европа была полна «уцелевших», ухитрившихся выжить в самых разных обстоятельствах, и слово еще не имело специфических коннотаций, связанных с Холокостом, которые закрепились за ним позже. Кроме того, все знали, что немцы разрушили Варшаву полностью, поэтому не было оснований предполагать, что читатель газеты обнаружит связь с гетто, если о ней не будет сказано прямо.

И аннотация к программе, и рецензии в прессе содержат общую и весьма красноречивую фигуру умолчания: нигде не названы виновные. Только Рубин почти проговаривается об этом, харак-

---

[64] L. N. Weder international noch festlich... Schlußbilanz des Wiener Internationalen Musikfestes // Österreichische Zeitung. 21 апреля 1951 года. Благодарю Дитмара Фризенеггера за помощь в работе с этой газетой.

[65] Благодарю Кати Штробель за помощь в работе с венской еврейской прессой.

теризуя «Уцелевшего» и «Оду Наполеону» как два произведения, посвященные «событиям гитлеровских времен (Hitler-Zeit)», но и он не указывает на виновных. Далее мы увидим, что в странах Восточного блока (ГДР, Польше и Чехословакии) умолчание коснется именно евреев, а в Норвегии и ФРГ обе стороны будут названы своими именами. Даже если читателям не нужно было ничего объяснять, потому что они и так знали, кто виноват (в этом можно не сомневаться), этот заговор молчания показателен, поскольку он работал на подтверждение статуса Австрии как первой жертвы сразу в двух смыслах. Во-первых, те авторы, которые хоть как-то обозначали еврейство жертв, делали это по преимуществу намеками — риторический прием, поддерживавший иллюзию, будто главной и чуть ли не единственной жертвой была Австрия. Однако в Польше, пусть и не в самом Варшавском гетто, безусловно, погибло множество австрийских евреев, В октябре 1939 года евреев из Австрии и Чехословакии депортировали в Польшу; в конце 1941 года около 35 тысяч австрийских евреев было перевезено из Вены в гетто на оккупированной немцами территории Советского Союза — в Минск, Ригу, а также польские города Лодзь, Собибор и Люблин; в 1942 году специально для Польского генерал-губернаторства была разработана операция «Рейнхард», затронувшая также тысячи иностранных евреев, включая австрийцев. После восстания в гетто в Варшавский концентрационный лагерь было доставлено четыре транспорта из Аушвица с евреями-иностранцами, среди которых были и выходцы из Австрии.

Во-вторых, не допуская ни намека на возможную причастность Австрии к Холокосту (даже в музыкальной критике), пресса помогала хранить спасительное молчание, прятавшее прошлую вину за фасадом «уютного» (*gemütlich*) национального обновления. На самом деле в Польше австрийские офицеры СС особенно отличились. В числе самых известных были уже упоминавшийся Одило Глобочник, гауляйтер Вены, впоследствии начальник всех лагерей смерти на территории Польши, Франц Штангль, комендант Треблинки, стоявший у истоков программы эвтаназии Т-4, и полковник Фердинанд фон Заммерн-Франкенегг, руководитель

СС и полиции Варшавы, командовавший первой операцией по ликвидации Варшавского гетто[66]. Однако ни один критик не признал, что среди виновников событий, о которых идет речь в «Уцелевшем», наверняка были австрийцы, и если не в Варшаве, то, несомненно, в других регионах Польши; никто не сказал и о немцах, возможно потому, что Австрия в то время была частью Рейха. Все эти умолчания по меньшей мере так же важны, как и то, что было высказано открыто. Похоже, что двойственное отношение Шенберга к своему символическому возвращению в Вену в виде «Уцелевшего» было вполне обоснованным.

---

[66] Операция провалилась с таким треском, что Заммерн-Франкенегг попал под военный трибунал за «защиту евреев»; на смену ему был прислан Юрген Штруп, которому предстояло завершить задание.

Глава 3
Норвегия

«Уцелевший из Варшавы»: ритуализация памяти

> Раны еще не зажили изнутри; они могут открыться в любой момент, поэтому неудивительно, что это произведение еще не стало достоянием публики.
> *Паулина Халл, отзыв на «Уцелевшего из Варшавы» в Осло, март 1954 года*

21 марта 1954 года в Осло состоялась скандинавская премьера «Уцелевшего из Варшавы», которую дал Оркестр филармонического общества (*Filharmonisk Selskaps Orkester*) в сотрудничестве с Норвежской телерадиовещательной корпорацией и национальным отделением ISCM (Международного общества современной музыки). Дирижировал Хайнц Фройденталь, в роли Чтеца выступил Ола Исене, а концертмейстером был Эрнст Глейзер. Помимо «Уцелевшего» в концерте исполнялось только одно произведение — «Богослужение субботнего утра» (*Service sacré pour le samedi matin*) Д. Мийо, концертное переложение еврейских молитв, которые принято произносить в утро Шаббата. Солистом выступил шведский кантор Лео Розенблют. Как и «Уцелевший», произведение было написано в 1947 году еврейским эмигрантом, жившим в Калифорнии, по американскому заказу. В нем также участвуют солист, оркестр и хор, а текст написан частично на древнееврейском, частично на современном языке.

Свою рецензию на концерт композитор и критик Паулина Халл опубликовала в «Dagbladet», в той же газете, на страницах которой она ранее помещала статьи о пьесах, композиторах и дирижере, всячески рекламируя концерт. Как председатель местного ISCM, Халл была ключевой фигурой на норвежской сцене новой музыки. Годом ранее она практически в одиночку провела международное собрание организации, которое прошло с большим успехом, и теперь приняла активное участие в подготовке концерта. В том, что представитель ISCM поддерживает Шенберга, пусть даже в стране, почти не знавшей атональной и додекафонической музыки, не было ничего удивительного. Обращает на себя внимание другое: чуткость, с которой Халл говорит о незаживающих «ранах», нанесенных событиями, изображаемыми в «Уцелевшем», — ранах, которые в любой момент могут открыться. Концерт в Осло, объединивший в себе модернистскую музыку и память о Холокосте, стал, по сути, ритуализацией памяти в стране, где практически отсутствовали додекафония, евреи и публичное признание норвежского Холокоста.

В отличие от других стран, рассмотренных в настоящей книге, в Норвегии у Шенберга не было личных знакомых, да и в других скандинавских странах у него было мало связей. В 1923 году по приглашению Пауля фон Кленау он посетил Копенгаген, где дирижировал концертом, состоявшим из его сочинений (Камерная симфония, op. 9, переложения для камерного оркестра «Песни лесной голубки» из кантаты «Песни Гурре» и «Восьми песен», op. 6) [Maegaard 1996][1]. Кроме того, в датском музыкальном издательстве Вильгельма Хансена вышли «Пять пьес для фортепиано», op. 23, и «Серенада», op. 24; много позже шведский музыкальный журнал «Prisma» опубликовал произведение для хора «Трижды тысяча лет», op. 50a. Однако у него, кажется, не было учеников родом из Норвегии или тех, кто отправился бы туда работать. Халл была одним из многочисленных норвежских музыкантов, работавших и учившихся в Берлине в годы, когда Шенберг преподавал в Прусской академии искусств (1926–1933), но, похоже, никто из них не был с ним лично знаком, так что в Норвегии не оказалось выдающихся исполнителей, чьей под-

---

[1] Датская музыка тем не менее в середине 1930-х годов совершила поворот к консерватизму, и Шенберга в Копенгагене снова стали исполнять только после войны. См. [Fjeldsøe 1998–1999].

держкой он мог бы воспользоваться, как это было в других странах. Таким образом, Шенберг в Норвегии был практически неизвестен даже понаслышке, а сведения, доходившие до этой страны, не всегда были верными. Так, в 1929 году в Осло вышла книга Й. Хр. Бисгора «В мире музыки: несколько портретов современных композиторов»; автор включил в нее очерк о Шенберге, где его музыка была названа вагнерианской и, следовательно, типично венской. Кроме Шенберга, внимания Бисгора удостоились как ключевые фигуры музыкального модернизма Лист, Рихард Штраус, Иоганн Штраус-младший, Малер, Мусоргский, Козима Вагнер, а также норвежцы Юхан Сельмер и Яльмар Боргстрем — по европейским стандартам список весьма эклектичный и далеко не полный [Bisgaard 1929].

В 1930-е годы у Шенберга все же появился в Норвегии один поклонник. Улав Гурвин (1893–1974), отец-основатель норвежского музыковедения, учился в Гейдельберге и Берлине, а в 1928 году первым в Норвегии получил в Осло степень магистра по этой специальности. Десять лет спустя он защитил докторскую диссертацию на тему «От тональности к атональности: разрешение тональности и утверждение атональности» (*Frå tonalitetti la tonalitet: Tonalitet soppløysingogatonalitetsfesting*). По словам Н. Гринде, летописца норвежской музыкальной жизни, ее значение было двояким: во-первых, она стала важной вехой в изучении додекафонии в Скандинавии, а во-вторых, благодаря диссертации Гурвина в историю европейской музыки XX века был вписан Фартейн Вален (1887–1952), один из немногочисленных норвежских композиторов того времени, писавших в двенадцатитоновой технике[2]. Вален знал и ценил близкую ему по духу музыку Шенберга, разработал собственный атональный стиль, который назвал «диссонансным контрапунктом», а в конце 1930-х годов начал использовать существенно переработанную серийную технику. В Нор-

---

[2] См.: Grinde N. Olav Gurvin — Elaboration // Norsk biografisk leksikon. URL: http://snl.no/.nbl_biografi/Olav_Gurvin/utdypning (дата обращения: 12.09.2024). Благодарю Астрид Квальбайн за то, что обратила мое внимание на диссертацию Гурвина.

вегии музыка Валена всегда вызывала противоречивую реакцию, но в целом к нему относились положительно; в 1935 году он получил престижную государственную награду, обеспечивавшую ему пожизненную ежегодную стипендию[3]. Однако отношение Гурвина и Валена к музыкальному модернизму в целом и Шенбергу в частности было нехарактерным для Норвегии. Похоже, что до фестиваля ISCM 1953 года из всех произведений Шенберга в Осло исполнялись только «Песни Гурре», «Просветленная ночь» и несколько ранних фортепианных пьес [Vollsnes 2001: 109]. В художественно-музыкальной культуре страны долгое время преобладала «норвежскость» в разных формах, таких как, например, синтез традиционной народной и церковной музыки, возрождение Баха и Палестрины или неоклассицизм французского образца, лучше всего представленный, наверное, творчеством Д. М. Юхансена [Herresthal, Pedersen 2002: 392]. Избегать «норвежскости» старались лишь единицы, в том числе Халл, франко-русские пристрастия которой простирались от Равеля и Дебюсси до неоклассицизма и вышеупомянутого Валена [Grinde 1991: 288]. Как и в других странах, критики, выступавшие против атональности и, в частности, против Шенберга, утверждали, что таким образом защищают традиции и хороший вкус [Skyllstad 1994: 163–167]. За исключением таких видных фигур, как Гурвин и Вален, атональность и додекафония нашли минимальное распространение в Норвегии, даже среди музыкальной элиты.

При таких обстоятельствах норвежская премьера может служить веским доказательством того, что культурная мобильность «Уцелевшего» в послевоенной Европе была значительно выше, чем у других произведений Шенберга. Что это значило — подготовить, исполнить и услышать это произведение на такой непаханой музыкальной целине? Как и везде, важную роль в подготовке почвы сыграли международные фестивали и общества, в данном случае Четвертый Международный музыкальный фестиваль 1951 года в Вене, где Халл присутствовала на премьере «Уцелевшего», а поз-

---

[3] Благодарю Арнульфа Маттеса за то, что помог мне собрать иноформацию о репутации и рецепции Шенберга в Норвегии, а также за сведения о Фартейне Валене.

же — норвежская секция ISCM под названием «Новая музыка» (*Ny Musikk*) и радио (NRK). Немалое значение, как обычно, имела и поддержка энтузиастов; в Норвегии это были приглашенный из Швеции дирижер Хайнц Фройденталь и в первую очередь Халл: без них концерт бы никогда не состоялся.

В отличие от других исполнений, о которых идет речь в этой книге, еврейский сюжет концерта в Осло угадывался безошибочно: дирижер и композиторы были евреями, оба произведения написаны на еврейские темы, а большую часть концерта занимало литургическое произведение с кантором в качестве солиста. Программа, в которой вслед за «Уцелевшим» было исполнено субботнее богослужебное песнопение, говорит о том, что концерт был задуман как ритуализация памяти. Таких публичных мероприятий в Норвегии было очень мало. В течение пяти лет (1940–1945) страна была оккупирована немцами; после войны ее национальная идентичность стала определяться движением Сопротивления, которое, однако, не ставило себе первостепенной целью спасение и защиту евреев. В результате судьба норвежских евреев до недавнего времени не входила в национальный нарратив о Второй мировой войне. И хотя в Норвегии погибла почти половина еврейского населения, число жертв было незначительным по сравнению с невообразимыми потерями, понесенными Центральной и Восточной Европой. Численность евреев в Норвегии никогда не превышала 0,06 % населения, поэтому игнорировать их исчезновение здесь было легче, чем в других странах. В этой главе концерт в Осло рассматривается как один из первых и крайне редких публичных ритуалов памяти, которые когда-либо проходили в Норвегии в той или иной форме.

Забытый Холокост

Историки находят несколько причин, по которым Холокост отсутствует в послевоенном норвежском нарративе о военном опыте страны. Во-первых, евреи составляли крайне незначительное и не очень хорошо интегрированное меньшинство, а вспышки публичного антисемитизма резко усилились в 1930-е годы, еще до немецкого вторжения [Elazar et al. 1984: 118]. Кроме того, хотя процент жертв был высоким — выше, чем во Франции (26 %), Болгарии (22 %) или Италии (20 %)[4], — само число погибших было сравнительно невелико. По статистике, в Норвегии, этнически и религиозно однородной стране с населением около 3 миллионов, общее число евреев на начало войны составляло около 2100 человек, включая около 350 транзитных беженцев без гражданства [Bruland 2011a: 232][5]. По словам Б. Бруланда, историка и главного хранителя Еврейского музея Осло, депортации подверглись 772 норвежских еврея, из которых выжили 34; еще 28 человек погибли в результате антиеврейских действий внутри страны. Таким образом, общее число жертв среди норвежских евреев составило 766 человек, то есть «более 49 % от 1536 евреев, зарегистрированных норвежской полицией в начале 1942 года», — из западноевропейских стран этот процент был выше только в Нидерландах и Германии [Там же: 243]. Однако эти цифры оказалось легко игнорировать как в Норвегии, так и в истории Холокоста в целом.

После войны почти ничего не было сделано, чтобы оплакать или почтить память жертв норвежского Холокоста, а горстку тех, кому удалось выжить в лагерях и вернуться домой, не встретили как героев: эта честь досталась только бойцам Сопротивления. Если что-то и делалось в память о погибших евреях, то исключительно собственными силами крошечных еврейских общин. 31 августа 1945 года в синагоге Осло состоялась поминальная служба, на которой присутствовали кронпринц Улаф и некоторые деятели Сопротивления, в частности Одд Нансен, гуманист, основавший в 1936 году организацию *Nansenhjelpen* («Нансеновская помощь»), призванную помогать еврейским беженцам из других частей Европы, уже пострадавших от нацистской агрессии [Abrahamsen 1990: 153; Nansen 1949][6]. По-видимому, еврейских священнослужителей в Осло не нашлось, поэтому их пригласили из копенгагенской общины. Памятники в честь погибших евреев были

---

[4] Статистику см.: URL: www.jewishvirtuallibrary.org/jsource/Holocaust/killedtable.html (дата обращения: 12.09.2024).

[5] Сходные цифры приводит Б. Мур [Moore 2010: 71].

[6] Благодарю за помощь Сидзел Левин, директора Еврейского музея Осло.

в тот период воздвигнуты только общинами Тронхейма и Осло, а поскольку они располагались на еврейских кладбищах, широкая публика практически не имела возможности их увидеть. 14 октября 1947 года тронхеймская община открыла мемориал погибшим с именами 130 жертв из Тронхейма и северной Норвегии[7]. 1 ноября 1948 года община Осло также открыла памятник на кладбище в Хелсфире, и Дания вновь прислала кантора и главного раввина для совершения службы. На открытии присутствовали кронпринц Улав, представители парламента, Университета Осло, Норвежской церкви, государства Израиль и дипломатического корпуса; после этого в университете состоялась публичная лекция о норвежском Холокосте. Скульптор Харальд Изенштейн выгравировал на памятнике 620 известных на тот момент имен жертв; в 1952 году в качестве памятника была установлена урна с пеплом погибших в Аушвице[8]. Об открытии памятника в 1948 году сообщалось в прессе, но в последующие несколько десятилетий общего публичного признания норвежского Холокоста так и не произошло. Практически все прочие музеи и мемориалы Холокоста в Норвегии были построены в 1990-е годы[9].

Во-вторых, как показал Б. Бруланд, внесший немалый вклад в пересмотр истории[10], после войны движение Сопротивления стало настолько важной частью норвежской национальной идентичности, что миф просто не вмещал такой суровой реальности, как участие норвежцев в Холокосте; когда оно наконец было признано, всю вину возложили исключительно на правительство Норвегии, немцев и довольно немногочисленную группу привер-

---

[7] Фотографии поминальной службы 1947 года и самого мемориала см.: URL: http://memorialmuseums.eu/eng/staettens/view/141/memorial-to-the-murdered-jews-of-trondheim-and-northern-norway (дата обращения: 12.09.2024).

[8] Фотографии поминальной службы 1948 года и самого мемориала см.: URL: http://memorialmuseums.eu/denkmaeler/view/638/Memorial-to-the-Victims-of-the-Holocaust-in-Norway,-Helsfyr-Jewish-Cemetery (дата обращения: 12.09.2024).

[9] URL: www.holocausttaskforce.org/membercountries/member-norway.html (дата обращения: 12.09.2024).

[10] Основные работы Бруланда (на английском языке): [Bruland 2011а, 2011б; Bruland, Tangestuen 2011].

женцев Видкуна Квислинга (1887–1945). Квислинг основал норвежскую фашистскую партию NS (*Nasjonal Samling* — Национальное единение), а в ходе немецкого вторжения совершил попытку государственного переворота, поддержанную Германией, и ненадолго захватил власть. Авторитетом у населения он не пользовался, поэтому немцы вскоре отправили его в отставку, заменив собственным правительством. Позже его судили за военные преступления и казнили. Работы О. Мендельсона и С. Абрахамсена о норвежском Холокосте могут создать впечатление, будто вся ответственность за уничтожение евреев в Норвегии лежит на немцах и их пособниках из круга Квислинга [Abrahamsen 1990; Mendelsohn 1991], однако исследования Бруланда говорят о другом. Действия против еврейского населения совершались еще до депортации, причем некоторые из них были инициированы и осуществлены норвежцами. А самое главное то, что в конце 1942 года местная гражданская полиция активно, а в некоторых случаях весьма рьяно участвовала в массовых облавах и арестах, предшествовавших депортации. Конечно, это не означает, что Сопротивление не помогало евреям, и Бруланд этого вовсе не отрицает; напротив, в своем исследовании он сам впервые выявляет некоторые случаи подобного героизма. Это также не умаляет роли Норвежской церкви, общественная позиция которой способствовала сплочению Сопротивления. 10 ноября 1942 года Норвежская церковь направила Квислингу официальное открытое письмо с протестом против нехристианского обращения с евреями; правда, этот жест был слишком слабым и запоздалым. Норвежские евреи уже находились под стражей и 25 ноября должны были отправиться в Аушвиц [Moore 2010: 79].

Паулина Халл, организатор

Паулина Халл (1890–1969) была одной из самых влиятельных фигур в музыкальной жизни Норвегии середины XX века[11]. Притом что она служила главным связующим звеном между

---

[11] Я невероятно признательна Астрид Квальбейн за помощь и ценные сведения о Паулине Халл и Каро Ольден. Ее опубликованная диссертация [Kvalbein 2013] — первая научная работа о Халл книжного формата.

норвежским музыкальным сообществом и международной сценой новой музыки, за пределами родной страны она почти неизвестна. В 1910–1912 годах Халл изучала композицию и теорию у Катаринуса Эллинга в Христиании (ныне Осло), после чего провела около двух лет (1912–1914) в Париже, где познакомилась с музыкой Стравинского, Дебюсси, Равеля и Мусоргского. Этот опыт определил ее судьбу как композитора; ее сочинения 1910-х — 1920-х годов часто называют импрессионистскими. Оттуда она отправилась в Дрезден изучать композицию у Эриха Кауфмана-Жассуа, ученика Грига, а после того, как умер ее отец, вернулась в Норвегию и поселилась в Осло. Она зарабатывала на жизнь игрой на фортепиано, а ее произведения постепенно начали входить в концертные программы города. В 1917 году она приняла участие в создании Норвежского общества композиторов, уже тогда проявив недюжинные организационные способности, и впоследствии долгие годы занимала в нем руководящие позиции.

В 1926–1932 годах Халл жила в Берлине, где работала культурным обозревателем выходившей в Осло газеты «Dagbladet», тесно связанной с Либеральной партией (Венстре), и регулярно писала репортажи о всевозможных событиях, от оперных спектаклей до художественных выставок. Она с головой окунулась в театральную жизнь города. «Трехгрошовая опера» Б. Брехта и К. Вайля стала для нее потрясением. В 1930 году именно Халл инициировала ее премьеру в Норвегии, выступив как продюсер и режиссер; она также сама же выполнила перевод либретто, имевший большой успех. Ее музыкальные сочинения в этот период приобрели оттенок неоклассицизма — вероятно, в этом отразилось сочетание ее французских пристрастий с эстетикой новой вещественности[12]. В своих обзорах берлинской оперной сцены она призывала крупных немецких композиторов «возглавить борьбу с мертвыми традициями», однако не считала, что это по силам Шенбергу. Более того, она недоумевала, как «этот бес-

---

[12] URL: http://snl.no/nbl_biografi/Pauline_Hall/utdypning (дата обращения: 12.09.2024).

плодный теоретик» ухитрился занять столь видное место в современной музыке, а тех, кто попался на удочку его «лозунгов», упрекала в «слабодушии». Она приложила немало усилий, чтобы отделить имя Берга от имени его учителя.

> Несколько молодых, талантливых композиторов круга Шенберга сейчас отдаляются от своего наставника и идут своим путем. Один из них, Берг, написал музыкальную драму «Воццек», впервые со времен Вагнера обозначившую новый этап в развитии немецкой музыки, вдохнувшую в нее новую жизнь.

Она ставила «Воццека» на один уровень с «Пеллеасом и Мелизандой» Дебюсси — учитывая ее франкофильство, это была высшая оценка[13].

Халл также сообщала текущие новости из Берлина, в частности ее перу принадлежит сенсационный материал о нацистских молодчиках, громивших еврейские магазины 13 октября 1930 года[14]. Напряженность в Веймарской республике росла, и в 1932 году она вернулась в Осло на должность штатного критика в газете «Dagbladet». В 1938 году она стала соучредительницей *Ny Musikk* — норвежской секции ISCM, и до 1961 года оставалась ее председателем. Немецкое вторжение в Норвегию 9 апреля 1940 года изменило ее жизнь, как и жизнь всех норвежцев. Едва оперившаяся *Ny Musikk* поначалу пыталась продолжать свою деятельность как ни в чем не бывало. Однако все попытки делать вид, будто ничего не случилось, закончились в ноябре, когда на закрытом концерте организации было исполнено первое произведение композитора Йоханнеса Шартума. Члены *Ny Musikk* не знали, что Шартум вступил в NS Квислинга, и присутствие на концерте нескольких видных партийцев стало для них неприятным сюрпризом. Халл вспоминала: «Музыканты и певцы выступили очень хорошо, но для многих концерт оказался настоящим испытани-

---

[13] Hall P. Operabrev fra Berlin // Dagbladet. 8 января 1927 года.
[14] Hall P. Nazi-terror mot Berlins jøder // Dagbladet. 15 октября 1930 года.

Ил. 3. Паулина Халл, ок. 1953. С разрешения семьи Халл

ем. *Ny Musikk* кое-как его пережила. Само собой разумеется, что до конца войны организация прекратила свою деятельность» [Nesheim 2007: 73]. Работа Халл в качестве газетного критика при немцах также прервалась. В письме, датированном июлем 1942 года, она писала:

> Теперь я должна уйти с должности музыкального критика в «Dagbladet», причем немедленно. Принято решение назначить на мое место Трюгве Торьюссена. То же самое произошло с Финном Нильсеном, художественным обозревателем. В материальном плане это, конечно, неприятно, но я отнеслась к этому очень спокойно [Там же: 75][15].

---

[15] В годы оккупации немцы уволили и других музыкальных критиков, в том числе Рейдара Мьюэна из «Aftenposten». Ханс Йорген Хурум работал музыкальным критиком в «Norges Handels-og Sjøfartstidende» с 1932 до 1939 года, а в 1946 году пришел на ту же должность в «Aftenposten». Был ли он вынужден уйти с предыдущей работы под давлением NS, неизвестно, хотя дата его возвращения в профессию наводит на мысль о политических причинах.

Очевидно, ее уволили в отместку за критику концертов в честь столетия норвежского композитора Р. Нурдрока, организованных в том же году под эгидой NS[16]. Неудивительно, что война повлияла и на ее музыкальное творчество: в 1942–1945 году она сочинила очень мало.

В 1942 году немцы конфисковали ее квартиру, и Халл переехала к Каро Ольден (1887–1981), одной из первых женщин-журналисток, с которой прожила в партнерстве до конца жизни. Во время оккупации Ольден была арестована по обвинению в *eksportorganisasjon* (организации выезда беженцев из страны) и год провела в лагере для политических заключенных «Грини» на окраине Осло[17]. В документах не уточняется, кому она помогала бежать от оккупации, — евреям или норвежцам, но известно, что среди близких друзей Халл и Ольден были видные музыканты-евреи, пережившие войну благодаря тому, что бежали в Швецию. Среди них были скрипач Эрнст Глазер и пианист Роберт Левин, с которыми Халл тесно сотрудничала в *Ny Musikk*. Впоследствии ни Халл, ни Ольден особо не распространялись о том, как жили в военные годы. В своем, по-видимому, единственном опубликованном мемуаре о том периоде Халл писала о систематическом присвоении нацистами норвежских музыкальных институций и музыки, особенно празднований столетних юбилеев Рикарда Нурдрока в 1942 году и Эдварда Грига в 1943-м, реакцией на которое стал бум домашних концертов по всей стране. Однако об отношении к музыкантам-евреям у нее ничего не сказано[18]. Тем не менее можно не сомневаться: Шен-

---

[16] Hall P. Norsk musikliv under okkupasjonen // Dansk Musik Tidsskrift. 1945, Vol. 20. № 7. URL: http://dvm.nu/periodical/dmt/dmt_1945/dmt_1945_07/norsk-musikliv-under-okkupasjonen/ (дата обращения: 12.09.2024).

[17] Ольден была арестована 12 мая 1943 года. На следующий день ее отправили в Грини, а год спустя, 15 мая 1944 года, освободили. Она была узницей под номером 7664 [Giertsen 1946: 277]. Я благодарю Эльсе-Бет Роальсе за сведения об Ольден и Астрид Квальбейн за обнаружение дела Ольден в Грини.

[18] Hall P. Norsk musikliv under okkupasjonen // Dansk Musik Tidsskrift. 1945. Vol. 20. № 7. P. 119–121. URL: http://dvm.nu/periodical/dmt/dmt_1945/dmt_1945_07/norsk-musikliv-under-okkupasjonen/ (дата обращения: 13.09.2024).

бергом и, в частности, «Уцелевшим» она занялась именно потому, что, живя в Берлине, видела приход нацистов к власти, а позже, во время войны, наблюдала всплеск антисемитизма у себя на родине, затронувший и тех, кого она знала.

Один из примеров — скрипач Эрнст Глазер. Он был культовой фигурой в музыкальной жизни Норвегии, вплоть до того, что антисемитский скандал во время его выступления в Бергене в январе 1941 года часто называют одним из постыднейших поворотных пунктов в фашистском прошлом страны. Глазер, музыкант еврейского происхождения, в 1920-е годы переехал из Германии в Скандинавию, где работал в главном оркестре страны сначала как скрипач, а позже — как концертмейстер. В Бергене он должен был исполнить скрипичный концерт К. Синдинга и «Военный полонез» У. Булля на скрипке Гварнери, сделанной в 1742 году и некогда принадлежавшей самому Буллю. Из-за антисемитских демонстраций перед концертным залом дирижер Харальд Хайде решил изменить программу и выпустить Глазера только во втором отделении: к этому времени, надеялся он, дебоширы разойдутся. Однако выяснилось, что нацисты проникли и в зал. Протест был организован NS, организацией «Национальная молодежь» (норвежский аналог гитлерюгенда) и «Хирден» — военизированной организацией типа нацистских СА — штурмовых отрядов, или коричневорубашечников. С балкона сыпались листовки с призывами не допустить осквернения национального достояния Норвегии — скрипки Булля — прикосновением рук «еврея Моисея Саломона (он же Эрнст Глазер)». Завязалась драка. Хайде, не растерявшись, велел оркестру играть национальный гимн: он знал, что во время исполнения нацистам придется стоять по стойке смирно. Этот отвлекающий маневр позволил Глазеру вместе со скрипкой укрыться в безопасном месте[19]. Слу-

---

[19] В первой послевоенной книге о музыкальной жизни Норвегии во время войны дата концерта указана неверно: февраль, а не январь 1941 года [Hurum 1946: 60–63]. К. Фастинг в своей истории Бергенского ансамбля подробно рассказывает об этом эпизоде и утверждает, что большинство присутствовавших в зале было возмущено демонстрацией [Fasting 1965: 15–17]. Об этом событии см. также [Abrahamsen 1990: 82; Abrahamsen 1983: 121–122].

чай, когда концертмейстер ведущего оркестра страны подвергся оскорблениям и угрозам в концертном зале, стал символом общего одичания, а также растущего давления, оказываемого на норвежских евреев. В 1942 году Глазер бежал в Швецию и вернулся только после войны.

По окончании войны Халл возобновила свою работу в «Dagbladet» и снискала репутацию самого влиятельного критика в Осло. Посвятив себя организационной работе и критике, она не бросала и композиторской деятельности; примерно с 1950 года она все чаще использовала в своей музыке расширенную тональность и диссонанс[20]. В 1949 году она почтила 75-летие Шенберга колонкой, в которой признала его значение для музыки XX века и поставила его в один ряд с Дебюсси как одного из самых влиятельных композиторов-новаторов своего времени. Пусть она и не рассыпалась в похвалах, в ее статье уже не было той пренебрежительности, с которой она писала о его додекафонии двадцатью годами ранее в Берлине. Все эти годы она, по-видимому, следила за его творчеством, так как в числе самых значительных его произведений назвала три сочинения американского периода: Фортепианный концерт, «Оду Наполеону» и «Уцелевшего из Варшавы». На тот момент «Уцелевший» был самой «свежей» новинкой — после его премьеры прошло меньше года.

Возможно, Халл пересмотрела свое отношение к Шенбергу сразу после войны, когда, возродив *Ny Musikk*, начала активно посещать фестивали новой музыки во всей Европе. На международных фестивалях конца 1940-х — начала 1950-х годов присутствие и влияние его музыки бросалось в глаза. В апреле 1951 года Халл посетила Четвертый Международный музыкальный фестиваль в Вене[21]. Ее восхитило, что Австрия, «которая еще даже не обрела независимости», так много делает для сохранения своей музыкальной репутации. В своем репортаже Халл сооб-

---

[20] URL: http://snl.no/.nbl_biografi/Pauline_Hall/utdypning (дата обращения: 13.09.2024).

[21] Подробнее об этом событии см. Главу 2, об Австрии.

щила, что «гвоздем» фестиваля были произведения венских композиторов, многие из которых написаны в двенадцатитоновой технике; самое большое впечатление на нее произвели «Вундлунген» Хауэра и «Уцелевший» Шенберга. Она сравнила между собой повествования в «Уцелевшем» и «Лунном Пьеро», отметила жутковатый реализм музыки, похвалила богатую и разнообразную оркестровку, а заключительное «Шма» назвала «завораживающим». По ее мнению, текст лучше было бы оставить в английском оригинале, так как в переводе терялась сила воздействия немецких реплик, но «Уцелевший» и без того захватил слушателей «мертвой хваткой» и произвел «ошеломляющее впечатление». (В ее репортаже содержатся некоторые ошибки: во-первых, она повторила распространенное заблуждение, будто текст основан на рассказе единственного выжившего в Варшавском гетто, а во-вторых, похоже, приняла венское исполнение за европейскую премьеру.) Она одобрительно отозвалась о Германе Шерхене, дирижировавшем «Уцелевшим», представив его как одного из дирижеров, «самоотверженно трудившихся» на благо новой музыки, и «одну из самых почитаемых и любимых личностей в современных музыкальных кругах как на нашем континенте, так и за его пределами». Шерхен активно участвовал в работе ISCM с момента его основания, и Халл слышала его как дирижера еще в 1938 году, на фестивале ISCM в Лондоне. Она одобрительно отметила, что, хотя в Германии Шерхен добился большого успеха, в 1933 году он без колебаний покинул «страну Гитлера», чтобы продолжить работу подальше от нее. (Вероятно, она не знала, что при его левых политических взглядах это было практически неизбежно[22].) Таким образом, можно сказать, что именно Шерхен и ISCM с его международными связями послужили первоначальным толчком к норвежскому исполнению «Уцелевшего».

Статус Шенберга на съезде ISCM, организованном *Ny Musikk* в Осло в 1953 году, возможно, также повлиял на отношение Халл

---

[22] Hall P. Fra Schønberg til Verdi: Fra vår utsendte medarbeider Pauline Hall // Dagbladet. 28 апреля 1951 года.

к его творчеству. Как показывает переписка, массовые миграции военного времени привели к некоторым дипломатическим трудностям: концертный репертуар отбирался в соответствии с национальностью композитора, и каждая страна могла представить на рассмотрение только шесть произведений. Так, в декабре 1952 года Б. Франкель, член руководящего комитета ISCM, написал международному жюри:

> Американское отделение указывает на проблему, возникшую у них из-за «числа выдающихся европейцев, ставших американскими гражданами». Члены американского жюри склонялись к тому, чтобы предложить для исполнения в Осло Скрипичный концерт Шенберга, но по зрелом размышлении пришли к выводу, что не в их праве предоставлять партитуру. Тем не менее они очень надеются, что Международное жюри серьезно отнесется к этому вопросу, и верят, что произведение все же будет исполнено[23].

Халл не входила в состав международного жюри, но Эллиот Картер написал о том же лично ей, объяснив, что «хотя [концерт] написан в Америке, мы не были уверены, что композитор к тому времени уже принял американское гражданство, и до сих так и не выяснили этого»[24].

Картер был прав: Шенберг написал концерт в 1935–1936 годах, а гражданство получил в 1941-м. (Хотя Картер, конечно, понимал, что эта формальность также позволила американцам представить на рассмотрение полный комплект своих партитур.) В конце концов и Шенберга, и Милтона Бэббита, чье сочинение *Du* («Ты») было выбрано международным жюри для исполнения, представили в программе как американских композиторов. В конце ян-

---

[23] Письмо Б. Франкеля Международному жюри от лица руководящего комитета, 17 декабря 1952 года. Riksarkivet (Государственный архив Норвегии, далее RA), шкаф PA-1445 Ny Musikk. Da-Korrespondence, Kronologisk L0001 ASTA/001/1/1, 0001 (1938–1952).

[24] Письмо Э. Картера Паулине Халл, 10 декабря 1952 года. RA, шкаф PA-1445 Ny Musikk. Da-Korrespondence, Kronologisk L0001 ASTA/001/1/1, 0001 (1938–1952).

варя Халл послала телеграмму члену международного жюри Матьяшу Шейберу, чтобы он связался с Тибором Варгой по поводу исполнения концерта Шенберга. Она предложила оплатить расходы плюс 50 фунтов за две репетиции и концерт, и Варга немедленно принял предложение[25]. Для *Ny Musikk* это стало настоящим свершением: их стараниями была организована скандинавская премьера выдающегося произведения в исполнении скрипача, чья игра очень нравилась композитору.

И в Норвегии, и за границей фестиваль ISCM в Осло оценивался как снискавший большой успех, хотя он и оставил норвежское отделение по уши в долгах. Одним из немногих мероприятий, организованных при участии *Ny Musikk* в сезоне 1953/54 года, был концерт Шенберга — Мийо, состоявшийся марте 1954 года. Рассказывая о его подготовке, Халл написала, что, несмотря на тяжелое финансовое положение, они все-таки решились на этот шаг. «Уцелевшего» она охарактеризовала как «мощную драматическую жалобу и обвинение» от лица еврея, пережившего массовые убийства в Германии. («Богослужение» Мийо она только упомянула как второе произведение, прозвучавшее в концерте, но никак его не прокомментировала [Hall 1963: 37].) Из годового отчета *Ny Musikk* за 1954 год также ясно, что исполнение Шенберга она считала главным событием года — и не только потому, что «Уцелевший» еще не был широко известен в Европе, но также и по той причине, что с 1920-х годов в Осло не было исполнено ни одно произведение Шенберга, за исключением исполнения Варгой скрипичного концерта годом ранее[26]. По-видимому, «Уцелевший» имел для Халл особое значение. У меня нет убедительных доказательств того, что именно она готовила концерт в марте 1954 года, но, похоже, у Шенберга и этого его произведения не было в Осло других сторонников. Более того, ее должность председателя *Ny Musikk* давала ей возможность оказывать значительное влияние

---

[25] RA, шкаф PA-1445 Ny Musik. Da-Korrespondence, Kronologisk L0001 ASTA/001/1/1, 0002 (1953–1954).

[26] RA, шкаф PA-1445 Ny Musik. Ad-Arbeidsutvalg/-styre/Landsstyreutvalget L0001 ASTA/001/1/2, 001 (1955).

на репертуар и исполнителей. В прошлом она восторженно отзывалась о дирижере Хайнце Фройдентале, а его концерт в марте 1953 года назвала «феерическим»[27]. Фройденталь часто исполнял «Богослужение» Мийо, но, как мы увидим, Шенберг не был ему близок. Вполне вероятно, что Халл убедила его сыграть «Уцелевшего» как дополнение к Мийо, чье произведение уже воспринималось как фирменный знак Фройденталя.

Дирижер

Хайнц Фройденталь (1905–1999) родился в Данциге (ныне Гданьск, Польша, в то время входил в состав Германской империи). Вскоре после его рождения семья переехала в Нюрнберг. Его отец, доктор Макс Фройденталь, был реформистским раввином и исследователем еврейской истории. Хайнц стал альтистом и в 1928 году переехал в Швецию, где играл в Гетеборгском симфоническом оркестре. Там он проявил также дирижерский талант и в 1936 году стал главным дирижером симфонического оркестра Норчепинга, в то время четвертого по величине города Швеции, — должность, на которой он оставался до 1953 года. Это было на редкость продуктивное для него время. Под его управлением состоялось первое в Скандинавии исполнение оперы Монтеверди «Орфей», объехавшей впоследствии много других городов; он дирижировал исполнениями «Музыкального приношения» и «Искусства фуги» Баха в разных инструментальных аранжировках. В 1954–1961 годах Фройденталь возглавлял симфонический оркестр радио Израиля «Коль Исраэль» в Иерусалиме. Вернувшись в Скандинавию, он стал директором сначала музыкальной школы в Карлстаде (Швеция), а позже, в 1969 году, муниципального музыкального училища в Кристиансанне (Норвегия). В 1982 году он переехал в Мюнхен, где прожил до самой смерти. В 1927 году дирижер женился на Эльсбет Хиппели, также музыкантше; она была католичкой, и его отец пригрозил

---

[27] Hall P. Praktfull konsert i Filharmonien: Heinz Freudenthal som gjest // Dagbladet. 21 марта 1953 года.

в знак протеста уйти с поста главного раввина Нюрнберга. Сам Лео Бек приехал из Берлина, чтобы вмешаться, и в конце концов они помирились [Freudenthal 1975–1978: 80]. У Хайнца и Эльсбет было двое сыновей: Отто (1934, Гетеборг — 2015), музыкант, и Петер (р. 1938, Норчепинг), художник.

Репертуар Фройденталя был в основном классическим, но, как и Шерхен, дирижер порой впадал то в одну, то в другую хронологическую крайность, исполняя старинную или современную музыку. В своей неопубликованной автобиографии он выделил четыре произведения, которые сыграли решающую роль в его становлении как дирижера: «Страшный суд» (BuxWV, № 3; 1682?), приписываемый Д. Букстехуде, «Юлий Цезарь» Генделя (1724), «Музыкальный день в Плёне» Хиндемита (1932) и «Богослужение» Мийо (1947) [Там же: 159]. Этот набор позволяет предположить, что его вкусы склонялись к заново открытой в то время старинной музыке, а из модернистов скорее к неотональной и неоклассической, чем к атональной. После войны он также стал поборником еврейской музыки в широком смысле слова. В 1956 году в ведущей еврейской газете Западной Германии «Allgemeine Wochenzeitung der Juden in Deutschland» была опубликована пространная статья о созданной Фройденталем на Северно-германском радио программе «Арфа царя Давида», в которой звучала еврейская музыка всех жанров, от богослужебной до народных песен, сопровождавшаяся пояснениями Фройденталя[28]. На концертах «Коль Исраэль» он сочетал привычный репертуар с произведениями израильских композиторов, в основном представителей так называемой средиземноморской школы (Менахем Авидом, Пауль Бен-Хаим, Марк Лаври, Эден Партош, Карл Саломон), а также Вердины Шленски, ученицы

---

[28] Lowenthal E. G. Jüdische Musik — "verkleinerte Ausgabe"? Notwendige Ergänzung einer Rundfunksendung // Allgemeine Wochenzeitung der Juden in Deutschland. 6 июля 1956 года. Газета также сообщала о выступлениях в качестве приглашенного дирижера в Германии. См.: Bachmann C.-H. Ein Dirigent der alten Schule: Heinz Freudenthal in Deutschland — Haydn-Neuer werbung durch israelitischen Bearbeiter // Allgemeine Wochenzeitung der Juden in Deutschland. 14 февраля 1958 года.

Буланже, писавшей электронную музыку, и Йозефа Таля, ведущего приверженца сериализма в Израиле, а позже самого известного в стране сочинителя электронной музыки[29].

Из четырех произведений, которые, как считал Фройденталь, сформировали его как музыканта, чаще всего он исполнял «Богослужение» Мийо. В автобиографии он пишет, что взялся за него по просьбе самого композитора. Они познакомились в 1952 году в Израиле, на концерте Израильского филармонического оркестра, где под управлением Фройденталя исполнялись произведения К. Ф. Э. Баха, Бетховена и Симфония № 1 Мийо. Интерпретация Фройденталя понравилась композитору, и он признался, что у него есть большое богослужебное произведение, очень дорогое его сердцу, но исполняется оно редко, так как для этого требуется дирижер не просто талантливый, но и хорошо знакомый с еврейской религиозной традицией. «Как сын раввина», Фройденталь был признан «подходящим кандидатом для этой работы», и в дальнейшем это произведение принесло ему немалый международный успех [Freudenthal 1975–1978: 202–203]. Они регулярно переписывались до самой смерти композитора в 1974 году. «Богослужение» исполнялось под управлением Фройденталя в Стокгольме, Копенгагене, Гетеборге, Гамбурге, Хельсинки и Осло, а также неоднократно звучало в Израиле [Там же: 160]. Первое его исполнение в Израиле 22 сентября 1953 года было обставлено так торжественно, что Американский еврейский ежегодник принял национальную премьеру за более масштабное событие («Одним из главных событий в музыкальной жизни страны стала мировая премьера "Богослужения" Дариуса Мийо под управлением Хайнца Фройденталя» [Laqueur 1955: 485])[30].

---

[29] Благодарю научного сотрудника Инбаль Праг за сведения о концертах в Израиле. Праг составила список исполнявшихся Фройденталем произведений на основе собраний концертных программок симфонического оркестра «Коль Исраэль» и Израильского филармонического оркестра, хранящихся в Национальной библиотеке Израиля в Иерусалиме.

[30] Исполнители: симфонический оркестр «Коль Исраэль», ансамбль государственного радио Израиля и хор радиостанции «Коль Цион ла'Гола» («Голос Сиона диаспоре»).

Поэтому нет ничего удивительного в том, что в марте 1954 года Фройденталь привез на гастроли в Осло «Богослужение» Мийо. Иное дело — «Уцелевший». Насколько известно, это был единственный раз, когда Фройденталь исполнял это произведение. В своей весьма подробной автобиографии он даже не упоминает об «Уцелевшем», вероятно потому, что из модернистских направлений его больше привлекал неоклассицизм[31]. Однако к работе над произведением он отнесся весьма серьезно. Его сын Петер вспоминает, что отец при подготовке к исполнению консультировался в Норчепинге с выжившими поляками[32]. Он, конечно, многое знал об их невзгодах, так как во время войны основал агентство по оказанию помощи еврейским беженцам, прибывавшим в Швецию, но теперь, по-видимому, хотел еще раз услышать их рассказы в новых деталях, которые пригодились бы ему для интерпретации «Уцелевшего» [Freudenthal 1975–1978: 194–196][33]. В годы войны дом Фройденталей был постоянно открыт для беженцев — родственников и не только. Возможно, решение исполнить «Уцелевшего» диктовалось не столько самой музыкой, сколько смыслом произведения. Он часто исполнял

---

[31] В интервью, опубликованном перед концертом в марте 1954 года, дирижер сообщил, что исполняет это произведение в первый раз (Bryn E. Freudenthal dirigerer Schönbergs siste komposisjon — og Milhauds kjæreste // Dagbladet. 16 марта 1954 года). Я благодарю Эльсе-Бет Роальсё за то, что помогла мне сориентироваться в норвежской прессе в целом, а также опознала в сокращенной подписи «Эрле» полное имя интервьюера: Эрле Брин.

[32] Электронное письмо Петера Фройденталя автору этой книги, 18 июля 2008 года. Он думал, что среди них были выжившие после восстания в Варшавском гетто. В письме автору от 13 августа 2012 года Рольф Йонссон, сотрудник Государственного архива Норчепинга, подтвердил, что в Норчепинге проживали польские евреи из Лодзи, Варшавы и Бендзина. В некоторых записях указана только страна, но не город. По сохранившимся документам невозможно определить, были ли среди них пережившие Варшавское гетто.

[33] Агентство оказало помощь многим беженцам во время войны и перемещенным лицам в послевоенный период. В указанном фрагменте книги речь, вероятно, идет о лагере для перемещенных лиц в Доверсторпе неподалеку от Финспонга, где до февраля 1946 года проживало более двух тысяч женщин из Польши. Электронное письмо Рольфа Йонссона из Государственного архива Норчепинга автору этой книги, 13 августа 2012 года.

«Богослужение» Мийо, хотя, по мнению сына, «не был религиозен» (это мнение подтверждается автобиографией дирижера); однако, по словам того же сына, он был «очень убежденным и ревностным евреем»[34].

Концерт

В сезоне 1953/54 годов оркестр филармонического общества Осло дал 50 концертов, в том числе двенадцать абонементных концертов по четвергам и пятницам и восемь «дополнительных» в разные дни недели. Очевидно, когда программа сезона была отправлена в печать, в расписание еще вносились изменения, поэтому концерт Шенберга — Мийо был поставлен как «дополнительный» на четверг, 18 марта (на самом деле он состоялся в воскресенье, 21 марта), произведение Шенберга вместо «Уцелевший из Варшавы» было названо «Варшавское гетто», а фамилия чтеца не была указана. При этом произведение Мийо было анонсировано под оригинальным французским названием (правда, с орфографической ошибкой: *Sacrée* вместо *Sacré*), а Розенблют был представлен как кантор: это наводит на мысль о том, что Фройденталя в первую очередь интересовала возможность исполнить свое коронное произведение. На другой странице буклета анонс концерта сопровождался фотографией Фройденталя и короткой справкой, где говорилось об успехе его исполнения Мийо в Швеции и Израиле и сообщалось, что в сентябре 1953 года он откроет этим произведением Международный фестиваль в Иерусалиме. Документов, где обсуждались бы контракты с исполнителями, не сохранилось, а сообщения издателя о выплате отчислений подтверждают только то, что в 1953 году оркестр филармонического общества Осло брал в прокат ноты, так что подробности процесса неизвестны[35].

---

[34] Электронное письмо Петера Фройденталя автору, 18 июля 2008 года.

[35] ASC GSC, переписка с издательством Bomart Music Publications. В отчете «Бельке-Бомарт» от 19 ноября 1956 года содержится список под названием «Отчисления с прокатной платы за выступления в Германии [sic]». Единственным оркестром, бравшим напрокат партитуру «Уцелевшего» в 1953 году, был оркестр Филармонического общества Осло.

За неделю до концерта «Dagbladet» начала готовить к нему публику. 16 марта Эрле Брин, коллега Халл, опубликовал интервью с «известным и всеми любимым приглашенным дирижером Хайнцем Фройденталем». Брин сообщил читателям, что со времени своего последнего визита в Осло Фройденталь стал руководителем симфонического оркестра Государственного радио Израиля и много гастролировал, дирижируя и читая лекции об Израиле. По-видимому, на тот момент концерт намеревались открыть «Трагической увертюрой» Брамса. (Еще 20 марта это произведение фигурировало в анонсах, хотя так и не было исполнено.) В интервью разговор шел в основном о Мийо. Фройденталь признался, что это будет его первое исполнение «Уцелевшего», и сказал, что на следующий день (17 марта) начнутся репетиции и он впервые встретится с солистом Олой Исене. Драматизм «Уцелевшего», пояснил он, «полностью передается названием», поскольку заглавный герой — это «человек, который пережил ужасы, творившиеся в польской столице». Его заключительные слова — «пьеса заканчивается еврейским символом веры» — весьма важны, потому что в остальном тексте интервью нет и намека на то, что речь в «Уцелевшем» идет о судьбе евреев, а не о разрушении немцами всего города Варшавы[36]. Что касается репетиций, то Сольвейг Левин, жена выдающегося пианиста Роберта Левина, вспоминает, что руководство филармонии попросило ее мужа помочь хору с еврейской молитвой[37].

В короткой заметке от 20 марта Халл более ясно изложила суть дела: она пояснила, что Шенберг «написал пьесу на основе рассказа человека, спасшегося от массового истребления евреев немцами в Варшавском гетто [sic]», и привела весь текст в собственном переводе на норвежский. Произведение было исполне-

---

[36] Bryn E. Freudenthal dirigerer Schönbergs siste komposisjon — og Milhauds kjæreste // Dagbladet. 16 марта 1954 года. Статья содержит несколько ошибок, начиная с заголовка, где «Уцелевший» назван последним произведением Шенберга; кроме того, в уста Фройденталя вложено упоминание концерта в Осло как европейской премьеры «Уцелевшего».

[37] Получено автором по электронной почте от Сидзель Левин, дочери Сольвейг Левин и директора Еврейского музея Осло, 29 апреля 2012 года.

но в Австрии, писала она, «но вряд ли звучало в какой-либо другой европейской стране, хотя должно было бы вызывать особый интерес в нашей части света»[38]. Учитывая, что на тот момент музыка Шенберга не вызывала в Скандинавии никакого «особого интереса», она явным образом имела в виду, что внимания заслуживала именно тема «Уцелевшего». Возможно, это был намек на норвежский Холокост, который, по сути, так и не был признан.

В программке содержалось лишь краткое изложение пьесы, написанное Халл. (При этом «Богослужение» Мийо удостоилось пространного и подробного комментария на шведском языке; считается, что написал его кантор Розенблют, хотя вполне возможно, что свою лепту внес и Фройденталь.) Халл отметила важные для слушателя музыкальные компоненты пьесы: «речепение» чтеца, додекафоническую технику, заключительный хор как кульминацию серии, — но самое главное, четко обозначила тему Холокоста:

> В либретто описан один день в варшавском гетто. Там были убиты тысячи людей, и вот те, кто оказался перед лицом смерти, запели старинную молитву «Шма Исраэль». Эта песня в исполнении мужского хора завершает произведение. Музыка жестко реалистична. Ударные инструменты оказывают мощное воздействие. Партитуру пронизывают переменчивые сигналы трубы, выражающие страх беспомощных жертв... Текст написан по-английски, но выкрики сержанта-фельдфебеля Шенберг оставляет в подлинном, немецком звучании. Композитор пожелал, чтобы эта форма сохранялась и в будущих переводах.

Утверждение, будто Шенберг описывает конкретный день в Варшавском гетто, неверно (хотя и широко распространено), но это не умаляет того воздействия, которое пересказ Халл, должно быть, оказало на зрителей в Осло еще до того, как про-

---

[38] Hall P. En overlevende fra Warszawa: Arnold Schönberg. Oversatt av Pauline Hall // Dagbladet. 20 марта 1954 года.

звучал первый сигнал трубы, особенно если они пришли с надеждой погрузиться в привычный модернистский репертуар, такой как «Трагическая увертюра» Брамса. Фройденталь, Исене и Филармонический оркестр исполнили «Уцелевшего» дважды, а затем был объявлен антракт, после которого прозвучало «Богослужение» Мийо.

В то время, помимо произведения Мийо, в концертах можно было услышать только одну переработку еврейского богослужения — «Аводат хакодеш» Эрнеста Блоха (1933), исполнявшуюся как в Европе, так и в США. Идея заказать Блоху концертный вариант еврейской реформистской субботней службы возникла у кантора Рубена Риндера из синагоги Эману-Эль в Сан-Франциско, того самого, который подвиг Мийо на создание «Богослужения» [Móricz 2008: 170–171]. Обработка Мийо предназначена для баритона, чтеца, смешанного хора и оркестра или органа. Как и у Блоха, она основана на субботнем утреннем богослужении из главного реформированного молитвенника американских еврейских общин «Сидур тефилат Исраэль» и поэтому подходит как для концертного исполнения, так и для религиозных целей. Этим объясняется и использование современных языков: текст написан на древнееврейском (исполнители могут выбрать сефардский или ашкеназский вариант произношения), а также на английском и французском языках. «Богослужение» состоит из пяти основных частей (утреннее благословение, Шма и благословения, Амида, чтение Торы, заключительные молитвы), которые Мийо разделил на двадцать самостоятельных музыкальных фрагментов. Они включают в себя декламацию с музыкальным сопровождением, сольное пение с инструментальным сопровождением и хоровое пение. Декламируемый чтецом текст, который затем повторяет кантор, или хор, или оба вместе, в концертном исполнении может быть опущен, и тогда эти фрагменты звучат просто как инструментальные интерлюдии[39]. На концерте в Осло обе партии — и кантора, и чтеца — исполнял Розенблют.

---

[39] Darius Milhaud. Centenaire de Darius Milhaud: Service Sacré pour le Samedi Matin (chanté en Hebreu). Accord AAD 201892, [1958] 1991.

Дважды исполненная короткая пьеса Шенберга о Холокосте, вслед за которой в течение часа звучало еврейское богослужение позволяют рассматривать этот концерт как церемонию поминовения, акт публичной памяти, который — редкий случай! — не был инициирован самой еврейской общиной. (Можно, конечно, возразить, что «Трагическая увертюра» Брамса, будь она включена в программу, также соответствовала бы этому намерению, во всяком случае, по названию.) Возможно, этот замысел начал зарождаться у Халл, когда она посетила венскую премьеру 1951 года, на которой Шерхен завершил «Уцелевшим» первое отделение, а во втором звучали «Четыре духовные пьесы» Верди в исполнении хора. Чтобы облегчить публике понимание, Исене читал текст «Уцелевшего» в норвежском переводе Халл, а слова «Богослужения» Мийо были напечатаны в программке на шведском языке.

Приобщение к еврейскому богослужению культуры, 90 % носителей которой принадлежат к лютеранской Церкви Норвегии, выглядит особенно уместным, если вспомнить, насколько сведущ был Шенберг в духовных и теологических аспектах лютеранства и иудаизма. С. Файст, как и ряд других исследователей, отмечает, что «Уцелевший» заставляет «вспомнить кантаты Баха, не в последнюю очередь из-за последней части, похожей на хорал». При этом Файст ссылается на соображение Д. Шиллера о том, что «подобно хоралу в конце лютеранской духовной кантаты Иоганна Себастьяна Баха, "Шма Исраэль" как будто призывает еврейских слушателей молиться, помнить, что они евреи» [Feisst 2011: 106–107][40]. В данном случае два ритуала — концерт и богослужение — пересеклись, так как содержание концертного ритуала почти полностью состояло из текста и музыки ритуала религиозного: литургическая молитва в финале семиминутного светского произведения (исполненного дважды), а далее — часовая богослужебная музыка, где сольную партию исполнял кантор, заявленный в программе именно как кантор. Зрители услышали «Шма» трижды: дважды в финале «Уцелевшего», где фрагмент этой молитвы представляет собой Кидуш Ха-шем (возвеличива-

---

[40] С. Файст, в свою очередь, ссылается на книгу Д. М. Шиллера [Schiller 2003: 125].

ние имени Бога перед лицом смерти), а потом еще раз — в «Богослужении» Мийо, где она звучит полностью как молитва в концертном исполнении.

Немаловажной была и дата концерта, по крайней мере, для горстки участвовавших в нем евреев, хотя ни в документах еврейской общины Осло (Общины Моисеевой веры), ни в Еврейском музее города упоминаний о концерте нет. Первоначально мероприятие было запланировано на четверг, 18 марта, но вместо этого состоялось в воскресенье, 21 марта. На пятницу, 19 марта 1954 года, приходился Пурим, и Розенблют, конечно же, был слишком занят в своей стокгольмской общине, чтобы приехать в Осло. Пурим знаменует спасение евреев от истребления в Персии; это самый торжественный и веселый праздник еврейского религиозного календаря, но также связанный с масштабным кровопролитием. Поскольку выпущенный по наущению Амана указ, направленный против евреев, не подлежал отмене, царь позволил Мордехаю и Эсфири составить новый указ, позволявший евреям в порядке самозащиты убивать всех, кто представляет для них смертельную угрозу. За два дня евреи истребили более 75 тысяч своих врагов по всему Персидскому царству. Конечно, события, отмечаемые в этот религиозный праздник, не равнозначны восстанию в Варшавском гетто, на которое намекает произведение Шенберга, но у них есть общая черта: евреи взяли в руки оружие в целях самообороны. По словам Шенберга, «Уцелевший» призывает евреев помнить о двух вещах: о том, что с ними сделали, и о том, что они евреи[41]. Это достаточно близко к урокам Пурима — напоминанию, что евреи не могут рассчитывать на защиту правительства и всегда должны быть бдительными. Проведение такой параллели вполне соответствует «сути еврейской мемориальной традиции», как ее определяет Д. Роскис: «осмысление современных событий с точки зрения древних текстов и использование символов прошлого для придания смысла настоящему» [Roskies 1984: 48][42].

---

[41] Письмо Шенберга Курту Листу от 1 ноября 1948 года [Schoenberg 1988: 105].
[42] Цит. по: [Gilbert 2005: 68].

Рецензии

В отличие от ряда других стран, в Норвегии большинство критиков не старалось обойти молчанием еврейскую тему «Уцелевшего». Вряд ли им так уж хотелось открыто говорить о Холокосте: просто «еврейской» была тема всего концерта, и без упоминания этого факта о нем было бы практически невозможно рассказать. По крайней мере, Халл, судя по ее рецензии в «Dagbladet», воспринимала концерт именно как церемонию поминовения: сначала слушателям было рассказано об ужасной судьбе жертв, а затем состоялось богослужение, которое почтило их священные традиции и принесло слушателям определенное утешение. Халл охарактеризовала «Уцелевшего» как «потрясающий символ величайшей трагедии, свидетелями которой мы были в наше время», и признала, что «раны еще не затянулись изнутри; они могут открыться в любой момент». Она видела в этом произведении не столько иллюстрацию, сколько «комментарий к событиям, сдержанный по форме, но полный клокочущего в глубине исступления, которое, кажется, вот-вот вырвется на поверхность». Халл без обиняков обозначила еврейскую тему, назвав место действия Варшавским гетто, а финальный хор — «старинным еврейским символом веры»; отметила она и еврейское происхождение Шенберга — ее восхитило это «впечатляющее личное свидетельство, в котором он вновь переживает трагедию своего народа». (Судя по тому немногому, что было к тому времени написано о нем на норвежском языке, мало кому вообще приходило в голову, что он еврей.) Далее Халл писала, что диатоническое «Богослужение» Мийо позволило «получить представление о древней культуре и духовном мире, о которых мы знаем слишком мало». Особенно высоко она оценила исполнение Розенблюта: «У него редкостный, выразительный голос, тонко нюансированный и при этом убедительный, независимо от того, поет он или декламирует. Именно он вел эту "Службу субботнего утра"». Она противопоставила напору и неистовству «Уцелевшего» «мягкое, полное, сочное, теплое звучание» оркестра и хора в «Богослужении» и сравнила музыку Мийо с «раскрытыми объятиями». В заключение она написала, что «исполнение этих двух произведений стало событием, о котором у публики надолго сохранится благодарная память», отметила «прекрасную атмосферу в зале» и заявила, что у исполнителей были «самые веские причины» повторить «Уцелевшего», а реакция на Мийо была восторженной и «бурной»[43].

Клаус Эгге, председатель Союза норвежских композиторов, начал свою рецензию в «Arbeiderbladet», органе Рабочей партии Норвегии, с самоочевидного: «Музыка в первую очередь касалась евреев». В отличие от Халл, Эгге нашел «Уцелевшего» предельно реалистичным, «сверхъестественным» и даже «реалистичным вдвойне»: «Напряженность интервалов переходит в звуки ужаса; главная и единственная задача этой музыки — вселить чувство страха, настолько предметное, насколько это возможно». Этот реализм Эгге попытался передать в достаточно экспрессивных выражениях: «с фанатической обнаженностью музыка воспроизводит крики, стоны, весь этот истошный гвалт, противопоставленный железной немецкой дисциплине — ритмичным командам, выкрикиваемым под механическое, мерное буханье ударных». Вероятно, Эгге действительно был потрясен услышанным: «Мы переживаем шок, вызываемый снова и снова. Возможно, процесс "очищения" и состоит в том, что мы, слушатели, пытаемся справиться с напряжением и что-то от этого получаем?» С религиозной точки зрения очищение — это часть процесса искупления греха. Как и Халл, в своей оценке «Богослужения» Эгге обращается к историческому контексту и теме утешения.

> Богослужение израильтян имеет две ипостаси, — объясняет он, — это и поклонение Яхве, и сохранение национального единства, которое народ обрел после исхода из Египта. Богослужебные формулы, особый еврейский мотивный материал, используемый Мийо, весьма интересны с точки зрения истории музыки.

---

[43] Hall P. Heinz Freudenthal i Filharmonien: Schönberg — Milhaud // Dagbladet. 22 марта 1954 года.

Музыка «прекрасна», «неотразима», «величественна», «исполнена достоинства» и «насыщена гармоническими эффектами необычайной красоты». Далее Эгге хвалит «человечность и достоинство» Розенблюта как солиста и «торжественность» исполнения в целом. «В конце концов, это произведение прославляет народ Израиля и Бога. Таким образом, в музыкальном плане это важнейший документ еврейской музыки»[44].

Рецензия Финна Бенестада в «Verdens Gang», независимой ежедневной газете, основанной после войны участниками Сопротивления, отличается краткостью и позитивностью, хотя и меньшей содержательностью. Музыку «Уцелевшего» критик нашел настолько реалистичной, что «страх и нервное напряжение тех, кто страдает, буквально осязаемы», а хоровую молитву назвал «очень волнующей». Продемонстрировав свое незнание еврейской литургии, он назвал «Богослужение» Мийо «еврейской мессой» с «элементами синагогального пения» и почему-то обнаружил в нем некоторые особенности, присущие «музыке Йемена». Бенестад похвалил Фройденталя и его приверженность новой музыке, посоветовав дирижеру расценить восторженную реакцию публики как «знак того, что ему будут рады, когда он вернется с другими новыми произведениями»[45].

Примерно так же выглядит рецензия Дага Виндинга Серенсена в «Aftenposten», газете, исторически связанной с норвежской консервативной партией («Хейре»). Заявив, что этот концерт «запомнится как один из самых ярких в сезоне», критик высоко оценил стремление Фройденталя исполнять редкий репертуар. «Уцелевший» Шенберга «чаще обсуждается, чем исполняется», и будет хорошо, если он «как можно скорее снова появится в программе». Ни Шенберг, ни герой «Уцелевшего» не обозначены как евреи, хотя критик и пишет, что действие происходит в Варшаве во время войны, а воздействие музыки называет «разъедающим», а также «мгновенным, интенсивным и мучительным, как и сам

---

[44] Egge K. Arnold Schønberg og Darius Milhaud // Arbeiderbladet. 22 марта 1954 года.
[45] Benestad F. Schønberg og Milhaud i Filharmonien // Verdens Gang. 22 марта 1954 года.

болезненный материал, которым она оперирует». Напротив, «субботняя музыка Мийо казалась успокаивающей на фоне этого вопля ужаса, донесшегося из Варшавы»[46].

Рецензия Берре Квамме в «Morgenbladet» была менее доброжелательной. «Morgenbladet», первая ежедневная газета страны, была закрыта во время войны, а в 1945 году возобновлена как независимое издание, но с консервативным политическим уклоном. Заглавие рецензии Квамме — «Еврейская музыка в Аулен-холле» — была единственным указанием на то, что оба произведения, звучавшие в концерте, имели какое-то отношение к евреям; сама же статья, похоже, стала для автора поводом высказать все, что он думает об атональности. Почему, вопрошал он, такие композиторы, как Шенберг, Берг, а в Норвегии Вален, упорно сочиняют программную музыку, которая выходит за все пределы традиционной музыкальности? «Уцелевший», по его мнению, был «крайним проявлением» этой тенденции: «Текст сам по себе достаточно жуткий, но Шенберг постарался еще и усилить это впечатление, сочинив адскую музыку со скрежетом, свистом и леденящими душу перкуссионными эффектами». Однако Квамме даже не потрудился указать тему произведения, чтобы читатель мог представить себе, в каком контексте высказывается эта точка зрения. Он заявил, что «было бы неплохо послушать музыку без декламации», хотя «вероятность, что кто-то получил бы от этого большее музыкальное удовольствие, крайне мала», так как «чтобы понять двенадцатитоновую музыку, нужно читать ее глазами», а музыка для глаз, «будем перед собой честны, вещь сомнительная, и это еще мягко сказано»[47].

Гораздо снисходительнее критик отнесся к музыкальному языку «Богослужения» Мийо. (Правда, он при этом продемонстрировал, что не знает, насколько христиане обязаны еврейскому богослужению, назвав произведение попыткой создать «нечто похожее на католическую мессу».) Интересно, что он упомянул о еврейском происхождении Мийо («еврей из Прованса») и имен-

---

[46] Sørensen D. W. Schönberg og Milhaud // Aftenposten. 22 марта 1954 года.
[47] Qvamme B. Jødisk musikk i Aulaen // Morgenbladet. 23 марта 1954 года.

но этими национальными корнями объяснил «особый характер» музыки, ее «силу и нежность, непривычную свежесть ее гармоний». О еврействе Шенберга или еврейской теме «Уцелевшего» при этом не было сказано ни слова. Совмещение ритуала посещения концерта с религиозным ритуалом, по мнению Квамме, несколько сбивало с толку: ведь «довольно странно аплодировать» после религиозной службы, особенно учитывая, что «заключительное благословение кантора» «в точности совпадало с апостольским». В конце концов, «что сказали бы люди, если бы китайцы или негры зааплодировали после христианской службы?»[48]

Рецензии Бенестада и Квамме демонстрируют некоторый северный изоляционизм и христианоцентризм; у второго из них они переходят в откровенный расизм. В вопросе Квамме («Что сказали бы люди, если бы китайцы или негры зааплодировали после христианской службы?») звучит в лучшем случае уверенность, что аплодисменты после религиозной службы говорят о неуважении или невежестве, как будто китайцы или негры не знают, что такое христианская литургия. Менее снисходительный читатель мог предположить, что неловкость он испытал из-за неожиданного сходства иноверческой службы с привычной ему христианской. Читателю XXI века такие расистские проговорки кажутся вопиющими, хотя в достаточно изолированном и этнически однородном обществе 1950-х годов могли быть в порядке вещей.

Если судить по отзывам рецензентов, публика восприняла концерт как акт поминовения; как неприятное погружение в музыку настолько реалистичную, что ее «очищающий» эффект казался принудительным по сравнению с последовавшей за ней утешительной религиозной службой; как приключение в мире новой музыки; как подтверждение давней уверенности, что додекафония отвратительна; как доказательство того, что концертный ритуал не стоит смешивать с религиозным. Норвежские критики не стремились умолчать о том, кто был жертвами и преступниками в Варшаве, но им было легче, чем другим героям настоящего исследования, так как они находились гораздо

---

[48] Там же.

дальше от места преступления. Что же касается признания Холокоста у себя дома, тут они, как правило, не замечали или не упоминали какой-либо связи между событиями, представленными в «Уцелевшем», и теми, что происходили в их стране. Только Халл упомянула о судьбе евреев в Норвегии («раны еще не затянулись изнутри и могут открыться в любой момент»; «["Уцелевший"] должен представлять особый интерес, в частности, в наших краях»). Хотя в устах критика, которого знали и даже побаивались как весьма острого на язык, это звучит более чем сдержанно, работа, которую проделала Халл ради того, чтобы «Уцелевшего» узнали и услышали в Норвегии, заслуживает внимания как одна из первых отважных попыток ввести норвежский Холокост в поле публичного обсуждения.

Глава 4
Восточная Германия
*«Уцелевший из Варшавы»
и антифашизм*

«Уцелевший из Варшавы» официально прорвался за железный занавес в 1958 году. Столь поздняя дата не вызывает удивления. Конечно, такого не могло случиться до «секретной речи» Хрущева 1956 года, в которой он осудил преступления Сталина. Удивительно то, что из всех стран социалистического лагеря «Уцелевший» был впервые исполнен в Восточной Германии: ведь ГДР пользовалась репутацией одной из самых просталинских и культурно консервативных соцстран. В 1950-е годы о Шенберге и додекафонии ожесточенно спорили в восточногерманских музыкальных кругах, но государство как таковое было больше озабочено американским вмешательством в любой форме, будь то поп-музыка или ядерная атака, чем проблемами серьезной музыки. В этой главе с учетом широкого политического контекста прослеживаются пути, которыми культурная мобильность привела «Уцелевшего» в ГДР, в частности неофициальные личные связи, махинации бюрократов советского образца и дискурс основополагающего мифа Восточной Германии.

В конце 1950-х годов, когда культурная элита Запада уже давно решила проблему Шенберга (а многие даже считали композитора устаревшим), в Восточной Германии тоже нашлись желающие приобщиться к его музыке, воспользовавшись послаблениями оттепели. Однако они натолкнулись на стену партийной идеологии [Blomster 1982–1983: 124][1]. В 1979 году Х.-А. Брокгауз и К. Ниман опубликовали официальную историю музыки ГДР [Brockhaus, Niemann 1979], в которой назвали Шенберга «больным местом» (*derwunde Punkt*) в развитии восточногерманского музыкального искусства 1950-х. Хотя его ранние романтические и поздние политически ангажированные произведения были разрешены, а сам он «признан трагической жертвой обстоятельств», другие его произведения — двенадцатитоновые и экспрессионистские — считались в то время неприемлемыми. Шли споры, в которых одни выступали за ограниченное использование додекафонии — исключительно для передачи «опасности, ужаса, катастрофы, странного и страшного», другие же отстаивали «свободное применение» этой техники, не ограниченное программными требованиями. Оглядываясь на двадцать лет назад, Брокгауз и Ниман пришли к выводу, что «приток новых формальных элементов», спровоцированный этими дискуссиями, оказал «стимулирующее воздействие на сенсорное качество музыки, ее технический уровень и разнообразие содержания», хотя также привел к некоторым нежелательным тенденциям в инструментальной музыке [Brockhaus, Niemann 1979: 145–146]. Но они умолчали о главном: дело было отнюдь не в самом Шенберге. За обсуждением его творчества, музыкальных стилей и биографии («трагическая жертва обстоятельств») скрывались споры о насущных проблемах современности. То, что «посредником» был выбран именно Шенберг, говорит о том, насколько ощутимым было его посмертное присутствие в Восточной Германии.

Место действия — Лейпциг

Во вторник, 15 апреля 1958 года в исполнении Симфонического оркестра и хора Лейпцигского радио (LRSO) под управлением дирижера Герберта Кегеля прозвучала симфония № 39

---

[1] Подробнее о том, как споры вокруг Шенберга, додекафонии и модернистских приемов композиции отразились на восточногерманских композиторах (правда, в основном в 1960-е годы), см. [Silverberg 2009].

ми-бемоль мажор (K. 543) Моцарта, затем восточногерманская премьера «Уцелевшего», а после антракта — общегерманская премьера Симфонии № 11 («1905 год») Д. Д. Шостаковича. Концерт состоялся в Конгресс-холле Лейпцига, на главной концертной площадке города после Второй мировой войны. Здесь проходили всевозможные мероприятия, в том числе концерты оркестра Гевандхауса, который выступал там до 1981 года, пока не было достроено его новое здание. Партию Чтеца в «Уцелевшем» исполнил бас-баритон Райнер Людеке (1927–2005), всего годом ранее принятый в труппу Лейпцигской оперы. Людеке пел классические оперные партии в театрах всего соцлагеря и озвучил главную роль в экранизации оперы «Летучий голландец» Вагнера, снятой И. Герцем в 1964 году на государственной киностудии ДЕФА (Deutsche Film-Aktiengesellschaft). Его голос также звучит в записанной в 1966 году опере П. Дессау «Осуждение Лукулла» в исполнении Кегеля и LRSO, а также в их записи «Уцелевшего»[2].

Решение Кегеля открыть концерт симфонией Моцарта могло быть продиктовано множеством стандартных требований к программе — тем, например, что произведения должны исполняться в хронологическом порядке, или что два новых произведения должны предваряться чем-то хорошо известным публике (и исполнителям). Ни автор аннотаций к программе, ни критики не уделили особого внимания симфонии № 39, вероятно потому, что она была им знакома. Правда, некоторые рецензенты сетовали, что скрипки в симфонии Моцарта играли кое-как, и это наводило на мысль, что музыканты плохо подготовились, так как львиная доля репетиционного времени была отдана двум новым вещам. После всемирного празднования 200-летия со дня рождения композитора прошло всего два года, и недостаточное внимание к нему могло объясняться некоторой пресыщенностью его музыкой.

---

[2] См. биографию в [Kutsch, Riemens 1993, 1: col. 1777]; исполнение — Paul Dessau, Herbert Kegel, Bertolt Brecht. Die Verurteilung des Lukullus: Oper in 12 Szenen (n.p.: Telefunken 6.48104, 1966).

С другой стороны, это извечная проблема: что ставить в программу рядом с «Уцелевшим». Пьеса, длящаяся около семи минут — а в версии исполнении Кегеля, как указано в аннотации к звукозаписи, всего лишь шесть минут тридцать секунд, — никак не может занять целое отделение концерта. Однако при всей своей лаконичности это произведение высочайшего эмоционального накала, и поэтому, чтобы решить, какая музыка будет с ним соседствовать, необходимо учитывать не только длительность и исполнительские возможности, но и другие факторы. При сочетании «Уцелевшего» с симфонией Моцарта первое отделение концерта по длительности было почти равно второму, тем более что «Уцелевший» был исполнен на бис. То ли по изначальному замыслу, то ли по требованию публики бисировать произведение начали с самого первого исполнения в Альбукерке в 1947 году, и эта традиция держалась довольно долго.

После Шенберга последовал антракт, так что зрители получили возможность подумать или просто прийти в себя перед тем, как начнется главное действо: прослушивание нового масштабного произведения любимого композитора, чей музыкальный стиль пользовался неизменным успехом у широкой публики. Симфония Шостаковича, посвященная первой русской революции 1905 года, уже снискала колоссальную популярность в СССР; в апреле 1958 года Шостакович получил за нее Ленинскую премию, а еще месяц спустя с него официально было снято обвинение в «формализме», выдвинутое постановлением 1948 года[3]. При этом лейпцигская программа была составлена так, что возможность отрицательной реакции на «Уцелевшего» свелась к минимуму: он оказался зажат между двумя произведениями, музыкальный стиль которых вряд ли мог оскорбить чей-либо вкус. Некоторые критики объявили, что тематически программа была посвящена «событиям современной истории». В обоих произведениях отражена история героического противостояния: в «Уце-

---

[3] Постановление Политбюро ЦК ВКП(б) «Об опере "Великая дружба" В. Мурадели» от 10 февраля 1948 года, опубликовано в газете «Правда» 11 февраля 1948 года. — *Прим. перев.*

левшем» — нацизму (или, в терминологии ГДР, фашизму), а в 11-й симфонии Шостаковича — тирании царского режима[4]. Согласно идеологии 1950-х, у ГДР было два врага, сопротивляться которым считалось дозволенным и необходимым. Историческим врагом был, конечно же, фашизм 1930-х — 1940-х годов — фашизм Гитлера, Франко и Муссолини. Считалось, что новый враг, появившийся во времена холодной войны, несет с собой наследие фашизма: капитализм, империализм, сионизм, пропаганду ядерной войны и поп-музыку, заразившую как Соединенные Штаты, так и их союзников, особенно Израиль и соседнюю Западную Германию.

Прямая трансляция концерта передавалась по Государственному радио; в антракте диктор рассказал что-то об «Уцелевшем», однако ни записей, ни расшифровок его комментариев не сохранилось[5]. Те, кто присутствовал на концерте лично, могли ознакомиться с аннотацией к программке, написанной Л. Р. Мюллером. Мюллер, композитор, о котором писали, что его музыка носит «жизнерадостный, развлекательный характер» и отмечена влиянием «французского импрессионизма» [Seeger 1966, 2: 129][6], посвятил две трети своей пространной аннотации критике, как он выразился, «умышленной самоизоляции» Шенберга от публики. Однако начал он с выпада в сторону Х. Эйслера, чем сразу же обозначил свою позицию в культурно-политических спорах вокруг Шенберга. Эйслер был учеником Шенберга и самым го-

---

[4] Однако ни из аннотаций к программе, ни из рецензий не очевидно, что концовки обоих произведений могут быть истолкованы неоднозначно. В финале «Уцелевшего» мужчины вызывающе поют «Шма», однако их вот-вот казнят. Последняя часть 11-й симфонии Шостаковича представляет собой нестройный марш в конкурирующих тональностях соль мажор и соль минор, завершающийся унисоном соль — не так, как если бы силы мирно сошлись, а как будто ни одна из сторон не одержала победы, чем и закончилась революция 1905 года.

[5] Deutsches Rundfunk archiv (далее DRA) E 085–00–05/0003. Благодарю д-ра Йорга Уве Фишера за помощь.

[6] В 1933 году Мюллер подпал под запрет на профессию, но почему, неясно: то ли из-за еврейского происхождения, то ли из-за политической неблагонадежности.

рячим сторонником своего наставника в ГДР, но, по словам критика, скорее предписывал додекафонию, чем использовал ее. Мюллер назвал несколько популярных тональных произведений Эйслера (в том числе знаменитую «Песню солидарности» и государственный гимн ГДР) и открыто задался вопросом, к какому же идеологическому лагерю *на самом деле* принадлежит Эйслер.

После длинной и довольно банальной филиппики в адрес музыкальной элитарности, в том числе додекафонии, Мюллер наконец вернулся к теме. Шенберг, по его словам, отказался от своей изоляционистской тактики в 1933 году, когда обстоятельства вынудили его взаимодействовать с внешним миром. Он утверждал, что этот отказ выразился в «возвращении» к иудейской вере, проявившемся в еврейской тематике таких произведений, как «Кол нидре» и «Уцелевший». (Очевидно, что Мюллер никогда не слышал «Кол нидре» Шенберга, поскольку назвал ее «современной обработкой самой известной из еврейских народных мелодий»; на самом деле это не так.) Назвав «Кол нидре» еврейской народной мелодией, он также упомянул «еврейский патриотизм» композитора. По-видимому, это был намек на сионистские взгляды Шенберга, в ГДР 1958 года звучавший поистине обличительно. Тем не менее он представил обращение Шенберга к иудаизму и связанную с этим политическую активность как лучшее свидетельство социальной ангажированности композитора (пусть и направленной на ложные цели). По словам Мюллера, текст повествовал о «варварских действиях гитлеровско-фашистской полиции», из-за которых «гетто превратилось в массовое захоронение и дымящуюся груду развалин». В программках был напечатан немецкий перевод англоязычного текста, однако вместо текста «Шма» стояло только название. В примечаниях указывалось, что это «старинная еврейская молитва», но ни древнееврейский оригинал, ни немецкий перевод приведен не был. Критик признал уничтожение Варшавского гетто историческим фактом, назвал и виновных («гитлеровские фашисты»), и жертв (упоминания о гетто и употребление слова *jüdische* — «еврейское»). Как мы увидим далее, в ГДР, когда речь шла о виновности и жертвах, подбирать слова нужно было особенно тщательно. Что касается музыки, Мюллер не одобрил додекафонию, обосновав свою точку зрения классовой идеей, но признал, что партитура представляет собой «иллюстративный, мрачный звуковой фильм», что, впрочем, «не препятствует развитию темы произведения»[7]. Тот факт, что автор аннотации не смог сказать ничего лучшего о произведении выдающегося композитора в преддверии национальной премьеры, отчетливо показывает, каким «камнем преткновения» действительно был Шенберг в ГДР 1950-х годов.

Все высказанное Мюллером до нелепости противоречило тому, что происходило на сцене: исполнение, по общему мнению, было безупречным и имело большой успех у публики. Это в немалой степени было заслугой маэстро, стоявшего за пультом. Герберт Кегель (1920–1990) был восходящей звездой в маленькой, зависимой стране, которая изо всех сил старалась взрастить дирижерский талант на собственной земле и сохранить его для себя. Кегель максимально использовал предоставленные ему возможности[8]. Он учился по классу фортепиано в Дрезденской консерватории, брал уроки игры на виолончели, изучал композицию у Бориса Блахера, дирижирование — у Курта Стриглера и Альфреда Штира, и боготворил Карла Бема. В 1940 году его призвали в немецкую армию, где он прослужил до конца 1945 года, причем немалое время — на Восточном фронте. Впоследствии Кегель признался, что «преступления, свидетелем которых он стал, не давали покоя его совести» и именно это побудило его обратиться к антивоенным произведениям, таким как «Диалог о Вьетнаме»

---

[7] Программка из архива хора MDR. Благодарю за помощь Рюдигера Коха, историка хора и артиста хора радио MDR.

[8] В отчете секретариату Центрального комитета от 20 июля 1956 года указывалось, что «несмотря на все усилия, ситуация с дирижерами в ГДР остается очень сложной»; в то время у некоторых крупных музыкальных коллективов даже не было постоянных дирижеров. Чиновники стремились взращивать таланты внутри страны, так как их сильно задела история с Клайбером и они больше не желали заискивать перед дирижерами из-за границы. В 1954 году Эрих Клайбер вернулся было на свой прежний пост главного дирижера Берлинской государственной оперы, но год спустя ушел в отставку, так и не проведя ни одного спектакля. Bundesarchiv (далее BArch) DY 30—IV 2/2.026/107 (SAPMOSEDZKBüroAlfredKurella), 4.

П. Дессау, «Плач по жертвам Хиросимы» К. Пендерецкого, «Лидице» Б. Мартину и «Уцелевший» Шенберга [Kuschmitz 2003: 23][9]. После войны он служил капельмейстером в Пирне и Ростоке, а затем перешел в лейпцигский оркестр MDR (*Mitteldeutscher Rundfunk* — Центрально-Германское радио, радиостанция Лейпциг). В августе 1949 года он стал хормейстером и музыкальным руководителем хора радио, а в 1953 году был назначен главным дирижером Симфонического оркестра и хора Лейпцигского радио. Под руководством Кегеля с его неутомимым перфекционизмом хор вскоре получил правительственную награду — орден «За заслуги перед отечеством» (Vaterländische Verdienstorden). В августе 1958 года в свои 38 лет он стал самым молодым главным дирижером в обеих Германиях[10].

Позиция, занимаемая Кегелем, была весьма влиятельной. LRSO, старейший оркестр радио в Германии, уже в 1924 году стал ведущим музыкальным коллективом MDR. С 1956 года, после реструктуризации государственной радиосистемы, он стал оркестром Радио ГДР, одной из трех восточногерманских радиостанций, вещающих по всей стране (наряду с Радио Берлина и Немецким радио). Как и в Западной Германии, у оркестров радио было больше возможностей знакомить слушателей с новой музыкой, чем у тех, что были приписаны к концертным залам, и Кегель надеялся вернуть оркестру репутацию поборника современного репертуара, которой он пользовался с 1920-х годов. Именно репертуар должен был отличать LRSO от другого, более известного и солидного музыкального коллектива города — Оркестра Гевандхауса.

Мы точно не знаем, как Кегель впервые познакомился с «Уцелевшим». Вероятно, партитуру он получил через неофициальную сеть знакомств — типичный для стран соцлагеря канал культур-

---

[9] О военной службе Кегеля почти ничего не известно.
[10] Deutschlands jüngster Generalmusikdirektor // Unser Rundfunk. 1958. Vol. 13. № 51. S. 7. Старший сын Кегеля, Уве Хассбеккер (р. 1960), — музыкант восточногерманской рок-группы Silly; младший, Бьерн Касапьетра (р. 1970), — поп-певец и актер.

Ил. 4. Герберт Кегель в Польше, октябрь 1958. С разрешения (частного) архива хора MDR

ной мобильности[11]. Возможно, свою роль сыграла его тесная дружба с композитором Паулем Дессау (1894–1979). Дессау, внук кантора, родился в Гамбурге. По свидетельству Кегеля, они познакомились в Лейпциге не позднее 1951 года, когда он дирижировал кантатой Дессау «Призыв рабочего класса»[12]. Затем последовали многочисленные премьеры, и дирижер, похоже, был прав, утверждая, что он «кажется, первым исполнил большинство

---

[11] О том, насколько эти неформальные связи были важны в Советском Союзе, см. [Schmelz 2009].

[12] Интервью, которое Кегель дал Гитте Никель 18 июня 1974 года. Архив П. Дессау в Берлинской академии искусств (Paul-Dessau-Archiv, далее PDA) 31.74.245. Я благодарю сотрудницу архива Даниэлу Райнхольд за помощь в обнаружении этого источника.

произведений Дессау» (цит. по: [Kuschmitz 2003: 54]). В эмиграции Дессау с помощью Лейбовица освоил додекафонию: тогда он расценивал ее как форму антифашистского сопротивления, и с течением времени этот метод не потерял для него свою значимость [Petersen 1993: 438]. К тому же он был лично знаком с Шенбергом: они подружились в Калифорнии, и Дессау очень восхищался старшим композитором. Он опубликовал по крайней мере две аналитические работы о музыке Шенберга, в том числе о «Кол нидре», но показать мастеру собственные партитуры стеснялся. В архиве Дессау сохранилось множество произведений Шенберга, в том числе полная оркестровая партитура «Уцелевшего», скопированная Лейбовицем в декабре 1947 года[13]. Хотя на его экземпляре отсутствуют пометки, которые говорили бы о тщательном изучении нот, отношение Дессау к музыке Шенберга позволяет предположить, что он был с ними знаком. «Уцелевший», безусловно, послужил образцом для «Еврейской хроники», сочинения, которое Дессау начал писать совместно с другими композиторами в 1960 году, в ответ на тревожный всплеск антисемитской активности в Западной Германии[14].

Хотя Дессау был самым очевидным связующим звеном между Кегелем и «Уцелевшим», многие лейпцигские музыканты также интересовались двенадцатитоновой техникой (Дессау жил в Цойтене, в 29 км к юго-востоку от Берлина). Фриц Хенненберг вспоминает, что в начале 1950-х годов, когда он приехал в Лейпциг изучать теорию музыки, у него сложилось впечатление, будто «они там всегда занимались Шенбергом и додекафонией»[15]. Хенненберг впоследствии играл важную роль на лейпцигской сцене новой музыки: он поддерживал связи с многочисленными издателями за пределами ГДР и помогал приглашать в город всемирно известных композиторов [Kuschmitz 2003: 59]. Вопрос о додекафонии был

---

[13] PDA 1.74.1421. Arnold Schönberg, A Survivor of Warsaw [sic] Lichtdr. (d. Abschr. v. R. Leibowitz).

[14] «Еврейская хроника» — кантата на либретто Й. Герлаха и музыку композиторов из ГДР — Дессау и Р. Вагнер-Регени — и из ФРГ: Б. Блахера, К.-А. Хартманна и Г. В. Хенце. О ее связи с «Уцелевшим» см. [Calico 2005].

[15] Электронное письмо Фрица Хенненберга автору от 20 мая 2009 года.

затронут на Втором съезде композиторов ГДР, проходившем в Лейпциге в октябре 1954 года: в протоколах заседаний зафиксирована бурная дискуссия на эту тему. Гарри Гольдшмидт утверждал, что опасно игнорировать разрушительную силу, заложенную в додекафонии. Вильгельм Нееф возразил, что мысленный скачок от раскрепощения музыкального материала к сбрасыванию атомных бомб завел Гольдшмидта слишком далеко, а Зигфрид Келер, которому, по-видимому, надоел этот спор, сообщил, что уже давно обсуждает вопросы двенадцатитоновой техники с коллегами из Лейпцигского отделения Союза композиторов [Klemke 2007: 192–193][16]. Когда в 1958 году LRSO с хором исполнил там «Уцелевшего», один лейпцигский критик уже мог с полным правом сообщить: «Недавно в Лейпциге мы услышали еще три двенадцатитоновых произведения», — добавим, что авторами всех трех были восточногерманские композиторы (Х. Эйслер, А. Матц и М. Буттинг)[17]. Додекафоническая музыка в городе продолжала исполняться и активно обсуждаться. В 1962 году, после смерти Эйслера, в Лейпциге разгорелась дискуссия о додекафонии — самая масштабная в ГДР культурно-политическая дискуссия о музыке со времен споров о формализме 1951 года [Klingberg 2004: 39–61].

Лейпцигские музыканты часто проверяли границы допустимого как в официальной, так и в неофициальной обстановке. Г. Х. Вольф (1906–1988), преподававший в Институте музыковедения Лейпцигского университета, устраивал у себя дома вечера с прослушиванием новой музыки и произведений, которые были запрещены во времена Третьего рейха; очевидно, записи присылала ему из Парижа его сестра[18]. В исследовательские интересы Вольфа входила музыка как XIII–XVI, так и XX века; в своей публичной вводной лекции, прочитанной в институте в 1953 году, он объединил эти две темы, рассказав о Палестрине и Шен-

---

[16] См. также: SAPMO-BArch DY 30/IV 2/9.06/282 (Akte), S. 233–271. Kongress des VDK vom 23.-31.10.1954 in Leipzig.

[17] Wolf W. Aus dem Musikleben von Leipzig // Musik und Gesellschaft. 1958. № 5. S. 51–52.

[18] Электронное письмо Вернера Вольфа, бывшего ученика Гельмута Вольфа, автору от 17 мая 2009 года.

берге; по воспоминаниям Хенненберга, на лекции присутствовал философ Эрнст Блох. Хенненберг также вспоминает, что в бытность студентом Вольф предоставил ему возможность посещать Летние музыкальные курсы в Дармштадте[19]. Г. Хейер (1898–1982), преподававший музыковедение в Лейпцигской высшей школе музыки в 1946–1966 годах, также регулярно устраивал для студентов домашние вечера с прослушиванием новой музыки. Некоторые из посещавших эти собрания полностью допускали, что на каком-то из них звучал и «Уцелевший», хотя точно никто этого не помнит. Очевидно, Хейер получал записи от швейцарского друга или родственника, который регулярно отправлял ему по почте пластинки[20].

Лейпциг мог похвастаться интересом не только к серьезной модернистской музыке, но и к джазу: здесь имелись и свои ансамбли, и джазовые концертные площадки, и даже специализированные курсы в университете. Во второй половине 1950-х годов поп-музыка была для СЕПГ, правящей партии ГДР, предметом непреходящей тревоги. Центральной фигурой лейпцигской джазовой сцены был Регинальд Рудорф, член партии, в середине 1950-х годов часто критиковавший режим и регулярно вступавший в конфликты с властями. В 1957 году он был арестован Штази и два года отсидел за шпионаж, после чего эмигрировал на Запад. (Отметим, что Мюллера, автора аннотации к программе, о которой шла речь выше, Рудорф знал по дискуссиям о джазе: по

---

[19] Электронное письмо Фрица Хенненберга автору от 20 мая 2009 года. Гельмут Христиан Вольф был снят с профессорской должности за попытку печатно критиковать режим. См. [Klingberg 1996: 136].

[20] Эти сведения почерпнуты мною из интервью, взятого в Лейпциге 14 мая 2009 года у Вернера Вольфа, бывшего музыкального критика «Leipziger Volkszeitung», нынешних и бывших хористов MDR Хорста-Дитера Кноррна, Зигфрида Мюллера и Беттины Райнке-Вельш, а также Хельги Кушмиц, продюсера и программного директора. Я благодарю их, а также Бернда-Михаэля Графе за помощь в организации интервью — это лишь одна из многочисленных любезностей, которые он оказал мне в Лейпциге. Наследие Хейера хранится в лейпцигской Высшей школе музыки и театра им. Ф. Мендельсона-Бартольди. Благодарю доктора Барбару Вирман, сотрудницу библиотеки и архива Высшей школы, за помощь в работе с этим собранием.

его отзыву, это был «старый коммунист, сторонник Ульбрихта и враг всего современного искусства, особенно джаза» [Rudorf 1964: 58][21].) В июле 1959 года побег на Запад совершил еще один лидер музыкальной жизни Лейпцига — дирижер Курт Хенкельс: хотя концерты, на которых он с Танцевальным оркестром Лейпцигского радио исполнял свинговые стандарты, пользовались неизменным успехом, ему, по всей вероятности, надоело постоянное вмешательство государства в его репертуар и гастрольные планы. Лейпциг снискал себе такую музыкальную репутацию, что Центральное управление кадров Министерства культуры включило в свой план работы на 1958 год специальный пункт: «взять под контроль» Лейпцигскую высшую школу музыки[22]. Тем не менее, как вспоминают бывшие участники хора LRSO, музыканты считали, что в Лейпциге им многое «сойдет с рук», так как внимание властей было постоянно приковано к Берлину[23].

Кегель со своим ансамблем не смог бы организовать исполнение «Уцелевшего» без помощи Вернера Зандера (1902–1972). Зандер, уроженец Бреслау, учился в берлинской консерватории Штерна в 1918–1921 годах (уже после Шенберга, преподававшего там в 1902–1903, а потом в 1911 году), после чего вернулся в Бреслау, где давал частные уроки игры на фортепиано и вокала, занимался музыкальной критикой и дирижировал городскими хорами. После прихода нацистов к власти Зандер работал в Еврейском культурном обществе и Еврейском культурбунде своего родного города, пока его не арестовали и не отправили в лагеря — Курцбах и Грюнталь. В 1950 году он стал кантором Лейпцигской еврейской религиозной общины (*Israelitische Religionsgemeinde*, IRG), а два года спустя основал любительский хор, который в начале 1960-х годов объединил со своим синагогальным хором; этот ансамбль существует и по сей день под названием Лейпцигский

---

[21] О Р. Рудорфе см. [Poiger 2000: 137–167].

[22] BArch DR 1/8223 (Министерство культуры, секретариат министра Иоганнеса Р. Бехера), планы работы отделов Министерства культуры, декабрь 1957 — август 1958 года.

[23] Интервью с Кушмиц, Кноррном, Мюллером и Райнке-Велыш, 14 мая 2009 года.

синагогальный хор[24]. В 1969 году Зандер записал альбом «Сокровища еврейского фольклора» (*Kostbarkeiten jüdischer Folklore*) с участием Синагогального хора и LRSO. По мнению историка Ш. Хельда, после 30-летней годовщины Хрустальной ночи, отмеченной в 1968 году, в ГДР начали замечать существование евреев именно как евреев, и не только в пропаганде, но и в повседневной жизни [Held 1995: 43].

По воспоминаниям двух хористов, участвовавших в исполнении «Уцелевшего» в 1958 году, в их ансамбле не было певцов-евреев, и Кегель пригласил Зандера, чтобы тот в ходе репетиций научил их правильно произносить древнееврейский текст[25]. Отсутствие в хоре евреев не удивляет: официально зарегистрированное еврейское население ГДР составляло не более нескольких тысяч, и те в основном были сосредоточены в Берлине. Даже если бы в хоре были евреи, нет никаких оснований предполагать, что они могли бы читать или произносить древнееврейские слова. В 1958 году в Лейпциге проживала лишь горстка евреев, публично заявлявших о своем еврействе. В 1933 году Лейпцигская IRG насчитывала 11 564 зарегистрированных члена; в мае 1945 года община была восстановлена группой, состоявшей всего из 15 выживших. Несколько человек вскоре после этого вернулось из Бухенвальда, а в течение лета из Терезина и других лагерей прибыло еще 260 выживших. В январе 1949 года численность общины достигла максимума, составив 368 человек, но в следующем десятилетии стала вновь сокращаться по мере того, как евреи эмигрировали в Израиль и на Запад. К 1956 году в общине осталось всего 177 человек [Held 1995: 73][26]. Община была

---

[24] Биография Зандера излагается по статье Ш. Хельда «Вернер Зандер» в [Goldenbogen, Aris 2001: 170–171].

[25] Интервью с Кноррном и Мюллером, 14 мая 2009 года. В документах общины это не отражено; правда, документация за 1950-е годы в целом довольно скудна.

[26] Статистические данные в разных источниках слегка разнятся, но по любым подсчетам население было мизерным. См. также [Hollitzer 1994: 223; Mertens 1997: 29; Dennis, LaPorte 2011: 28–60]. О руководителях Лейпцигской еврейской религиозной общины (IRG) в первые послевоенные годы см. главы 4–6 диссертации Р. А. Уиллингема [Willingham 2005].

настолько мала, что в ней даже не было раввина, поэтому духовными вопросами занимались Зандер и руководители-миряне. По-видимому, единственным связующим звеном между IRG и лейпцигским исполнением «Уцелевшего» был кантор.

Еврейство и антифашизм в ГДР

Читателям XXI века, должно быть, трудно понять, как можно было усмотреть в «Уцелевшем» что-то иное, чем произведение, конкретным и очевидным образом повествующее о судьбе евреев. Столь же непостижимым кажется тот факт, что в послевоенной антифашистской идеологической программе, в центре которой стояла борьба с нацизмом, не нашлось места признанию трагедии Холокоста. По сути, этот десемитизированный антифашизм, из которого была полностью исключена еврейская тема, представлял собой мифологему, на которой строилась вся идеология ГДР. По словам социолога М. Р. Лепсиуса, восточногерманская интерпретация национал-социализма как абстрактного, обобщенного фашизма была средством универсализации нацистского прошлого [Lepsius 1993: 229–245]. Такое понимание снимало с ГДР часть ответственности за события прошлого, в том числе Холокост, а также облегчало адаптацию антифашистской риторики к борьбе с новым врагом в холодной войне — США. В 1949 году, когда была создана ГДР, провозглашенная антифашистским, социалистическим немецким государством, СЕПГ взяла на вооружение своеобразное определение фашизма, сформулированное Г. Димитровым на VII конгрессе Коминтерна в 1935 году: «открытая террористическая диктатура наиболее реакционных, наиболее шовинистических, наиболее империалистических элементов финансового капитала» (цит. по: [Фостер 1959: 416]). Согласно этому определению, фашизм — это порождение поддерживаемого финансовым капиталом империализма, никак не связанное с геноцидальной составляющей нацизма. В такой версии «фашизма без евреев» антисемитизм, равно как его последствия для евреев, мог успешно замалчиваться; в результате восточногерманский антифашизм также оказался десемитизированным. Когда в социалистическом лагере наконец признали Холокост, его интерпретировали как показатель «последней, кризисной фазы капитализма», как очередной удар по социально-экономической системе, на которую коммунисты возлагали главную вину в появлении фашизма [Fox 2004: 422][27].

От этого был один шаг до того, чтобы и восстание в Варшавском гетто объявить исключительно антифашистским актом. В 1949–1958 годах в ГДР было возбуждено девять уголовных дел о военных преступлениях, совершенных солдатами в Варшаве; из них только два касались действий, совершенных в гетто, причем подсудимые обвинялись не только в них; остальные семь дел были связаны с разрушением города в 1944 году [Rüter et al. 2002–2010][28]. Таким образом, в ГДР преступления, совершенные в Варшавском гетто, проходили по общей антифашистской статье, — не более и не менее.

В 1944 году Бернард Марк, польский еврей-коммунист, который провел годы войны в СССР, а потом вернулся в Польшу, опубликовал в Москве книгу о восстании на польском языке[29]. Первый немецкий перевод [Mark 1957] вышел в 1957 году в Восточном Берлине, в издательстве Dietz Verlag, публиковавшем труды столпов коммунизма: в том же году оно выпустило тома из собраний сочинений Люксембург, Маркса и Энгельса, а также последние речи советских вождей. Выход книги Марка именно в «Дице» ясно указывал на то, что восстание в Варшавском гетто следует трактовать в свете коммунистической антифашистской идеологии — модель, из которой исключены евреи и их страдания. Не-

---

[27] Благодарю Дэна Стоуна за помощь в этом вопросе.

[28] За помощь в этом вопросе я благодарю Уилла Ролла.

[29] Mark B. Powstanie w Getcie Warszawskiem. М.: тип. «Искра революции», 1944 (Библиотечка Союза Польских Патриотов в СССР). Сокращенная версия на русском языке была включена И. Г. Эренбургом и В. С. Гроссманом в «Черную книгу» в 1945 году, однако книга была запрещена к публикации и впервые вышла в Иерусалиме в 1980 году. См.: Черная книга / Сост. под ред. В. С. Гроссмана и И. Г. Эренбурга. Иерусалим: Институт Памяти жертв нацизма и героев сопротивления «Яд Вашем»; Израильский институт исследования современного общества, 1980. С. 443–480. — *Прим. перев.*

которые ученые, например Дж. Херф и Дж. Г. Геллер, считают, что ГДР по сути своей была антисемитским государством; тот же Херф, а также С. Мойшель, М. Кесслер, Т. Хори и А. Тимм убедительно доказывали, что антисемитизм и антисионизм в Восточной Германии были тесно взаимосвязаны, как случается сплошь и рядом. Традиционные коды антисемитизма, укоренившиеся в европейской христианской культуре, нашли отражение во внешнеполитическом дискурсе, отвергавшем легитимность еврейского государства (антисионизм) [Herf 2007: xv–xvi; Geller 2005; Meuschel 1992; Kessler 1995; Haury 2002; Timm 1997]. По словам Тимм, СЕПГ выступала против сионизма, поскольку видела в нем «национализм привилегированных классов», враждебный международному рабочему движению. Однако, как только ГДР по советскому примеру поддержала арабские страны, выступавшие против Израиля, в антисионистскую риторику с легкостью проникли «антисемитские стереотипы и предрассудки»[30].

В этом контексте весьма показательна политическая ориентация Дессау: его пример, во-первых, демонстрирует, с какими сложностями сталкивались те, кто причислял себя и к левым, и к евреям, а во-вторых, свидетельствует о том, что неприятие государства Израиль не всегда служило политическим прикрытием антисемитизма. До вступления в СЕПГ Дессау был членом коммунистических партий Германии и США и внешнюю политику своей партии поддерживал потому, что считал Израиль порождением империализма; при этом он был ярым противником антисемитизма в Германии. В 1967 году Дессау писал Отто Клемпереру, что он, конечно же, еврей, но не израильтянин [Nagel 2003: 230]. Что касается Кегеля, то, если у него и были какие-то мнения о евреях Восточной Германии или о государстве Израиль, нам его позиции неизвестны. Но можно с уверенностью сказать, что он задумал и осуществил исполнение «Уцелевшего» отнюдь не потому, что это соответствовало официальной государственной политике сочувствия еврейским жертвам.

---

[30] См. [Herf 1997; Geller 2005: 62–63, 64]. А. Тимм кратко суммирует их аргументы [Timm 2007: 186–205].

Многое проясняют правовые отношения между еврейством и восточногерманским государством, существовавшим в 1945–1949 годах в виде советской оккупационной зоны, а потом собственно ГДР. Официальными посредниками между государством и его еврейскими гражданами служили религиозные общины. Евреи, не состоявшие в общинах, для государства не существовали *как евреи* и не фигурировали в официальной статистике (если только, как мы увидим ниже, речь не шла об известной личности, не пользовавшейся благосклонностью властей). Большинство переживших Холокост, тех, кто подвергался преследованиям за то, что они евреи, не вступили в восстановленные общины, так как до 1933 года в них не состояли [Mertens 1997: 22]. Учитывая разнообразие критериев, по которым определяется еврейство, согласно некоторым оценкам, лишь десятая часть евреев ГДР официально идентифицировала себя как евреев; некоторые вообще избегали религиозных общин, чтобы не стать легкой мишенью для антисемитов [Hollitzer 1994: 217]. Конституция ГДР гарантировала свободу вероисповедания (или, точнее, свободу *от* вероисповедания), и в официально-бюрократической сфере слово «еврей», по идее, обозначало всего лишь религиозную принадлежность, так же как «протестант» или «католик», а еврейские религиозные общины, согласно этой логике, были просто аналогами христианских церквей [Geller 2005: 161]. Однако еврейские общины сталкивались с особыми трудностями, так как их религиозная идентичность была неразрывно связана с двумя весьма болезненными светскими, правовыми вопросами: статусом жертвы и реституцией.

Официальный статус жертвы фашизма (*Opfer des Faschismus*, или OdF) не был простой формальностью. Статус OdF в советской оккупационной зоне, а затем и в ГДР, был необходим для получения сколько-нибудь значимой социальной помощи. Многие коммунисты поначалу вообще выступали против предоставления статуса жертв фашизма евреям, но в конце концов пошли на компромисс: участникам политического сопротивления присваивалось дополнительное звание «борец» (*Kämpfer*), которое отличало бы их от «рядовых» жертв — тех, кто не оказывал сопротивления и, следовательно, как считалось, сам был отчасти виноват в своих бедах [Groehler 1993: 105–127]. Из 18 учрежденных в 1946 году категорий жертв, имевших право на получение помощи, категория «жертвы нюрнбергских законов», в том числе «носившие [желтую] звезду», была самой последней [Там же: 100]. В 1947 году все комитеты защиты жертв фашизма, преследовавшие особые интересы, были слиты в единую организацию — Объединение преследовавшихся нацистским режимом (VVN, *Vereinigung der Verfolgtendes Naziregimes*), главной функцией которого было следить за соблюдением стандартных критериев и контролировать выплаты. Еврейские религиозные общины объединились в Государственную ассоциацию еврейских общин ГДР (*Landesverein der Jüdischen Gemeinden in der DDR*), надеясь, что таким образом им удастся более эффективно представлять свои интересы в VVN и других официальных структурах, однако им не удалось добиться отмены демаркационной линии между политическими жертвами и жертвами-евреями[31]. В 1953 году VVN бесцеремонно разогнали, а вместо него учредили Комитет борцов антифашистского сопротивления (*Komitee der antifaschistischen Widerstandskämpfer*). О том, как мало эту организацию интересовали еврейские проблемы, говорит уже само ее название.

Реституция была отдельным и еще более болезненным правовым вопросом. Немецкое слово буквально означает *Wiedergutmachung*, «возвращение добра», хотя, как заметила М. Фулбрук, это «чудовищное преуменьшение или ошибочное название», так как никакие деньги или материальные блага не способны возместить такие потери [Fulbrook 1999: 65][32]. Тем не менее, пока регион находился под советским контролем, евреям было возвращено значительное количество общинной собственности — в основном кладбища, общественные здания и синагоги [Timm 1997:

---

[31] О еврейских общинах и политических организациях в первые послевоенные годы см. главы 3 и 5 в книге Геллера «Евреи в Германии после Холокоста» [Geller 2005].

[32] Замечание Фулбрук касается реституции в Западной Германии, но оно не менее справедливо и по отношению к ГДР.

68]. Гораздо хуже обстояло дело с попытками вернуть отдельным евреям частную собственность. В 1947, а потом и в 1948 году во все пять парламентов страны были внесены законопроекты, предусматривавшие, помимо прочего, возвращение частной собственности лицам, чье имущество было изъято в период с 30 января 1933 года по 8 мая 1945 года «по причинам расового, религиозного, идеологического или политического противостояния национал-социализму» [Там же: 69]. Даже с поправкой, согласно которой лица, требующие реституции, должны были на момент подачи заявления проживать в советской оккупационной зоне (поправка, которая существенно сократила бы число ходатайств), эти законопроекты так и не были приняты, несмотря на поддержку нескольких влиятельных членов СЕПГ, в первую очередь П. Меркера (1894–1969).

По мере укрепления власти СЕПГ, вылившегося в официальное создание ГДР в 1949 году, обстановка становилась для евреев все менее благоприятной [Geller 2005: 122]. Согласно антифашистской доктрине СЕПГ, коммунисты-ветераны героически сражались с нацистами, подвергались преследованиям за свое сопротивление, а теперь наконец построили на немецкой земле социалистическое государство. Евреи в этот миф никак не вписывались. А самое главное, вероятно, было в том, что обретение национального суверенитета совпало с партийными чистками, начавшимися в то время в СССР и распространившимися по всему социалистическому лагерю. Чистки проводились якобы для того, чтобы изгнать из партийных рядов бывших членов местных компартий: считалось, что те могут, презрев советские директивы, вернуться к националистическим программам. Однако чистки также давали возможность устранить с высоких постов партийцев-евреев под предлогом искоренения «космополитизма» (хотя большинство из них даже не идентифицировало себя как евреев). В частности, в ГДР в декабре 1952 года с поста директора Управления информации был уволен Эйслер, и есть свидетельства того, что СЕПГ готовила против него показательный судебный процесс [Pike 1992: 572, прим. 117]. Когда репрессии распространились с известных политиков на религиозные общины, члены общин начали спасаться бегством. В декабре 1952 — январе 1953 года из ГДР на Запад уехало 365 из 3000 членов еврейского религиозного сообщества [Ludwig 1994: 234][33]. В их числе был Ю. Майер, член СЕПГ, президент Ассоциации еврейских общин ГДР и глава лейпцигской религиозной общины.

Следует отметить, что в сфере культурной политики антисемитизм как инструмент политического давления не имел систематического применения. Среди видных музыкальных деятелей ГДР было немало евреев (хотя публично их почти никогда не называли таковыми), которые так и остались на своих высоких постах. Музыковеды Натан Нотович, Эрнст Герман Мейер, Гарри Гольдшмидт, Георг Кнеплер и Эберхард Реблинг были настолько влиятельны, что их группа получила прозвища «могучая кучка» и «берлинская клика». Из них первые четверо были евреями, а Реблинг был женат на голландско-еврейской певице Лин Ялдати, известной исполнительнице песен на идише[34]. Верность партии была превыше всего прочего. Однако, если требовалось приструнить какого-нибудь неугодного еврея, руководство СЕПГ охотно выкладывало антисемитский козырь; таким образом, видные деятели всегда были потенциально уязвимы, даже если одного еврейского происхождения было недостаточно, чтобы не допустить их на руководящие посты. В 1951 году, когда чиновники от культуры подвергли критике оперу Дессау на либретто Брехта «Осуждение Лукулла», публичным козлом отпущения стал именно Дессау, хотя, судя по внутренним документам, недовольство властей навлекло на себя именно либретто Брехта,

---

[33] Всего уехало около 500 человек, но, поскольку берлинская община не входила в то время в Ассоциацию общин ГДР, она не учтена этой статистикой.

[34] По-видимому, идишские песни проходили скорее по ведомству фольклора, чем еврейской культуры. С самого своего возвращения в ГДР в 1952 году Реблинг и Ялдати исполняли народные песни на идише публично, иногда даже на официальных мероприятиях. В своей общей автобиографии они рассказывают, как их однажды пригласили дать концерт из идишских песен в партийной школе в Клейнмахове, но приглашение было отменено, как только организаторы узнали, что Ялдати в самом деле еврейка. В 1966 году они опубликовали сборник еврейских песен на идише и записали пластинку. См. [Jaldati, Rebling 1995].

а не музыка Дессау. Весной 1953 года Х. Эйслер, еврей, много лет придерживавшийся левых взглядов, также подвергся публичному шельмованию из-за либретто, которое он написал для своей будущей оперы «Иоганн Фауст»[35].

После 1949 года выяснилось, что обобщенный дискурс исторического антифашизма вполне пригоден для противостояния новому врагу — Америке, грозившей развертыванием своего устрашающего ядерного арсенала, не говоря уже о поп-музыке, а также ее союзникам, особенно Западной Германии и Израилю. Угроза ядерного уничтожения витала в воздухе. В 1946 году США представили в ООН план Баруха по контролю ядерных вооружений, однако он был отвергнут Советским Союзом. Контрпредложение СССР — полностью отказаться от ядерного оружия, — в свою очередь, не устроило американцев; так была запущена гонка вооружений, сопутствовавшая холодной войне. Такое развитие событий еще сильнее разжигало пропаганду о фашистских тенденциях США. В 1955 году восточные немцы с растущей тревогой наблюдали за началом перевооружения Западной Германии: они был уверены, что общая граница с американским союзником несет в себе угрозу применения тактического ядерного оружия. В то время в обеих Германиях начались исследования в области ядерной энергетики. В 1956 году ГДР построила ядерный реактор в исследовательском центре Россендорф в Дрездене, а год спустя Западная Германия стала первой страной, подписавшей учредительные документы Европейского сообщества по атомной энергии. 31 марта 1958 года СССР объявил, что прекратит ядерные испытания, если западные державы поступят так же.

Угроза ядерной войны и была политическим фоном, на котором развивалось музыкальное исполнительство и культурное строительство, о чем свидетельствует, в частности, перепалка между Гольдшмидтом и Неефом на съезде Союза композиторов

---

[35] Об этой кампании против Дессау и Эйслера см. главу 4 нашей работы «Брехт в опере» [Calico 2008]. Дессау и братья Ханс и Герхард Эйслеры находились под пристальным наблюдением, так как, в отличие от руководителей СЕПГ, провели годы войны в США, а не в СССР.

1954 года. К 1958 году напряженность значительно возросла, и 10 апреля на заседании центрального правления Союза композиторов была поднята тема создания ядерного оружия в Западной Германии. Первый секретарь Союза Н. Нотович выразил обеспокоенность по поводу «кризиса» у соседей и высоко оценил усилия различных отделений организации, принявших участие в общественных протестах[36]. На программках концертов LRSO сезона 1957/58 годов, в том числе и того, в рамках которого менее недели спустя состоялась премьера «Уцелевшего», теперь красовался лозунг: «Зона, свободная от атомного оружия, обеспечивает безопасность и мир в Европе!» Летом 1958 года международные эксперты собрались в Женеве для переговоров о запрете ядерных испытаний. Союз композиторов ГДР организовал кампанию по написанию своим представителям на переговорах писем в поддержку разоружения[37].

Характер восточногерманского антифашизма как «антифашизма без евреев» и переориентация антифашистской риторики на борьбу с новой, ядерной опасностью особенно остро проявились в официальном дискурсе, связанном с концлагерем Бухенвальд, где 14 сентября 1958 года был открыт мемориальный комплекс. Церемонию открытия организовал и провел Комитет антифашистских борцов сопротивления. Херф достаточно подробно проанализировал официальное заявление, посвященное этому событию:

> «В честь погибших» и «во имя живых» память призвала «всех нас» к действию. «Германский милитаризм, — гласил документ, — снова представляет серьезную опасность для мира в Европе» и угрожает «безопасности и независимости народов. Вновь милитаристская и фашистская клика в Западной Германии проявляет агрессию против миролюбивых народов». В заявлении осуждались планы Западной Герма-

---

[36] Союз композиторов и музыковедов ГДР, 87-е совещание центрального правления, заседание от 10 апреля 1958 года, Веймар. VKM, Akademie der Künste, Berlin (далее AdK VKM).

[37] Переписка с региональными отделениями о международном положении, 1955–1959. AdK VKM 157.

нии передать атомное оружие и ракеты в руки «фашистских убийц» и «старых нацистских генералов». В нем также содержалось требование немедленно прекратить испытания ядерного оружия, сделать Центральную Европу безъядерной зоной, провести переговоры о разоружении, разрядке напряженности и мире [Herf 1997: 177–178].

Иными словами, заключает Херф, «в Бухенвальде "борьба" с милитаризмом и фашизмом теперь означала противодействие перевооружению Западной Германии, а противостояние холодной войне приравнивалась к примирению с прошлым (*Vergangenheitsbewältigung*)». Открывая мемориал в концентрационном лагере, государство почтило память своих политических предшественников, но, что примечательно, сумело избежать признания еврейской катастрофы. Вместо этого комитет воспользовался случаем, чтобы «дать понять, что Восточная Германия поддерживает арабов в ближневосточном конфликте» с Израилем [Там же: 178]. Заявление по случаю открытия Бухенвальдского мемориала в точности отражало характер восточногерманской антифашистской риторики 1958 года, десемитизированной даже в контексте увековечения памяти узников концлагеря и вольно адаптированной для борьбы с сионистской и ядерной угрозой, исходящей от противника в холодной войне. Даже история Анны Франк была препарирована в том же ключе. Четырнадцатиминутный документальный фильм киностудии ДЕФА «Дневник для Анны Франк» (1958) не имел никакого отношения ни к самой Анне, ни к Холокосту; история Анны Франк послужила лишь поводом для того, чтобы привлечь внимание к бывшим нацистам, безнаказанно доживающим свои дни в Западной Германии, и, таким образом, еще раз напомнить, что единственной Германией, по-настоящему боровшейся с фашизмом, была ГДР[38]. Таков

---

[38] Фильм «Дневник для Анны Франк» (*Eine Tagebuch für Anne Frank*) режиссера И. Хельвига был снят в конце 1958 года и вышел в прокат в начале 1959-го. О фильме, а также о программе памяти Анны Франк, спустя много лет подготовленной Лин Ялдати, см. [Kirschnick 2009]. Киршник называет эту документальную ленту «агитпропом».

был широкий культурно-политический контекст, в котором исполняли, слушали и рецензировали «Уцелевшего» восточные немцы в 1958 году.

Бюрократическая чехарда

Даже если Кегель познакомился с «Уцелевшим» благодаря личным неофициальным связям, то для того, чтобы исполнить произведение на концерте, организовать трансляцию этого концерта по государственному радио и записать пластинку, требовались официальные каналы. Чтобы получить к ним доступ, нужно было преодолеть множество бюрократических рогаток[39]. Работа радиостанций контролировалась на многих уровнях, вплоть до Центрального комитета, Министерства культуры и, конечно же, Штази. Речь шла не просто о выборе произведения, аренде партитуры, репетициях и исполнении: музыка должна была соответствовать политике СЕПГ в отношении радио, которое рассматривалось в первую очередь как инструмент пропаганды. Ниже я описываю этот процесс, чтобы показать, что включение «Уцелевшего» в концертную программу должно было быть одобрено в нескольких, порой дублирующих друг друга бюрократических инстанциях, причем в любой из них можно было получить отказ, который привел бы к крушению всех планов.

К 1958 году у каждой из трех государственных радиостанций появилась своя роль в политической повестке правящей партии, а освещать вопросы общегосударственной важности было поручено Радио ГДР. Его руководитель Вольфганг Кляйнерт объявил свою радиостанцию «радио номер один» для всех граждан ГДР [Dussel 2004: 140–141]. Основной задачей музыкальных радиоансамблей было не концертирование, а производство звукозаписей,

---

[39] Номинально Кегель тоже был членом Союза композиторов и музыковедов. Эта организация оказывала очень мало воздействия на исполнителей, зато имела огромное значение для карьер композиторов и музыковедов, так как подчинялась музыкальному ведомству Министерства культуры. Подробно о структуре бюрократического аппарата СЕПГ см. [Amos 2003].

чтобы радиостанция всегда располагала приемлемым материалом для вещания. Как правило, ансамбль сначала записывал произведение, а потом исполнял его в концерте (правда, в данном случае все было наоборот: LRSO сначала сыграл концерт, а потом записал произведения: 17 апреля «Уцелевшего», а 24 апреля — 11-ю симфонию Шостаковича). В отличие от других программ, музыкальными радиопередачами ведал не только радиокомитет, но и Министерство культуры, и эта двойная юрисдикция могла создать множество проблем.

В целом процедура была следующей: репертуар для радиоансамбля подбирал музыкальный директор радиостанции — на Радио ГДР эту должность занимал Макс Шпильхаус. При этом дирижер мог вносить свои предложения — а Кегель и Шпильхаус, по-видимому, были солидарны в том, что LRSO должен нести в массы новую музыку, — но отвечал за репертуар именно музыкальный директор[40]. Свои решения он принимал после консультаций с музыкальными директорами двух других станций и с учетом таких факторов, как текущие политические события, даты рождения или смерти композиторов, политические взгляды здравствующих композиторов и необходимость представлять музыку соцстран. Однако прежде, чем взять напрокат партитуру или отрепетировать хотя бы один такт, Шпильхаус должен был пройти целую бюрократическую лестницу, первой ступенью которой был Комитет по вопросам музыки (*Komitee für Musikfragen*), возглавляемый Францем Шпильгагеном. 27 января 1958 года комитет собрался, чтобы согласовать для радиоансамблей годовой план звукозаписей, которые должны были быть выпущены народным предприятием «Немецкие грампластинки» (VEB Deutsche Schallplatten). Шпильхаус высказался в том плане, что неплохо было бы Кегелю и LRSO записать «Уцелевшего», и его

---

[40] Хорст Флигель, с 1973 года сотрудничавший с ними как председатель Отдела музыки (ранее Комитета по делам музыки), сообщает, что Кегелю в то время была предоставлена значительная творческая свобода в составлении программ, и Шпильхаус никогда не находил причин вмешиваться, что наводит на мысль, что их взгляды на перспективы и возможности LRSO совпадали (электронное письмо Флигеля автору, 31 марта 2010 года).

инициатива тут же была подхвачена[41]. Предложение Шпильхауса поддержал Гельмут Кох, второй после Шпильгагена человек в руководстве и весьма влиятельная личность: предполагалось, что у него были самые тесные связи с Центральным комитетом СЕПГ [Walther 1961: 167][42]. Далее уже Шпильгаген от лица Комитета по вопросам музыки представил это предложение вышестоящей инстанции — Государственному радиокомитету (*Staatliches Rundfunkmitee*, или *Staatliches Komitee für Rundfunk* — SRK), в ведении которого находились все радиопрограммы, в том числе музыкальные. Радиокомитет был подчинен пресс-службе Совета министров, но подотчетен Альберту Нордену, секретарю ЦК СЕПГ по вопросам агитации и председателю Агитационной комиссии Политбюро [Dussel 1999: 135].

Двойная роль Нордена подтверждает, что радио в ГДР выполняло в первую очередь идеологические задачи, а развлекательная функция считалась делом десятым. Благодаря своей вездесущности радио рассматривалось как идеальное средство информирования, просвещения и других форм воспитания граждан, большинство из которых слушало радио постоянно. Согласно отчету Восточногерманской службы новостей, опубликованному 24 марта 1958 года, около 5,15 миллиона восточногерманских семей имело дома радиоприемники, а радиослушатели составляли 95 % всех граждан старше пятнадцати лет [Walther 1961: 175]. Однако, как это ни было печально для СЕПГ, они далеко не всегда слушали именно восточногерманские радиостанции. Опрос, проведенный в 1956 году восточноберлинской газетой «BZ am Abend», показал, что 70 % населения регулярно слушало западногерманское радио.

Согласно опросу, проведенному в 1958 году в Мюнхене среди 1075 беженцев из Восточной Германии, возможность слушать западное радио в ГДР имело 93 % респондентов; большинство из

---

[41] BArch DR 6/261 (Государственный радиокомитет [Staatliches Rundfunk komitee, SRK], переписка с KfMF 1953–1958). Протокол 4 рабочего совещания, 27.01.1958. Кегель и музыканты сделали запись неделю спустя после концерта, однако пластинка тогда не была выпущена.

[42] Г. Вальтер также приводит весьма наглядную схему прохождения бюрократических инстанций [Там же: 215].

них слушало в основном новости и репортажи с Запада [Там же: 187]. Восточногерманское радио не могло сменить политическую линию, чтобы удержать слушателей, поэтому чиновники решили проблему окольным путем, сосредоточившись на музыкальных программах. К 1959 году на радио ГДР музыке было посвящено уже около 70 % эфирного времени; три радиостанции в общей сложности транслировали музыку около шестидесяти часов в сутки. Таким образом, самая большая музыкальная аудитория в ГДР была у радио: оно охватывало гораздо больше слушателей, чем ансамбли, выступавшие только в концертных залах.

Отдавая все больше эфирного времени музыкальным передачам и выбирая для них музыку определенного характера и стиля, руководство стремилось задобрить и удержать слушателей. Программы составлялись на основе анкет, распространяемых Радиокомитетом, и писем радиослушателей, в которых те высказывали свое одобрение или (чаще) недовольство текущими передачами. Публике хотелось, чтобы по радио звучало больше легкой и танцевальной музыки (*Unterhaltungs- und Tanzmuzik*), и Радиокомитет был готов пойти навстречу этому пожеланию, но чиновников беспокоило засилье в программах американского репертуара. Министерство культуры было с ними солидарно и постановило, чтобы с 1 февраля 1958 года 60 % эстрадного репертуара радиостанций составляла музыка социалистических стран. Министерство также вложило значительные средства в государственную фирму звукозаписи «Немецкие грампластинки» (VEB Deutsche Schallplatten Berlin), что позволило ей увеличить выпуск пластинок обеих своих торговых марок — «Этерна» (в основном классическая музыка и отчасти агитационная) и «Амига» (эстрада): в 1958 году «Этерна» выпустила почти вдвое больше записей, чем в 1957-м. При этом почти половина продукции «Немецких грампластинок» 1958 года вышла под маркой «Этерна»; это наводит на мысль, что Министерство культуры, чтобы отвадить публику от американской поп-культуры, пыталось, помимо прочего, приучить ее к серьезной, академической музыке [Laux 1963: 344–345].

Если Штази в тот период и проявляла повышенный интерес к Кегелю или LRSO, никаких документальных свидетельств этого нет (хотя, как известно, отсутствие доказательств не является доказательством отсутствия, особенно учитывая количество документов, уничтоженных Штази в конце 1989 — начале 1990 года). Конечно же, все сотрудники Радио ГДР находились под надзором Штази, как гласным, так и негласным. К тому же, как отмечает Г. Брюс в книге, посвященной истории Штази, «повседневная жизнь в Восточной Германии не сводилась к Штази, однако без оглядки на Штази невозможно понять повседневную жизнь в Восточной Германии» [Bruce 2010: 12]. Официальным представителем Штази на Радио ГДР была Элли Пиппиг, начальник отдела кадров. На такие посты назначали только членов СЕПГ, а регулярные отчеты в Штази входили в их должностные обязанности. Для режима Восточной Германии, возможно, и не было характерно физическое насилие, как в других тоталитарных государствах, но тем не менее он пронизывал собой все сферы жизни; недаром некоторые исследователи подчеркивают, что «сила Штази в умении контролировать жизненные возможности, не прибегая к помощи террора». Штази предпочитала добиваться нужных целей посредством манипулирования, а не террора, пользуясь своими полномочиями по распределению материальных благ [Там же: 9][43]. Реализация этих полномочий «на местах» была прерогативой отделов кадров. Но гораздо более многочисленными и опасными, чем кадровики, были гражданские осведомители, так называемые неофициальные сотрудники (*inoffizielle Mitarbeiter*). Восточногерманское общество было так напичкано агентурой, что граждане постоянно ощущали себя «под колпаком»[44]. Нетрудно представить себе, каково было жить в таком

---

[43] Манипулятором, от которого зависит распределение материальных благ, назвал государство Ч. Майер в основном докладе, с которым выступил на конференции «Падение Берлинской стены: новый взгляд» (*The Fall of the Wall Reconsidered*), проходившей в Северо-Западном Университете (Эванстон) 23–24 октября 2009 года.

[44] Самым известным «неофициальным сотрудником» в среде музыковедов был Хайнц Альфред Брокгауз (р. 1930), один из авторов книги, которая цитировалась в начале этой главы. Документальные свидетельства его работы на Штази приводит Л. Клингберг [Klingberg 2000: 194–226]; см. также [Yaeger 2013].

обществе. Постоянная самоцензура из страха «угодить в ловушку репрессивного аппарата» и поставить под удар себя или близких, подозрительность и неискренность, стремление «жить так, чтобы тебя не замечали», — так описывают это существование бывшие граждане ГДР [Bruce 2010: 158, 153]. Однако то, что некоторые, подобно Кегелю, предпочитали жить так, чтобы их замечали, и при этом ухитрялись преуспевать, не обязательно означает, что они сотрудничали со Штази, если этому нет прямых доказательств. Талантливый молодой дирижер считался ценным достоянием ГДР, а ценной культурной элите государство могло предоставить значительную свободу действий. Очевидно, на тот момент Кегель еще ничем не насолил Штази или другим представителям власти, хотя впоследствии ситуация изменится[45].

Хотя американская поп-музыка считалась непосредственной угрозой, к музыке академической по-прежнему относились серьезно. Репертуар должен был быть утвержден, и ни на одном этапе бюрократического процесса не было зафиксировано возражений или цензурных препон в отношении «Уцелевшего». Шпильхаус беспрепятственно включил произведение в план, после чего оно было исполнено, в том числе на бис, LRSO и хором под управлением Кегеля, передано по радио и записано без купюр и цензурных искажений на языках оригинала (и, как мы увидим, в том же году привезено в Польшу). Для исполнения «Уцелевшего» — а значит, и символического возвращения Шенберга — потребовалось всего лишь невмешательство бесчисленных бюрократов, которые не чинили препятствий его мобильности, движению из концертного зала на радио, а потом в студию звукозаписи. Их молчаливое согласие могло означать, что произведение соответствовало антифашистской программе СЕПГ

---

[45] Штази всерьез заинтересовалась его деятельностью в 1960-е — 1970-е годы. См. [Weihen 2005: 276–279], где приводятся соответствующие документы. Кегель находился под наблюдением также в середине 1980-х, когда переехал в Дрезден, где стал дирижером филармонического оркестра (Переписка с федеральным уполномоченным по работе с архивами Министерства государственной безопасности бывшей Германской Демократической Республики, 15 апреля 2010 года).

и при этом работало на репутацию государства как покровителя модернистской музыки. С другой стороны, вполне возможно, что власти в то время были озабочены более важными проблемами. Наконец, такое поведение чиновников может свидетельствовать о непоследовательной культурной политике ГДР, в рамках которой одни произведения искусства необъяснимым образом получали поддержку, а другие, аналогичные, по столь же непонятным причинам попадали в черный список.

Рецензии: еврейство и антифашизм

Несмотря на предполагаемую угрозу, исходящую от американской поп-музыки, вполне реальную ядерную угрозу и антифашистский дискурс, подогнанный под цели холодной войны, критики, когда писали о Шенберге, не прибегали к антиамериканской риторике. Воспользоваться ею было бы нетрудно, и, учитывая противоречивую репутацию композитора, от рецензий можно было ожидать чего угодно, однако все критики удержались в рамках традиционного, исторического антифашизма нацистских времен — вероятно, потому, что с биографией и личностью композитора увязать эту идеологию было несложно. Если США и упоминались, то лишь для того, чтобы отметить, что музыка, которую писал там Шенберг, отличалась большей политической ангажированностью, чем написанная в Европе (по стандартам ГДР, это был положительный факт). Другой вопрос, что пропаганда антиамериканизма и антифашизма была тем широким идеологическим фоном, на котором публика знакомилась с самим произведением и отзывами на него критиков.

Анализ шести опубликованных рецензий на концерт LRSO 15 апреля 1958 года может подвести нас к ответу на фундаментальный вопрос, поставленный теорией культурной мобильности Гринблата («Что происходит с культурным продуктом, который перемещается во времени и пространстве, чтобы появиться и закрепиться в новых контекстах и структурах?»). В данном случае под новыми контекстами и структурами понимается соотношение еврейства и антифашизма времен холодной войны в Восточной Германии. Пять рецензий были опубликованы в газетах, представляющих четыре разные политические партии; шестая, написанная восточногерманским автором для западногерманского издания, предназначалась западному читателю и будет рассмотрена отдельно. В еврейском ежеквартальном журнале «Mitteilungsblattdes Verbandes der Jüdischen Gemeindeninder Deutschen Demokratischen Republik» («Известия ассоциации еврейских общин ГДР», или просто «Известия»), издававшемся в Берлине и Дрездене с 1953 по 1990 год, концерт не комментировался. Впервые Шенберг был упомянут в этом издании, по-видимому, в сентябре 1974 года, в материале Готфрида Шмиделя, посвященном столетнему юбилею композитора[46].

Хотя СЕПГ была безраздельно правящей партией, в политическом процессе участвовали еще пять партий, каким бы символическим ни было их представительство. СЕПГ осуществляла над ними контроль через Национальный фронт — объединение, сформированное из всех партий и многочисленных общественных организаций в предвыборных целях. Газеты пяти «второстепенных» партий могли высказывать собственные (хотя и не оппозиционные) мнения, и различия между опубликованными в них рецензиями концерта Кегеля демонстрируют расхождения в позициях на уровне музыкальной критики. Следует напомнить, что в аннотации Мюллера к программе концерта 15 апреля 1958 года недвусмысленно указывалось, что «Уцелевший» написан композитором-евреем на еврейскую тему. Указано это было и в рецензиях, появившихся в газетах Национально-демократической партии, Либерально-демократической партии и Христианско-демократического союза, — но не СЕПГ. Конечно, не следует преувеличивать глубину этих расхождений, равно как и степень заинтересованности партий в еврейском вопросе. Все малые партии при голосовании в восточногерманском парламенте выступали как марионетки СЕПГ, и только ХДС поддерживал с евреями ГДР сколько-нибудь конструктивные отношения. Тем не менее примечательно, что все они упомянули и еврейское проис-

---

[46] За эти сведения я благодарю Тину Фрюхауф.

хождение композитора, и еврейскую тему произведения. Сама пьеса не подвергалась десемитизации: она была исполнена в первозданном виде и с полным, без купюр, текстом. Но правящая партия в своих официальных отзывах подчеркнуто проигнорировала еврейскую тему, пусть даже другие, менее влиятельные партии не последовали ее примеру. Таким образом, если довольствоваться одними лишь источниками СЕПГ, наша информация не совпадет с той, которую могли почерпнуть об «Уцелевшем» восточные немцы даже из официальных, государственных СМИ.

Рецензия Мартина Венерта, лейпцигского постоянного корреспондента западногерманского журнала «Musica: Monatsschrift für alle Gebietedes Musiklebens» («Musica. Ежемесячный обзор все сфер музыкальной жизни»), демонстрирует, как житель Восточной Германии подает это событие внешнему миру, в частности западным немцам. «Musica» выходила в кассельском издательстве «Беренрайтер» тиражом около 5 тысяч экземпляров, 90 % которых распространялось по подписке. Разумеется, основное внимание Венерт уделил важности общегерманской премьеры симфонии Шостаковича. Этим читателям не нужно было объяснять, что такое «Уцелевший», поэтому Венерт ограничился кратким комментарием, назвав произведение «потрясающим художественным обвинительным актом». Единственным намеком на еврейскую тему служит упоминание событий в Варшавском гетто 1943 года; виновных критик не назвал, возможно потому, что аудитория могла воспринять это как провокацию. Во всем остальном его рецензия на «Уцелевшего» была призвана выставить восточных немцев в самом выгодном свете. Публика приняла «высокий накал переживания» с таким восторгом, что «потребовала исполнить кантату на бис. Редкий случай для первого исполнения современной вещи! И, безусловно, этот поразительный успех во многом заслуга Кегеля. Под его управлением оркестр и хор не только действовали как высокоточные инструменты, но и демонстрировали высочайшую преданность делу»[47]. Венерт представляет Лейпциг в макси-

---

[47] Wehnert M. Mozart, Schönberg, Shostakowitsch // Musica. 1958. Vol. 12. № 6. S. 349–350.

мально выгодном свете, словно развенчивая все западные стереотипы об «отсталом» восточногерманском обществе: вопреки расхожим мнениям, программа была новаторской, музыканты — высококлассными, а публика — искушенной и непредвзятой.

Напротив, рецензии, опубликованные в восточногерманских газетах, были явно рассчитаны на местную читательскую аудиторию. Национал-демократическая партия Германии (НДПГ) выступала от имени среднего класса, но в первую очередь была известна как партия бывших нацистов. Целью партии было вовлечь своих старых членов в партийную политику генерального курса, чтобы они не впали в правый экстремизм. НДПГ выпускала региональную газету «Mitteldeutsche Neueste Nachrichten» в Галле, Лейпциге и Магдебурге. 17 апреля в этой газете появилась рецензия на концерт, написанная неким «rg». Автор отметил значимость концерта, в котором прозвучали две крупные премьеры, и объявил, что Кегель и его музыканты заслуживают особую благодарность всех любителей современной музыки. Rg раскритиковал склонность Шенберга к формалистическим играм, но с одобрением заметил, что в американском изгнании композитор снова начал писать экспрессивные и гуманистические произведения, например такие, как «Уцелевший». По мнению критика, в этом произведении Шенберг пользовался своей двенадцатитоновой техникой более свободно, чем раньше. Он (или она?) не упоминает о еврейском происхождении Шенберга, но объясняет, что речь идет о «еврейской жертве», «ужасающем варварстве нацистов в Варшаве» и «нацистском терроре». Упомянуто также, что Кегель исполнил пьесу на бис, «отчего впечатление стало еще глубже»[48]. Учитывая партийную принадлежность газеты и состав НДПГ, слово «нацисты», которым критик называет преступников вместо более распространенного и обобщенного «фашисты», особенно бросается в глаза.

Еще две рецензии были опубликованы в Дрездене, обе — в газетах с репутацией относительно независимых изданий, специа-

---

[48] rg (Creuzburg E.). Bedeutsame Erstaufführung für Deutschland: Schostakowitschs elfte Symphonie // Mitteldeutsche Neueste Nachrichten. 17 апреля 1958 года.

лизирующихся на новостях культуры. Одной из них была «Sächsisches Tageblatt», региональная газета Либерально-демократической партии Германии (ЛДПГ). Послевоенная ЛДПГ поначалу считалась наименее коммунистически ориентированной из всех партий советской оккупационной зоны, но к этому времени стала практически неотличима от СЕПГ; тем не менее ее газета славилась тем, что время от времени отклонялась от партийной линии. Рецензент, подписавшийся «Go.», усматривает прямую связь между двумя прозвучавшими в программе премьерами: «[Концерт] языком музыки поведал слушателям о двух исторических событиях нашего столетия». Далее он (или она?) подробно пересказывает содержание «Уцелевшего» («Шенберг передает весь ужас звериной жажды разрушения, которая владела гитлеровскими фашистами, когда они совершали организованное массовое убийство в гетто польской столицы») и симфонии Шостаковича («мрачные образы революционного движения, сотрясавшего устои разлагающейся Российской империи за двенадцать лет до Великой Октябрьской социалистической революции»). Содержание «Уцелевшего» он пересказывает гораздо подробнее: он сообщает, что текст — это рассказанная на английском языке история человека, который долго пролежал без сознания в братской могиле в Варшаве и чудом остался в живых. Критик упоминает, что «бесчеловечные команды ополоумевшего фашистского сержанта» отдаются на немецком языке и что за повествованием следует, «превозмогая страх», мужской хор, поющий «старинную еврейскую молитву» по пути в газовую камеру. Хотя «Уцелевший» несет на себе «каинову печать» (*Kainszeichen*) додекафонии, в данном случае сочетание слов и музыки вылилось в «глубоко волнующее выступление против бесчеловечности». Выражение «каинова печать» означает позорное клеймо, но здесь отсылка к Ветхому Завету, по-видимому, служит намеком на происхождение композитора — некоторый анахронизм из 1930-х, когда верным способом дискредитировать додекафонию было навешивание на нее ярлыка «еврейской» техники. (На самом деле не ясно, насколько широко было известно о еврейском происхождении Шенберга.) По словам Go., после «несмолкающих аплодисментов» публики «Уцелевший» был исполнен на бис[49]. Рецензент упоминает Гитлера, однако оперирует словом «фашизм», а не «нацизм».

Вторая дрезденская рецензия была опубликована в «Die Union», региональной газете Христианско-демократического союза (ХДС). Эта партия ориентировалась в первую очередь на христиан из среднего класса и придерживалась концепции «христианского реализма», что в значительной степени сближало ее с СЕПГ. Кроме того, ХДС во главе со своим председателем Отто Нушке поддерживал хорошие отношения с евреями ГДР. Нушке был главой правительственного ведомства, курировавшего религиозные общины, — Главного отдела по связям с церквями (*Hauptabteilung Verbindung zu den Kirchen*) — и весьма серьезно относился к нуждам еврейских общин: «В начале 1950-х годов Нушке и его сотрудники стали главными покровителями восточногерманской еврейской общины» [Geller 2005: 165][50]. Критик ХДС, скрывшийся под псевдонимом «ich», усмотрел связь между Шенбергом и Шостаковичем, хотя они и «по-разному относились к событиям и проблемам современности. Они принадлежат к совершенно разным мирам, стоят на разных художественно-философских позициях, но при этом поднимают одни и те же вопросы». О сюжете «Уцелевшего» сказано, что он основан «на свидетельствах очевидцев об ужасающих преступлениях фашизма в Варшавском гетто, которые были совершены ровно пятнадцать лет назад на этой же неделе». Логично, что именно критик ХДС придал значение датам: восстание в Варшавском гетто произошло на Страстной неделе 1943 года, когда еврейская Пасха пришлась на 19 апреля, а христианская — на 25-е. Кроме него, никто из рецензентов не упомянул о датах восстания или концерта, и в целом ничто не свидетельствует о том, что исполнение было приурочено к годовщине.

---

[49] Go. (Götz J.). Zeitgeschehen in Musik gesetzt Schönberg und Schostakowitsch im Rundfunkkonzert erstaufgeführt // Sächsisches Tageblatt. 18 апреля 1958 года. Я признательна Памеле М. Поттер за обсуждение со мной значения этих слов.

[50] Нельзя сказать, однако, что ХДС никогда не проявлял антисемитизма. См. [Richter 1990: 178].

По словам ich, Шенберг написал это произведение, узнав о том, как «его единоверцы (*Glaubensgenossen*) страдали от фашистских зверств». Выразительная сила произведения достигает высшей точки в финальной сцене, «когда мужской хор в унисон исполняет фрагмент иудейского богослужения, и голос молитвы и непоколебимой веры воспаряет над всеми ужасами и страданиями этого мира». Ich употребляет обобщенный термин «фашисты» вместо более конкретного «нацисты» и прилагательное «иудейский» (*israelitische*) вместо «еврейский» (*jüdische*), возможно, из-за того, что второе несло в себе расистский подтекст. Это отражает постепенный сдвиг в немецком языке в пользу обозначения *israelitische*, но ich уделяет особое внимание тому, что этот дескриптор служит как для композитора, так и для персонажей, представленных хором, признаком веры, а не расы. Автор рецензии также, по-видимому, неплохо знал музыку Шенберга в целом: он напомнил, что «речепение» впервые было использовано в «Лунном Пьеро» (1912), и назвал «Уцелевшего» и Струнное трио шедеврами позднего стиля композитора. «Уцелевший» — это «музыка обвинения. Но, как и в Струнном трио, это музыка глубоко, отчаянно трагичная, неотступная, рваная, издерганная, почти невротичная»[51].

Обе рецензии в изданиях СЕПГ, написанные Вернером Вольфом, по тону несколько отличаются от прочих. Вольф был музыкальным критиком региональной партийной газеты «Leipziger Volkszeitung», где его рецензия и появилась 17 апреля 1958 года. Он начал с рассказа о главном событии — премьере симфонии Шостаковича, которой посвятил две трети текста; «Уцелевшему» и симфонии Моцарта досталось по одному абзацу. Вольф посетовал, что Шенберг остается «в ловушке добровольно наложенных оков [додекафонии] даже в этом глубоко волнующем позднем произведении», и всю глубину воздействия приписал тексту «Уцелевшего», а не музыке. Он лишь вкратце охарактеризовал пьесу («Это душераздирающее обвинение немецких фаши-

---

[51] ich (псевдоним не раскрыт). Kunst und Zeitgeschehen: Schostakowitsch und Schönberg im X. Sinfoniekonzert des Funks // Die Union. 24 апреля 1958 года.

стов в зверских злодеяниях»), но не упомянул ни евреев, ни гетто. Примерно в таких же выражениях он описал вторую часть симфонии Шостаковича, в которой якобы изображена «варварская ярость царизма»[52].

В более пространный отчет о концертной жизни Лейпцига, написанный для центрального государственного журнала «Musik und Gesellschaft» («Музыка и общество»), Вольф включил расширенный вариант фрагмента о Шостаковиче, а пассаж о Шенберге повторил почти дословно. Он добавил только цитированное ранее заявление — «...недавно в Лейпциге мы услышали еще три двенадцатитоновых произведения» — и отметил, что все они были написаны восточногерманскими композиторами (Х. Эйслером, А. Матцем, М. Баттингом), которые используют «более свободную, более индивидуальную двенадцатитоновую технику, почти ничем не напоминающую технику Шенберга»[53].

Похоже, что для критика от СЕПГ проблема заключалась не в додекафонии, а именно в додекафонии *Шенберга* и возобновлении его музыкального присутствия в виде «Уцелевшего». Вольф особо отметил двенадцатитоновую музыку восточногерманских композиторов, подчеркнул, что Лейпциг открыт для ее прослушивания, но обосновал свое одобрительное отношение тем, что их музыка не имеет ничего общего с музыкой Шенберга. (Очевидно, ему не навязывали эту точку зрения; по словам Вольфа, СЕПГ никогда не подвергала цензуре его колонку в «Leipziger Volkszeitung» и никак не вмешивалась в то, что он пишет[54].) Потребность критика отмежевать восточногерманских композиторов от Шенберга особенно бросается в глаза, если учесть, что речь идет именно об «Уцелевшем» — додекафонической пьесе с тональными вкраплениями, изобилующей описательными и миметическими приемами и относительно доступной для

---

[52] Wolf W. Überwältigende, atemberaubende 'Elfte // Leipziger Volkszeitung. 17 апреля 1958 года.

[53] Wolf W. Aus dem Musikleben von Leipzig // Musik und Gesellschaft. 1958. Vol. 8. № 5. S. 51–52.

[54] Интервью с В. Вольфом, 14 мая 2009 года.

слушателя. Это наводит на мысль, что дело было не столько в конкретной музыкальной технике, использованной в «Уцелевшем», сколько в символическом значении Шенберга, усугубленном темой произведения. Как уже отмечалось в начале главы, авторы истории музыкальной жизни Восточной Германии Брокгауз и Ниман назвали Шенберга «больным местом» для модернистской музыки ГДР 1950-х годов: даже после того, как его композиционный метод начал завоевывать признание, личность композитора продолжала считаться сомнительной.

Вольф — единственный из всех критиков, писавших для восточногерманской аудитории, проигнорировал как еврейское происхождении композитора, так и еврейскую тему произведения; он даже ни разу не употребил слово «гетто». Фразу «душераздирающее обвинение немецких фашистов в зверских злодеяниях» читатели могли отнести к разрушению немцами города Варшавы в 1944 году, а не к уничтожению Варшавского гетто в 1943-м. (Напомним, в послевоенный период Центральная Европа была полна уцелевших в тех или иных обстоятельствах, так что само слово «уцелевший» не несло той специфической смысловой нагрузки, которую оно имеет сейчас.) Конечно, в «Уцелевшем» рассказывается о том, что немцы сделали с евреями в Польше, а вовсе не о том, что они делали со своими соседями-евреями в Германии. Возможно, это различие и стало фактором, побудившим критиков, склонных придавать ему значение, прямо назвать жертв евреями, а виновных — нацистами или фашистами. Только Вольф, критик от СЕПГ, написал, что преступниками были *немцы*, и в этом смысле ближе всего подошел к неудобоваримой правде — признанию общей вины, пусть даже он и не назвал жертв. Эта фигура умолчания была вполне в духе антифашизма в трактовке СЕПГ (вспомним мемориал в Бухенвальде), — антифашизма без евреев, даже в контексте Холокоста.

Споры о Шенберге и двенадцатитоновой технике продолжались даже в 1960-е годы, хотя «Уцелевший» занимал в некотором смысле привилегированное положение, так как его тема была присвоена идеологией антифашизма. Восточногерманская премьера «Уцелевшего» еще лет десять считалась примечательным событием, достойным упоминания в печати. В книге К. Лаукса «Музыкальная жизнь в Германской Демократической Республике», вышедшей в 1963 году, имя Шенберга упоминается всего шесть раз, но из них дважды в связи с тем самым концертом. В статье Х. Зегера о Кегеле в «Музыкальном словаре» 1966 года это исполнение указано в числе главных достижений дирижера, притом что общегерманская премьера симфонии № 11 Шостаковича, состоявшаяся в рамках того же концерта, не упоминается вовсе [Seeger 1966, 1: 463; Laux 1963: 88, 419]. Запись исполнения LRSO и хора под управлением Кегеля, сделанная 17 апреля 1958 года, наконец увидела свет в 1961 году, когда «Этерна» выпустила пластинку с произведениями Шенберга, записанными ансамблями трех радиостанций.

Радио ГДР было представлено ансамблем Кегеля; Радио Берлина — Берлинским камерным оркестром, исполнившим Камерную симфонию, ор. 9, под управлением бывшего ученика Шенберга дирижера Вальтера Гера, а «Немецкое радио» — хором радиостанции, исполнившим «Мир на Земле» под управлением дирижера Хельмута Коха. Тщательно выбранный репертуар свидетельствует о том, что статус Шенберга все еще был сомнительным. Об этом же говорит тот факт, что у музыковеда Эберхарда Клемма возникли крупные неприятности в карьере после того, как в 1964 году он провел параллель между использованием додекафонии Эйслером и Шенбергом. (Эйслер умер в 1962 году и с тех пор стал неприкасаем — сравнение с Шенбергом считалась оскорблением его наследия [Silverberg 2009: 62].) Запись была переиздана в 1974 году, когда столетний юбилей композитора наконец-то заставил восточных немцев пересмотреть и принять его музыку[55]. А в 1979 году, когда Брокгауз и Ниман опубликовали свою «Историю музыкальной жизни в ГДР», «Уцелевший» уже не требовал особого упоминания.

---

[55] Точная дата выпуска пластинки не установлена. По данным EdelGroup, фирмы, которая приобрела каталог «Этерны», пластинка впервые вышла в 1961 году под маркой Eterna 8 25 201, с примечаниями Брокгауза на конверте. В переиздании 1974 года под маркой Eterna 8 20 201 содержатся примечания Э. Кнайпеля.

Глава 5
Польша

*«Уцелевший из Варшавы»
как средство культурной дипломатии*

> У меня состоялось несколько бесед с господином Кассерном из польского посольства по поводу вашего «Уцелевшего из Варшавы». Есть серьезный шанс, что Варшавский филармонический оркестр сыграет мировую премьеру под руководством [Гжегожа] Фительберга или кого-нибудь из молодых дирижеров. Я ясно дал понять мистеру Кассерну, что польскому государству это обойдется в немалую сумму, но, по-видимому, это не послужит препятствием, если не выходить за определенные рамки. Конечно, я остерегаюсь проявлять излишний оптимизм. Но у них весьма далеко идущие планы: поговаривали даже о том, чтобы пригласить вас на премьеру.
>
> *Письмо Феликса Грайсле Арнольду Шенбергу,
> 5 октября 1948*

Теперь мы знаем, что эти планы не осуществились. Когда Феликс Грайсле, зять Шенберга, работавший в то время в музыкальном издательстве Э. Б. Маркса, писал о возможной «мировой премьере», он, конечно же, не имел понятия о том, что всего месяц спустя Курт Фредерик выступит в Альбукерке, а вскоре после этого в Париже состоится европейская премьера под управлением Рене Лейбовица. Однако даже само предположение, что «Уцелевший из Варшавы» может быть исполнен в Варшаве всего через пять лет после уничтожения гетто и через четыре года после превращения в руины самого города, заслуживает внимания, независимо от того, состоялась мировая премьера или нет. От него мы и будем отталкиваться, говоря об исполнении и рецепции «Уцелевшего» в столице Польши.

Тадеуш Кассерн (1904–1957), польский композитор еврейского происхождения, занимавший должность польского консула в Нью-Йорке, надеялся организовать в Варшаве исполнение «Уцелевшего» в рамках одного из своих личных проектов. В ноябре Грайсле сообщил Шенбергу, что консул отправляется в Польшу, где начнет подготавливать почву для исполнения[1]. 20 ноября 1948 года Кассерн прибыл в Варшаву и обнаружил, что обстановка там до крайности накалена в преддверии назначенного на 15–21 декабря съезда, на котором коммунисты должны были завершить консолидацию власти. Именно тогда Польская социалистическая партия и Польская рабочая партия официально объединились в Польскую объединенную рабочую партию (ПОРП), коммунистическую партию, которая будет править страной в последующие сорок лет. Собственно, в Польшу Кассерн поехал прежде всего для того, чтобы 2 декабря присутствовать на совещании в Министерстве иностранных дел и получить назначение генеральным консулом в Лондоне. Однако 6 декабря он также встретился с представителями Министерства культуры, чтобы обсудить заказ на оперу. Он предложил взять за основу пьесу Е. Жулавского «Конец Мессии» (1906) — о жизни Шабтая Цви, сефардского раввина XVII века, провозгласившего себя Мессией. Опера «Помазанник» должна была стать данью памяти жертвам восстания в Варшавском гетто. По словам В. Костки, эту работу Кассерн начал несколькими годами ранее, вскоре забросил, но после того, как у него созрел замысел организовать исполнение «Уцелевшего», вернулся к ней с удвоенным рвением. Однако его предложение не было принято Министерством культуры:

---

[1] Из писем Ф. Грайсле А. Шенбергу от 5 октября, 4 ноября и 8 ноября 1948 года. 15 ноября Шенберг написал Грайсле, что еще ждет известий от Кассерна, после чего этот вопрос более не поднимался (ASC).

> Я предложил «Помазанника», чтобы почтить память повстанцев гетто, но меня сурово отчитали и запретили писать эту оперу, так как, по мнению коммунистического правительства, она поощряет еврейские «националистические» настроения, а этого коммунисты не намерены терпеть[2].

Кассерн благоразумно согласился написать детскую оперу для кукольного театра, но, по-видимому, лишь для того, чтобы задобрить власти. Вернувшись в Нью-Йорк, он сразу же ушел в отставку с консульской должности и вскоре подал заявление на получение американского гражданства. В 1949 году Кассерн получил на завершение своей оперы грант от Фонда Кусевицкого — той же организации, которая заказала «Уцелевшего» [Kostka 2011: 141].

Обстановка в Польше в декабре 1948 года явным образом не благоприятствовала исполнению музыкальных произведений в память о восстании в Варшавском гетто, будь то «Помазанник» Кассерна или «Уцелевший» Шенберга. То, что Кассерн не ожидал отпора со стороны министерства, может показаться наивным. Однако, как дипломат, работающий в Нью-Йорке, он наблюдал за Восточной Европой с некоторой дистанции и, возможно ошибочно, истолковал некоторые недавние события, в том числе поддержку странами соцлагеря недавно образовавшегося государства Израиль. Но главным из этих событий было возведение на руинах Варшавского гетто памятника героям восстания работы Н. Рапопорта. Государство дало разрешение на установку в общественном месте большого постоянного монумента и торжественно открыло памятник 19 апреля 1948 года, в пятую годовщину восстания. На церемонии открытия присутствовали тысячи выживших, главы религиозных организаций, высокопоставленные еврейские деятели из 20 стран и множество представителей международной прессы [Young 1994: 170][3]. Так что Кассерна нетрудно понять: в таких обстоятельствах он вполне мог ожидать, что по проше-

---

[2] Цит. по: [Kostka 2011: 137–138]. Благодарю Виолетту Костку за предоставленные биографические сведения о Кассерне.

[3] Кадры кинохроники с открытием памятника см.: URL: www.britishpathe.com/video/unveilingmemorial-to-warsaw-ghetto-heroes-aka-mem/query/01185900.

ствии всего семи месяцев Министерство культуры примет и его музыкальное приношение в память того же события.

«Уцелевший» был исполнен в Польской Народной Республике (ПНР) лишь десять лет спустя, и путь, которым он туда пришел, оказался не менее необычным, чем то, что предлагал Кассерн[4]. 28 сентября 1958 года ГДР впервые приняла участие в фестивале «Варшавская осень» (*Warszawska Jesień*), где ее представляли LRSO и хор Лейпцигского радио под управлением Г. Кегеля. Артистам было предоставлено самое благоприятное время — в 19:30 вечера в воскресенье, во второй день фестиваля. Их выступление транслировалось Польским радио в прямом эфире — обычно этого удостаивались только церемонии открытия и закрытия фестиваля[5]. В программу, помимо «Уцелевшего», вошли произведения восточногерманских композиторов И. Циленшека и П. Дессау. Всего пятью месяцами ранее первое в социалистическом лагере исполнение «Уцелевшего» тем же составом музыкантов состоялось в ГДР, но концерт в Варшаве, несомненно, был более важным событием. «Варшавская осень» была единственным в соцлагере международным фестивалем новой музыки, поэтому публики и отзывов в прессе было гораздо больше, чем если бы это был отдельный концерт тех же исполнителей. На фестивале, перед аудиторией из нескольких сотен поляков и музыкальных деятелей из других стран, немцы разыграли роли евреев из Варшавского гетто в произведении, написанном композитором-евреем об уничтожении евреев немцами, причем в том же городе, где это уничтожение и произошло пятнадцатью годами ранее[6].

---

[4] Возможно, какую-то роль сыграло парижское выступление Лейбовица, но едва ли его могли воспринимать как поляка, хотя он и родился в Варшаве в семье польско-латышских евреев. Еще подростком он переехал в Париж и к 1948 году стал широко известен как французский музыкант.

[5] Трансляция началась в 19:34 по второй программе радио. См. программу Польского радио на 29 сентября 1958 года.

[6] Особенно смертоносной была так называемая Большая операция (Grossaktion Warschau) 22 июля — 21 сентября 1942 года: за это время немцы вывезли около 280 тыс. евреев из гетто в Треблинку, где все погибли [Engelking, Leociak 2009: 50].

К этой взрывоопасной смеси следует добавить извечную напряженность в польско-германских отношениях, которая не так давно успела перерасти в «холодную войну внутри соцлагеря», а в тот конкретный период усугубилась разногласиями в интерпретациях оттепели, имевшей место в Москве [Anderson 2001]. Тема, исполнители, публика, время и место — все это, вместе взятое, превратило концертный зал в подобие пороховой бочки, готовой вот-вот взорваться.

Однако взрыва не последовало. Как ни странно, исполнение «Уцелевшего» оказалось единственной частью программы ГДР на «Варшавской осени» 1958 года, которая не вызвала проблем. И музыка Шенберга, и музыканты удостоились наивысших похвал со стороны почти всех рецензентов, а в официальных газетах правящих партий исполнение восточными немцами «Уцелевшего» преподносилось как жест покаяния. Газета СЕПГ, принадлежавшая правящей партии ГДР, назвала это выступление *Wiedergutmachung* — это слово, означающее «искупление», также служит юридическим термином, которым назвались послевоенные репарации:

> На международной пресс-конференции в Варшаве Герберт Кегель попросил, чтобы исполнение «Уцелевшего из Варшавы», посвященное бойцам Варшавского восстания, было воспринято как акт искупления вины перед польским народом, с которым так жестоко обошлись немецкие фашисты во время Второй мировой войны[7].

Газета ПОРП, принадлежащая правящей партии Польши, в заключительном обзоре фестиваля употребила слово *expiacja* («искупление»):

---

[7] Tietz W. Beim «Warschauer Herbst» erfolgreich // Leipziger Volkszeitung. 11 октября 1958 года. В секретном докладе, представленном в Министерство иностранных дел посольством ГДР в Варшаве, содержался достаточно подробный отчет о пресс-конференции, однако эти слова в нем отсутствовали, равно как и в польских источниках, освещавших пресс-конференцию. Возможно, В. Тиц, чья статья была опубликована двумя неделями позже, писал ее с учетом рецензий, успевших появиться за это время.

Особого упоминания заслуживает элегантный и вдохновенный «Современный псалом» Арнольда Шенберга, последнее произведение великого композитора, а также «Уцелевший из Варшавы» — страстное музыкальное полотно, исполненное боли и протеста. Было что-то символичное в том, что немцы исполнили это произведение в Варшаве, — как будто в искупление вины[8].

Примечательно, что обеим газетам удалось написать об искуплении/покаянии без единого упоминания евреев, оставляя открытым вопрос о том, какую именно вину «искупают» немцы: военные преступления в целом, разрушение Варшавы в 1944 году, уничтожение Варшавского гетто в 1943 году или все вместе. В этой главе культурная мобильность «Уцелевшего» рассматривается как движение из страны в страну внутри соцлагеря, пересечение государственных границ по каналам культурной дипломатии. Я покажу, как действовала культурная дипломатия на трех взаимосвязанных уровнях: переговоры, благодаря которым ГДР смогла участвовать в фестивале; музыкальная политика времен холодной войны и символическое значение в ней Шенберга; рецепция «Уцелевшего» в свете культуры памяти, принятой в социалистической Польше.

Культурная дипломатия времен оттепели

Концерт музыкантов из ГДР на фестивале «Варшавская осень» стал актом культурной дипломатии в период, когда традиционные каналы международной политики на высшем уровне между двумя странами не действовали. Переговоры, предшествовавшие концерту, были крайне напряженными, так как отношения между ГДР и ПНР были осложнены многочисленными «неразрешимыми» спорами: спор о границе по Одеру-Нейсе, невозможность договориться о политике в отношении Запада (особенно Западной Германии), противоречащие друг другу толкования социализма

---

[8] Rudziński W. Warszawska Jesień // Trybuna Ludu, б.д.

и торговых соглашений, а также разногласия по поводу репатриации немцев, проживавших в Польше [Anderson 2001: 5–6]. Самый трескучий мороз «холодной войны внутри соцлагеря» пришелся на время оттепели — период десталинизации, когда «секретная речь» Хрущева повлекла за собой «мгновенные и ошеломительные» последствия, особенно сильно проявившиеся в Польше [Jakelski 2009б: 207; Paczkowski 2003: 269]. Опальный до того момента политик Владислав Гомулка был реабилитирован и вернулся к власти, чтобы на волне народной поддержки проводить в жизнь свои идеи «польского пути» к социализму, предполагавшего меньшую оглядку на советские образцы и советское правление. СССР этого не одобрил. В октябре 1956 года Восьмой пленум Центрального комитета ПОРП в Варшаве был прерван визитом Хрущева и его внушительной свиты из московских партийных и военных начальников, не говоря уже о появлении советской танковой колонны в пригороде Варшавы. Гомулка разрядил обстановку, а внимание советских властей вскоре переключилось на венгерское восстание; Центральный комитет назначил Гомулку первым секретарем, и либерализация пошла своим чередом[9].

Между тем руководство ГДР, западного соседа Польши, было встревожено этими событиями не меньше, чем советские власти. Вальтер Ульбрихт (1893–1973), первый секретарь СЕПГ, считал, что «польский путь к социализму» отдает титоизмом, и постарался минимизировать взаимодействие с поляками в надежде предотвратить распространение этой заразы. Гомулка осудил восточногерманского вождя как нераскаявшегося сталиниста и принялся налаживать отношения с Западной Германией в обход Ульбрихта. В 1956–1959 годах ГДР и ПНР провели всего двенадцать правительственных программ международного обмена, исключительно по линиям науки, техники и сельского хозяйства. (В тот же трехлетний период Польша осуществила 189 программ

---

[9] Подробно о событиях того года и их последствиях см. [Machcewicz 2009], блестящее краткое изложение — [Kemp-Welch 2008: 96–104].

обмена с Францией и 97 с Великобританией — странами, не входящими в Варшавский договор, — включавших сотрудничество не только в области промышленности, но также изучения языка, гуманитарных наук и искусства [Anderson 2001: 224–225].) Руководители ГДР старались, чтобы культура польской оттепели не просочилась через границу. Это явствует даже из выражений, в которых восточногерманский журнал «Musik und Gesellschaft» писал о польских музыкальных событиях. В 1956 году Иоганнес Тильман назвал восторженный прием, оказанный польскими студентами Фортепианному концерту Шенберга, прозвучавшему на первой «Варшавской осени», не чем иным, как проявлением реакционной политики. Он же пренебрежительно отозвался об атональных произведениях Т. Бэрда, А. Малявского и Б. Шабельского, заявив, что «все это давно превзойдено в Западной Европе» — доказательство того, что «некоторые поляки отстают от общих тенденций» [Thilman 1956a: 27–28]. Тильман явно пытался лишить привлекательности доселе запретный музыкальный стиль, провозгласив его устаревшим еще до того, как большинство восточных немцев успело его услышать.

В 1952 году правительства ГДР и ПНР подписали Соглашение о культурном сотрудничестве, которое обязывало хотя бы к минимальному взаимодействию, даже когда обычная дипломатия застопорилась. В ГДР культурные организации всех уровней привыкли к подобным инициативам, так как до 1970-х годов большинство стран не признавало ГДР законным государством, а это означало, что зачастую нужно было изыскивать обходные, менее официальные каналы коммуникации [Klingberg 1997: 48]. Союзы композиторов с этим смирились, хотя восточные немцы проявляли больше энтузиазма, чем их польские коллеги. Союз композиторов и музыковедов ГДР и польский Союз композиторов обменивались партитурами и записями членов союзов[10],

---

[10] См., например, сопроводительное письмо Н. Нотовича от 15 ноября 1955 года к отправленной Союзом композиторов и музыковедов ГДР в Союз польских композиторов посылке, содержавшей записи произведений композиторов ГДР — П. Дессау, О. Герстера, И. Циленшека и др. (AdK VKM 2132).

а в мае 1956 года официально закрепили эту практику Соглашением о дружбе, в рамках которого оба союза обязались организовывать обмен участниками, содействовать исполнению музыки композиторов из страны-партнера, обмениваться информацией и материалами[11]. Восточные немцы регулярно информировали своих коллег об исполнениях польской музыки в ГДР, хотя поляки, похоже, отвечали взаимностью с меньшим пылом[12]. Учитывая общий характер отношений между двумя государствами, неудивительно, что некоторые инициативы проваливались. В конце 1956 года польский композитор Т. Марек посетил ГДР, но нашел, что гостеприимство восточных немцев оставляет желать лучшего: он утверждал, что во время рождественских каникул его бросили одного на произвол судьбы, и в довершение всего обвинил Штази в краже его дневника. Н. Нотович, первый секретарь Союза композиторов и музыковедов, высмеял заявление Марека о краже («как будто у нашей госбезопасности нет забот поважнее, чем дневник Марека») и обозвал его склочником: «Даже сами поляки считают его по-

---

[11] Archiwum ZKP Kat. A 16/12. Копия этого документа хранится также в Политическом архиве МИД ГДР (Politisches Archiv des Auswärtigen Amts): Bestände MfAA, Signatur A 3927 (далее PAAA MfAA). Подписание Соглашения о дружбе, по-видимому, стало ответом на озабоченность некоторых групп с обеих сторон. В письме от 6 марта 1956 года Нотович поблагодарил членов СПК за приглашение участвовать в культурном обмене (AdK VKM 2132), а 12 мая 1956 года Т. Фрикман представил отчет о своей командировке в Польшу, включавший рекомендацию пойти на такое соглашение (AdK VKM 2104). В письме от 21 июня 1956 года Г.-Г. Ушкорайт, директор отдела музыки Министерства культуры, похвалил Нотовича за то, что тот так и сделал (AdK VKM 2132).

[12] В архиве СПК хранится несколько таких писем от Союза композиторов и музыковедов; письма в Союз польских композиторов от 14 декабря, где сообщается о концерте камерной музыки Шелиговского, Бэрда и Лютославского, и от 11 февраля 1957 года с информацией о том, что 6 декабря 1956 года в Шверине была исполнена «Маленькая сюита» Лютославского; письмо в Посольство ПНР в Восточном Берлине от 2 апреля 1957 года, содержащее ответ на просьбы представить список польских произведений, исполненных в ГДР в рамках Соглашения о сотрудничестве (AdK VKM 2132).

мешанным на славе истериком (*ehrsüchtiger Hysteriker*)». В заключение он заявил: «Мы должны хорошо относиться ко всем нашим гостям, но лечение в санатории для нервнобольных не входит в соглашение»[13].

Принятое в сталинскую эпоху Соглашение о культурном сотрудничестве 1952 года было призвано улучшить отношения между социалистическими соседями; но после того, как в Польше началась оттепель, «сотрудничество» восточных немцев приобрело иную направленность: культурная дипломатия стала средством уберечь поляков от западного влияния и помочь им выработать эстетику, соответствующую социалистическому реализму. По всей видимости, это было не столько показным «альтруизмом», сколько самозащитой: ГДР уже боролась с натиском западной культуры, прорывавшейся через границу с ФРГ, и не желала заниматься тем же на своих восточных рубежах. В отчете Министерству иностранных дел за 1957 год М. Шмидт, функционер из посольства ГДР в Варшаве, выразил огорчение по поводу восторга, в который привели польскую публику гастроли Кливлендского оркестра, театра «Комеди Франсез» и Шекспировской труппы:

> Нет сомнения, что наши лучшие коллективы могут составить им конкуренцию. Однако, если мы со своей стороны как можно скорее не восстановим план культурной работы и не возобновим другие культурные связи с Польшей, есть серьезная опасность, что великие культурные достижения западного социалистического соседа Польши будут забыты из-за культурных обменов с капиталистическими странами. Нет необходимости подчеркивать политические последствия такого развития событий. По этим причинам мы должны пересмотреть свои позиции в области культурных связей с Польшей и изыскать способы, которыми сможем влиять на международную культурную политику ПНР.

---

[13] Письмо Нотовича В. Зигмунд-Шульце, датировано 27 июня 1957 года (AdK VKM 2132).

Шмидт выразил разочарование по поводу того, что Министерство культуры ГДР проигнорировало его соображения по этому вопросу, и теперь обращался в Министерство иностранных дел с просьбой «в ближайшем будущем уделить особое внимание налаживанию добрососедских культурных отношений с ПНР». По его словам, «сдержанность, которую мы в последние месяцы проявляли по отношению к Польше, нанесла ущерб нашей репутации в этой стране». Импорт «подлинно марксистско-ленинских» искусств и культуры «принес бы больше пользы прогрессивным силам ПНР, чем наше бездействие» (PAAA MfAA 3899).

Мысль, будто культурную дипломатию можно использовать для того, чтобы «помочь» полякам сохранить верность марксистско-ленинским идеалам, присутствует также в отчете музыковеда Х. Брок о поездке в Польшу в октябре 1957 года.

> Почти все, с кем мы беседовали, неоднократно побывали в Западной Германии, но ни один из них ни разу не был в ГДР; политические и эстетические взгляды, которые они высказывали, бесполезны для построения социализма в их стране. Некоторые открыто сопротивляются.

За всю поездку она, похоже, встретила только одного человека, который, по ее мнению, правильно относился к правительству и рабочему классу. Она призывала Нотовича пригласить членов польского Союза композиторов к сотрудничеству с Союзом композиторов и музыковедов и тем самым подать положительный пример другим странам[14]. Социалистический прозелитизм под видом культурной дипломатии стал в Восточной Германии постоянной темой. Однако, как это часто бывает, обратить других в свою веру оказалось не так легко.

В ноябре 1957 года была созвана Совместная германо-польская комиссия по планированию, чтобы определить ход выполнения Соглашения о культурном сотрудничестве на 1958 календарный год. На заседании присутствовали представители Министерств

---

[14] AdK VKM 2104. См. также [Brock 1958: 33–36].

иностранных дел, культуры и образования обеих стран, а также дипломаты из посольства ГДР. По поводу музыки было высказано множество рекомендаций, но нам сейчас особенно интересен пункт 26 («обе стороны рассмотрят возможность обмена исполнительскими коллективами»), так как в последующих обсуждениях участия ГДР в «Варшавской осени» на него постоянно ссылались. На полях рядом с пунктом 26 кто-то от руки написал «*Warschauer Herbst*» («Варшавская осень»); это означало, что в рамках выполнения данной рекомендации на фестиваль будет отправлен музыкальный коллектив из ГДР[15].

Закулисная культурная дипломатия

Выполнение соглашения пошло не так, как планировалось. По прошествии года поляки пришли к убеждению, что восточные немцы намеренно создавали препятствия на всех уровнях, от Союза композиторов до Центрального комитета СЕПГ. На самом деле, судя по внутренним документам, беда восточных немцев состояла в плохой координации как между собой, так и с польскими коллегами. Это была не только их вина. Поляки лишь в конце апреля сформировали постоянный организационный комитет фестиваля и не предоставили другим странам информации о том, как и с кем вести официальные переговоры об участии. По сути, организация фестиваля 1958 года оказалась худшей за всю его историю: устроителям было трудно договориться о выступлениях с исполнителями из «всех трех важных геополитических регионов»: самой Польши, стран соцлагеря и Запада (Западной Европы и США) [Bylander 1989: 314]. Даже в этом организационном хаосе ГДР особо отличилась. Действия Министерств культуры и иностранных дел обеих стран постоянно шли вразрез друг с другом, отчасти потому, что к посредничеству посольства ГДР в Варшаве чиновники прибегали лишь эпизодически. Я описываю это бюрократическое болото, чтобы показать, как много в нем барахталось сторон и каким в резуль-

---

[15] О заседании см. PAAA MfAA 3932; содержание плана — PAAA MfAA 3932.

тате чудом стало само участие ГДР в «Варшавской осени» 1958 года, не говоря уже о польской премьере «Уцелевшего». Документы, по которым мы сегодня пытаемся реконструировать переговоры, выглядят как неудобоваримая каша из аббревиатур и взаимоисключающих решений; по всей видимости, процесс в свое время был таким же запутанным и для участников[16].

В январе 1958 года МИД ГДР направило восточногерманский вариант плана выполнения Соглашения о культурном сотрудничестве М. Шмидту в посольство ГДР в Варшаве; тот, в свою очередь, передал его в польское Министерство культуры и искусства[17]. В феврале посольство обратилось к заместителю секретаря Минкульта ГДР с просьбой как можно скорее порекомендовать музыкальный коллектив для участия в «Варшавской осени» того же года. Если польские власти будут противиться, писал Шмидт, «мы напомним им о пункте 26 плана культурного обмена». Он утверждал, что «реализация программы, отвечающей социалистической культурной политике, будет не только свидетельствовать о достижениях музыкальной культуры ГДР, но и иметь политические последствия для тех сил в ПНР, которые поддерживают социалистическую культуру», и просил: «Пожалуйста, рассмотрите возможность для нас принять участие в фестивале и тем самым оказать влияние на его характер»[18]. Департамент культурных связей Минкульта ГДР подтвердил, что на «Варшавскую осень» действительно будет направлен музыкальный коллектив, а 25 февраля Государственный радиокомитет (ГРК) при Отделе агитации ЦК СЕПГ рекомендовал для этой цели LRSO и хор Лейпцигского радио[19].

Решение направить на «Варшавскую осень» Кегеля и лейпцигских исполнителей было принято в мгновение ока, но полякам

---

[16] Бесценными для понимания и сопоставления бюрократических систем ГДР и ПНР оказались три источника: [Amos 2003; Muth 2001; Janowski, Kochański 2000].

[17] PAAA MfAA 3932.

[18] Там же, 14200.

[19] BArch DR 1/8223; BArch DR 6 353.

о нем сообщили только 26 марта: МИД ГДР уведомил посольство ГДР в Варшаве о том, что LRSO и хор Лейпцигского радио представят программу, состоящую из «важных новых социалистических произведений», в соответствии с пунктом 26, который «предписывает, чтобы мы направили большой хор и оркестр»[20]. (На самом деле, в пункте 26 не содержалось никаких оговорок относительно размера или характера коллектива, но это утверждение повторялось часто.) Между тем оргкомитет «Варшавской осени» уже обсуждал вопрос о приглашении Восточно-Берлинской государственной оперы (*Staatsoper*) с постановкой «Воццека», о чем 29 марта доложил Министерству культуры и искусства[21]. Три недели спустя, 17 апреля, Министерство уведомило посольство ГДР о том, что получило предложение Минкульта ГДР, но предпочитает, чтобы на фестивале выступила «Штаатсопер»[22]. Первые обсуждения перспектив участия LRSO и хора состоялись в оргкомитете фестиваля 19 и 26 апреля. Было единогласно решено, что лейпцигские коллективы не обладают достаточным исполнительским мастерством, чтобы участвовать в фестивале. Оргкомитет по-прежнему возлагал надежды на Государственную оперу[23]. Тем временем посольство ГДР в очередной раз сообщило Министерству культуры и искусства, что участие «Штаатсопер» исключено[24].

30 апреля МИД ГДР направил в отдел сношений с пограничными странами внутреннюю служебную записку, содержавшую сообщение посольства о том, что поляки просили о встрече для обсуждения «Варшавской осени». Э. Марковский, директор Бюро международных культурных связей Министерства культуры и искусства, и А. Добровольский, генеральный секретарь Союза композиторов и член оргкомитета фестиваля, пожелали

---

[20] PAAA MfAA 14200.
[21] Archiwum ZKP Kat. A 11/4; AAN MKiS CZIM 3247/30.
[22] PAAA MfAA 1768.
[23] Archiwum ZKP Kat. A 11/4.
[24] PAAA MfAA 1768; PAAA MfAA 14200.

встретиться с коллегами из ГДР[25]. В конце мая, когда все участники переговоров наконец собрались в одном зале, Марковский и Добровольский отклонили кандидатуру LRSO и хора Лейпцигского радио на том основании, что в программе фестиваля и без них было слишком много оркестровой музыки. Минкульт ГДР предложил компромисс — позже восточные немцы назвали его «ни к чему не обязывающим предложением» — направить вместо них Лейпцигскую оперу, и поляки согласились[26]. Это устроило оргкомитет фестиваля, и на заседании от 6 июня был составлен график, в который вошли выступления Лейпцигской оперы: три представления «Осуждения Лукулла» Дессау и три — «Обручения в монастыре» С. С. Прокофьева[27]. Казалось, все договоренности были достигнуты.

Неприятности начались буквально пару дней спустя: МИД ГДР во внутренней служебной записке заявил, что, хотя на майской встрече полякам «было обещано» выступление Лейпцигской оперы, «нам сообщают, что вместо нее поедет Дрезденская опера»[28]. По всей видимости, восточные немцы не могли решить, кто должен сказать последнее слово в этом вопросе: МИД или Минкульт. С этого момента МИД начал обвинять Минкульт в большинстве проблем, в частности в том, что его представители превысили полномочия, выступив со своим «ни к чему не обязывающим предложением», которое поляки восприняли как твердое решение[29]. Неясно, кто отклонил это предложение и почему. Зато ясно другое: полякам вовремя не сообщили об этом изменении. В конце июня Бюро международных культурных связей проинформировало музыкальный отдел Министерства культуры и искусства о том, что Минкульт ГДР отклонил предложение о выступлении Лейпцигской оперы и предложил два

---

[25] Там же, 14200.
[26] Там же, 3945.
[27] Archiwum ZKP Kat. A 11/4.
[28] PAAA MfAA 3945.
[29] Там же, 14200.

других варианта: либо Дрезденская опера исполнит «В бурю» Т. Хренникова и «Умницу» К. Орфа, либо LRSO и хор Лейпцигского радио выступят с программой из современных произведений[30]. В аналитическом обзоре Соглашения о культурном сотрудничестве, проделанном МИД ГДР 30 июня, отмечалось, что пункт 26 должен был быть выполнен за счет направления музыкального коллектива на фестиваль «Варшавская осень», однако поездка Лейпцигской оперы была отменена, а замену так и нашли. Польская сторона, в свою очередь, еще не решила, какой ансамбль будет направлен в ГДР в порядке обмена[31].

Немцы решили сменить тактику и общаться с поляками не через министерства и посольства, а через Союз композиторов. 1 июля Союз композиторов и музыковедов ГДР направил в польский Союз композиторов письмо, где выразил надежду, что, хотя прислать оперную труппу не представляется возможным, музыка восточногерманских композиторов все-таки будет представлена на фестивале, и порекомендовал мелодраму Дессау «Лило Герман». Ответа, по-видимому, не последовало, и 18 июля Нотович обратился с тем же предложением в личном письме к Добровольскому[32]. Возможно, Союз композиторов не счел нужным отвечать на письмо немцев, потому что его руководство прочитало последний, июльский выпуск журнала «Музыка и общество», издававшегося Союзом композиторов и музыковедов ГДР. В нем была опубликована провокационная статья Э. Реблинга «Открытое письмо польским товарищам» — еще одно свидетельство того, что восточногерманским ведомствам, прежде чем выступать с публичными заявлениями, следовало договориться между собой. Реблинг подверг критике недавно возрожденный журнал польского Союза композиторов «Музыкальное движение» («Ruch Muzyczny»), обнаружив в нем целый ряд недостатков: восхваление буржуазного модернизма, неуважительное сокращение «соцреализм» вместо

---

[30] AAN MKiS CZIM 3247/108.

[31] PAAA MfAA 3932.

[32] Archiwum ZKP Kat. A 11/3 и Kat. A. 16/2; см. также: AdK VKM 2132. Дополнительное письмо Нотовича хранится под теми же архивными шифрами.

полного названия «социалистический реализм», выступления в качестве «рупора» западногерманского журнала «Melos» и в целом антисоциалистическую, даже аполитичную позицию, недопустимую в народной республике [Rebling 1958: 8–11][33].

Разумеется, подобные разглагольствования не могли пойти на пользу переговорам. 18 сентября, менее чем за десять дней до начала фестиваля, З. Мычельский, редактор еженедельника «Культурное обозрение» («Przegląd Kulturalny»), в своей колонке ответил на вызов Реблинга фельетоном, изобилующим красочными отсылками к мифологии и библейской истории. Он написал, что польские музыканты, может быть, и виновны в «нездоровом интересе» к додекафонии, но уж никак не в ревизионизме и антисоциалистических взглядах. Он выступил в защиту интереса к новой музыке и напомнил Реблингу, что «не так много времени прошло со времен идеи *Entartete Kunst*» («дегенеративное искусство», нацистский термин), которая «не только привела к фатальным последствиям, но и унизила человеческое достоинство, бросив тень на всю нашу эпоху». Мычельский не был особым поклонником додекафонии, но одобрял ее исследование: «Думаю, лучше было дать Еве яблоко. Тогда не случилось бы всей этой истории с фиговыми листками и архангелом, охраняющим вход в рай»[34].

Между тем 4 июля МИД ГДР уведомил свое посольство в Польше о том, что Министерство культуры и искусства не согласилось принять на фестивале Дрезденскую оперу, так как сочло ее репертуар недостаточно современным для «Варшавской осени», и уже разрабатываются планы по приему лейпцигской труппы. В последующие десять дней об этом был поставлен в известность оргко-

---

[33] Реблинг, возможно, и не знал, что сокращение «соцреализм» (socrealizm) служило в польском языке официально-нормативным обозначением социалистического реализма, но статьи, которые он критиковал за его использование, действительно открыто отвергали эстетику, стоявшую за этим словом. Даже те, кому были по душе идеалы социалистического реализма, после 1958 года начали использовать другую терминологию, предполагая, что термин «соцреализм» был скомпрометирован его критикой. Я благодарю Лайзу Джакельски и Лайзу Вест за помощь в этом вопросе.

[34] Mycielski Z. Ciężka Artyleria // Przegląd Kulturalny. 18 сентября 1958 года.

митет. 16 июля К. Сикорский, глава Союза композиторов и председатель оргкомитета фестиваля, заверил Департамент культурных связей Минкульта ГДР в том, что поляки ценят участие Восточной Германии в фестивале и поэтому направили делегацию в Берлин и приняли официальное предложение Минкульта о выступлении на фестивале Лейпцигской оперы с постановками Дессау и Прокофьева. Он попросил департамент пересмотреть свое решение об отказе от этого варианта, так как вносить изменения в программу уже слишком поздно. (Последнее заявление оказалось чересчур оптимистичным: изменения в программу продолжали вноситься вплоть до начала фестиваля[35].) Минкульт стоял на своем: если Дрезденская опера не годится, то ГДР в этом году не будет участвовать, но обязуется внести свой вклад в программу фестиваля 1959 года[36]. Неудивительно, что на уровне союзов композиторов переговоры тоже зашли в тупик. В письме от 24 июля Добровольский писал: «Мы не виноваты в том, что Минкульт ГДР официально уведомил нас о приезде Лейпцигской оперы, а потом, спустя полтора месяца после того, как мы об этом объявили, выступил с другим предложением, которое нас не заинтересовало». Следовательно, «если музыка ГДР не будет представлена на этом фестивале, нашей вины в этом нет»[37].

Таким образом, в конце июля, примерно за восемь недель до запланированного начала фестиваля, выяснилось, что музыканты из ГДР в нем участвовать не будут. Минкульт ГДР и посольство затребовали у Нотовича, по сути, разведданные (а попросту — доносы) на всех лично знакомых ему членов польского Союза композиторов: он должен был сообщить, кто из них является реакционером, кто — оппортунистом, а кто — «человеком, с которым мы могли бы работать» в политическом плане. В отчете под грифом «совершенно секретно» Нотович отметил, что

---

[35] PAAA MfAA 3945. Копии находятся в: Archiwum ZKP Kat. A 16/21 и AAN MKiS CZIM 3247/103.

[36] Archiwum ZKP Kat. A 11/3. Копии находятся в: Archiwum ZKP Kat. A 16/12 и AAN MKiS CZIM 3247/102.

[37] Archiwum ZKP Kat. 11/3; также: Archiwum ZKP Kat. 16/12 и AdK VKM 2132.

большинство членов Союза польских композиторов не состоит в партии и что «прозападные убеждения среди них весьма распространены», поскольку «государство не демонстрирует консолидированной политической и идеологической позиции». Он порекомендовал обратиться за информацией к музыковеду З. Лиссе, которая совсем недавно была отстранена от руководства СПК за свои бескомпромиссные взгляды и, как считалось, симпатизировала позиции Восточной Германии. Сикорского он назвал хорошим ремесленником, но отъявленным реакционером, а о Добровольском сообщил, что на майской встрече тот выказал неприятие социалистического реализма. Лучшим композитором Польши Нотович считал В. Лютославского (хотя, по его мнению, «изгнанник» А. Пануфник писал еще лучше), человека «кристальной честности». При этом он достаточно справедливо отметил, что Пануфник имел много контактов с композиторами капиталистических стран и «никогда не производил впечатления социалиста». (Поскольку Пануфник бежал на Запад в 1954 году, неясно, почему вообще о нем зашла речь в этой ситуации.) Нотович также назвал публикацию провокационной статьи Реблинга ошибкой, совершенной из-за того, что Реблинг нарушил редакционную процедуру, согласно которой текст нужно было сначала обсудить с ним, Нотовичем[38].

30 августа оргкомитет все еще ломал голову над тем, как бы включить в программу музыку восточногерманского композитора, пусть даже ее исполнил бы польский музыкальный коллектив. Марек и Добровольский не пожелали вести переговоры с камерным ансамблем из ГДР, опасаясь, что немцы «снова нас надуют»[39]. Но пока они это обсуждали, атташе по культуре посольства ГДР сделал последнюю попытку заинтересовать Бюро международных культурных связей оркестром и хором из Лейпцига, в первый раз упомянув о предполагаемой программе выступления: «Уцелевший» («тема — восстание в Варшавском гетто») и «Воспитание проса» Дессау. Оргкомитет тут же получил

---

[38] PAAA MfAA 13038.
[39] Archiwum ZKP Kat. A 11/4.

эту информацию, сопровождаемую просьбой «принять предложение Германии»[40].

Организаторы фестиваля пришли в ужас. Добровольский направил в Центральное управление по делам музыкальных учреждений протест: организационные трудности выходят за грань разумного («внесение этого предложения за три недели до начала фестиваля, когда все программы уже составлены, делает его принятие невозможным»), размер коллектива пробил бы брешь в бюджете («шестидневное пребывание на фестивале ансамбля численностью 175 человек обойдется слишком дорого»), а найти номера в отелях для такой толпы в последнюю минуту было бы практически невозможно[41]. По-видимому, возражения Добровольского были должным образом приняты к сведению и быстро отклонены. К полудню 8 сентября договор был заключен[42]. На следующий день в программу добавили Четвертую симфонию Циленшека и назначили концерт на 28 сентября, 19:30[43].

Следующие три недели прошли в лихорадочной организационной суматохе: визы, железнодорожные билеты, перевозка инструментов и прочие хлопоты. Документы в основном оформлялись через посольство — хотя и не все, так как в посольстве не знали, что в какой-то момент польские власти вознамерились было отказать в визах шестидесяти членам лейпцигской группы. Заодно велись переговоры о других концертах, которые LRSO мог бы дать во время пребывания в ПНР[44]. 15 сентября МИД ГДР сообщил посольству, что восточным немцам «ни под каким видом» нельзя посещать Вроцлав — скорее всего, появление большой группы немцев в регионе, который Германия совсем недавно, в 1945 году, передала Польше, министерство сочло нежелательным. Однако пять дней спустя запрет был отозван. Зато 24 сентября такое же указание поступило в отношении Познани: якобы

---

[40] AAN MKiS CZIM 3247/101.
[41] Там же, 3247/106.
[42] PAAA MfAA 3495.
[43] Там же, 14200; AAN MKiS CZIM 3247, с. 119.
[44] PAAA MfAA 14200.

многие музыканты были родом из этого города, находившегося в прусской части разделенной Польши. Однако вскоре выяснилось, что это не так, и директива тоже была отменена[45]. В конце концов, несмотря ни на что, восточногерманские музыканты числом примерно 177 человек с 28 сентября по 2 октября выступили с концертами в трех польских городах, включая Познань.

Музыкальный стиль и культурная дипломатия

Несмотря на горы документов, сопровождавших этот запутанный процесс, мы не можем точно сказать, когда именно немцы утвердили программу концерта и кто конкретно это сделал. Ясно только, что решение было весьма прагматичным. Поскольку до выступления оставалось всего три недели, вся музыка должна была быть хорошо знакома лейпцигским исполнителям, а сам музыкальный коллектив был выбран в первую очередь потому, что уже зарекомендовал себя как исполнитель новой музыки, в частности премьер произведений Дессау, с которым у Кегеля были особенно тесные отношения. Речь об оркестре и хоре Лейпцигского радио впервые зашла еще 25 февраля, когда их порекомендовал ГРК; к тому времени уже в течение месяца было известно, что в апреле ансамбль Кегеля намерен сыграть и записать «Уцелевшего» в Лейпциге[46]. Из-за сжатых сроков подготовки трудности возникли также у Министерства иностранных дел ГДР, задачей которого было сделать музыкантам идеологическую прививку от либеральной политики ПНР и убедиться в их политической благонадежности. Министерство направило в Лейпциг группу политработников для проведения инструктажа, а в поездке музыкантов сопровождала группа из пяти идеологических руководителей, задачей который было следить за тем, чтобы никто не отклонялся от партийной линии[47].

---

[45] Там же, 3945.

[46] BArch DR 6/261.

[47] PAAA MfAA 14200. В группу политического «надзора» входили Шпильгаген и Ридель из Радиокомитета, некий товарищ Братке (или Братте) из Министерства культуры, М. Шмидт из МИДа и Э. Пиппиг, заведующая отделом

Программа, которую музыканты из ГДР привезли на «Варшавскую осень», должна была стать орудием культурной дипломатии, рассчитанным в первую очередь на поляков (которым требовалась «помощь»), но также и на международную аудиторию по обе стороны линии фронта холодной войны. Два произведения были написаны восточногерманскими авторами (что важно, поскольку на первой «Варшавской осени» в 1956 году не было ни музыки, ни исполнителей из ГДР), а третье — композитором, представлявшим Новую венскую школу, которая и была основной темой фестиваля[48]. Все три произведения были созданы в последние десять лет. В первом отделении концерта прозвучали Четвертая симфония для струнного оркестра (1958) И. Циленшека (1913–1998) и «Уцелевший», а во втором — «Воспитание проса» (*Die Erziehungder Hirse*, 1952–1954) Дессау.

Струнная симфония Циленшека представляла собой диатоническое произведение, написанное в привычной форме и для привычного состава исполнителей. Додекафония «Уцелевшего», с точки зрения Восточной Германии, оправдывала себя, так как служила антифашистской политической идее. Кантата Дессау была «музыкальной эпопеей» для чтеца, солиста, смешанного

кадров Лейпцигского радио, в должностные обязанности которой входило информировать Штази о политической благонадежности сотрудников (PAAA MfAA 3945). Записи Штази свидетельствуют о том, что во время турне никаких проблем с безопасностью не было (Переписка с Федеральным уполномоченным по работе с архивами Штази, 15 апреля 2010 года). Польский институт национальной памяти, занимающийся оценкой и выявлением действий польских служб безопасности в 1944–1989 годы, не сообщает о какой бы то ни было причастности ГДР к варшавским событиям осенью 1958 года (Переписка с Робертом Сколимовским, 7 апреля 2010 года).

[48] В обзоре фестиваля 1956 года Тильман сетовал на отсутствие музыки современных композиторов из Германии, как Восточной, так и Западной [Thilman 1956a: 27]. В 1957 году Государственный комитет по радиовещанию постановил, что хор Лейпцигского радио отправится на гастроли за границу только в том случае, если в программе прозвучит музыка композиторов ГДР. (В заявленной программе ее не было.) В ходе обсуждения было также предложено, чтобы артистов сопровождал инструктор по кадрам (вероятно, под видом хориста), который следил бы за политической обстановкой (BArch DR 6 352 Vorlage 36/57).

хора и большого оркестра, написанной на стихи недавно скончавшегося Брехта, любимого драматурга и поэта ГДР. У Дессау была прочная репутация модерниста: опера «Осуждение Лукулла», написанная им на либретто Брехта в 1951 году, вызвала первую крупную культурно-политическую бурю в ГДР. Однако «Воспитание проса» ни по каким параметрам не соответствовало этой репутации. Дессау положил на музыку длинную рифмованную балладу Брехта, написанную во славу героя труда, казаха-кочевника, который осел на земле, занялся выращиванием проса и сумел вырастить его в количестве, которое было достаточным для поддержки Красной армии в борьбе с Гитлером [Caute 2003: 299][49]. Всего в балладе 52 строфы.

Чтобы понять реакцию поляков на это проявление культурной дипломатии со стороны ГДР, нужно иметь некоторое представление о фестивале «Варшавская осень». Он был самым заметным проявлением оттепели в культуре. Его символическое значение возрастало благодаря тому, что заключительные концерты первого фестиваля 19–21 октября 1956 года продолжались даже в тот момент, когда на другом конце города Хрущев прервал своим появлением работу VIII пленума, а в пригород Варшавы вошли советские танки. И хотя инициированная Гомулкой либерализация вскоре сошла на нет, «Варшавская осень» продолжала существовать. За исключением 1957 и 1982 годов, фестиваль проводился ежегодно и при социализме выполнял роль площадки, на которой польские артисты налаживали и возобновляли связи с иностранными коллегами, публика узнавала о музыкальных новинках, которые, будучи в изоляции, пропустила, а новая

---

[49] Д. Каут отмечает, что в 1976 году редакторы отказались включить этот текст в собрание стихотворений Брехта, несмотря на то что некогда он был назван «главным стихотворением 1950 года». По мнению редакции, «пятьдесят две строфы во славу давно опровергнутой теории Трофима Лысенко, плюс одно умеренно хвалебное упоминание Сталина как "великого вождя урожаев"» делают балладу «неудобочитаемой», несмотря на «техническое мастерство автора» [Brecht 1976: xx]. Стихотворение было опубликовано под названием «Чаганак Берсиев, или Воспитание проса» (Tschaganak Bersijew, oder Die Erziehung der Hirse) в журнале «Смысл и форма» (Sinn und Form. 1950. № 2. S. 124–134).

Ил. 5. Репетиция Симфонического оркестра и хора Лейпцигского радио под управлением Герберта Кегеля в концертном зале Варшавской филармонии. 28 сентября 1958 года. С разрешения (частного) архива хора MDR

польская музыка могла быть услышана международной аудиторией. Фестиваль 1958 года, второй по счету, соответствовал всем этим задачам. Исполнители из ПНР и четырех других стран (Запад был представлен Францией и США, восточный блок — ГДР и Советским Союзом) выступили с новым репертуаром, в основном своих отечественных авторов, а также композиторов Новой венской школы. Число премьер было впечатляющим: сорок одна польская и шесть мировых. Кроме того, по меньшей мере одно событие гарантированно выводило «Варшавскую осень» в лидеры мировых фестивалей: это был концерт электронной музыки Г. Эймерта, Л. Берио, А. Пуссера, Б. Мадерны, Д. Лигети и К. Штокхаузена, с лекцией Штокхаузена, после которой Дэвид Тюдор исполнил фортепианные произведения Б. Нильссона, К. Вольфа, Дж. Кейджа и самого Штокхаузена [Bylander 1989: 553–555].

Такова была обстановка, в которой восточные немцы предприняли свою культурно-дипломатическую миссию. Программа концерта лейпцигского ансамбля была тщательно спланирована таким образом, чтобы продемонстрировать культурно-политическую идеологию ГДР как полякам, так и международному музыкальному сообществу, включая западных немцев (служивших для ГДР предметом особой заинтересованности). Двадцать пять минут концертного времени было отдано диатонической струнной музыке, сорок пять минут — образчику откровенно марксистско-ленинского искусства, а в промежутке между ними был исполнен «Уцелевший». За исключением пьесы Шенберга, с культурно-политической точки зрения привезти такую программу на «Варшавскую осень» было все равно что прийти с ножом на перестрелку. Несмотря на недавние внутренние дискуссии о додекафонии и других модернистских музыкальных техниках, на международном уровне ГДР стремилась поддержать свою репутацию несгибаемого поборника принципов соцреализма: доступности, дидактичности и антифашизма.

Польская пресса подвергла резкой критике и симфонию Циленшека, и — тем более — кантату Дессау. «Весь концерт надолго запомнится слушателям, — писала газета «Дзенник Польски», — но увы, добрая память останется только о двадцати минутах — именно столько времени занял исполненный дважды "Уцелевший из Варшавы" Шенберга»[50] (на самом деле, вероятно, даже меньше, потому что Кегель предпочитал очень быстрый темп). Симфонию Циленшека газета назвала «никуда не годной», а слушать «бесконечные куплеты» кантаты Дессау — Брехта было «просто нелов-

---

[50] Archiwum ZKP, запись 1958 № 2 (W-513, Nrarch. 185).

ко» — она «произвела не столько художественное, сколько комическое впечатление, став поводом для множества язвительных шуток». Еженедельник «Тыгодник заходни» сообщил, что «за дважды прозвучавшего "Уцелевшего из Варшавы" Шенберга (он был исполнен на бис) лейпцигскому коллективу можно простить остальную часть программы, не отвечавшую стандартам фестиваля». «Трибуна Люду» посетовала на то, что «ансамбль такого уровня, как LRSO и хор Лейпцигского радио, выбрал для завершения своей программы столь неинтересное в музыкальном плане зрения произведение, как эпопея Дессау "Воспитание проса"», — для партийного органа это было очень резкое высказывание[51]. Даже посольство ГДР было вынуждено признать, что исполнение кантаты Дессау стало полным провалом:

> Произведение вызвало смех публики, и двадцать-тридцать слушателей покинуло зал во время исполнения. Публика осталась недовольна как темой, так и музыкой, утверждая, что то и другое давно устарело. Кто-то из польского Министерства культуры сказал: «Мы больше не хотим пропаганды в музыке. У нас в Польше ее терпели двенадцать лет, но в 1956 году мы с ней покончили».

В том же отчете посольства содержатся рассуждения о причинах провала: может быть, 45-минутная кантата показалась слишком длинной, или публика не поняла текст, а возможно, дело в музыке, которая, «несмотря на свое разнообразие, в конце концов очень надоедает». Но окончательный вывод состоял в том, что «неприятие имело политические мотивы»[52].

Достаточно сравнить это с восторженной реакцией поляков на произведения Шенберга, прозвучавшие в первые выходные фестиваля 1958 года. (Польский симфонический оркестр госу-

---

[51] Kydryński L. Jesień w Warszawie // Dziennik Polski. 2 октября 1958 года; Karaśkiewicz N. Warszawska Jesień // Tygodnik Zachodni. 11 октября 1958 года; Czekaj K. Występy Orkiestry i Choru Radia Lipskiego // Trybuna Ludu. 30 сентября 1958 года.

[52] PAAA MfAA 14200.

дарственной филармонии дал мировую премьеру «Современного псалма», ор. 50 за сутки до выступления лейпцигских музыкантов.) Ежи Вальдорф в журнале «Столица» написал, что «неожиданным победителем первых двух дней фестиваля стал "отец 12-тонового сериализма", который

> формально был додекафонистом, а на самом деле просто выдающимся композитором, чьи «Современный псалом» и «Уцелевший из Варшавы» покорили публику. Слушая эти великие произведения, я не думал о технике, в которой они были написаны. Это была великолепная музыка, и не более того.

Критик из газеты «Глос Щецински» объявил, что успех первого дня фестиваля уик-энда был обусловлен «прежде всего Шенбергом, проклинаемым, но практически неизвестным. "Современный псалом" — произведение огромной силы (а ведь нам говорили, что Шенберг — это не музыка!)»

Согласно газете «Экспресс вечорны» «Шенберг для многих был символом рассудочного модернизма, которому чужды эмоции. На данный момент мы услышали две его композиции, полностью опровергающие это мнение». Критик газеты «Жиче Варшавы» написал, что Шенберг стал

> знаменательным событием фестиваля. Создатель непростой музыки, которую отвергают любители классики, но которая вызывает восхищение и признание благодаря простоте выразительных средств и огромной эмоциональности, заключенной в «Псалме» и «Уцелевшем». Оба произведения, написанные под конец 80-летней жизни, наполнены юношеской энергией.

Еженедельник «Тыгодник Заходни» назвал оба произведения «гениальной» музыкой: «В этой музыке не осталось ничего от жесткой системы — здесь сознание ее создателя достигает удивительной полноты, цельности и порядка. Неудивительно, что публика требовала бисировать оба произведения».

Стоит отдельно обратить внимание на то, что положительные отзывы появились не только в варшавской прессе: «Глос Щецински» был региональной газетой, выходившей в Щецине, а «Тыгодник заходни» выпускался в Катовице. Лондонский польскоязычный журнал «Одглосы» ликовал, рассказывая, как принимали композиторов Новой венской школы: «Недоброжелатели могли только бессильно скрежетать зубами, наблюдая за восторгом зала после исполнения кантаты "Уцелевший из Варшавы". Сериалистов вызвали на бис? Конец света!» Наконец, Национальная служба новостей не оставила сомнений в первенстве Шенберга на фестивале, назвав его «римским папой двенадцатитонового сериализма»[53]. Едва ли композитор когда-либо получал столько восторженных отзывов в прессе.

На этом фоне удручающая реакция на музыку Циленшека и Дессау может показаться знаком того, что восточные немцы переоценили свою культурную миссию. На самом же деле враждебность только подтвердила их подозрения, что поляки значительно отклонились от верного социалистического курса. В одном из своих отчетов посольство ГДР высказалось в защиту кантаты Дессау — Брехта: «Было разумно включить в программу такое произведение, как "Воспитание проса", с его идеологически верным содержанием и соответствующей формой». В том же ключе были высказаны сомнения по поводу Шенберга: «Тема хорошая, но содержание и форма всегда должны соответствовать друг другу, чего в данном случае, к сожалению, не происходит». 30 сентября LRSO и хор выступили с концертом в Познани, а 2 октября — в Кракове, где «Воспитание проса» было принято

---

[53] Waldorff J. Premier bił brawo! // Stolica. 12 октября 1958 года; Pawlicki Z. List z Warszawy—Warszawska Jesień // Głos Szczeciński. 30 сентября 1958 года; Erhardt L. Z notatnika recenzenta koncertowego: "Warszawska Jesień" // Express Wieczorny. 30 сентября 1958 года; Sierpiński Z. Okiem i uchem recenzenta: Pierwsze tony "Warszawskiej Jesieni" // Życie Warszawy. 1 октября 1958 года; Karaśkiewicz N. Warszawska Jesień // Tygodnik Zachodni. 11 октября 1958 года; Mazur K. A. Warszawska Jesień // Odgłosy. 26 октября 1958 года; Muzycy z Lipska w Warszawie (материал Государственной службы новостей) // Trybuna Ludu. 28 сентября 1958 года.

наиболее благосклонно («не более четырех-шести человек покинуло зал до окончания концерта»[54]). Это было единственное произведение, исполнявшееся на всех трех польских концертах; за пределами Варшавы вместо симфонии Циленшека играли Оркестровую сюиту № 2 си минор Баха, а вместо «Уцелевшего» — «Песнь судьбы», ор. 54 Брамса. Для культурно-дипломатической акции на крупном международном фестивале в польской столице требовался совсем иной репертуар, чем для гастрольного тура по городам, где в залах сидят одни поляки.

«Уцелевший» оказался самой эффективной частью культурной дипломатии ГДР, но при этом в наименьшей степени соответствовал официальной позиции Восточной Германии в отношении музыки и идеологии. ГДР пользовалась репутацией настолько сталинистского государства, что Э. Хелм ошибочно написал в «Musical Quarterly», будто «хор и оркестр Лейпцигского радио, которые так вдохновенно исполнили Шенберга в Варшаве, не могут исполнять его у себя на родине, в Восточной Германии, где музыка Шенберга по-прежнему входит в "индекс"» [Helm 1959: 112]. Хотя первое в странах соцлагеря исполнение «Уцелевшего» уже состоялось в Лейпциге, утверждение Хелма наглядно демонстрирует, насколько неожиданным было это выступление с чисто музыкальной точки зрения. (Хелму даже в голову не пришло покопаться в истории исполнений.) Журнал, издававшийся Союзом композиторов и музыковедов ГДР, последовательно выступал против додекафонии и сериализма. Его постоянный автор И. Тильман писал, что додекафоническая музыка «обладает всеми чертами необузданного варварства», и признавал, что академическую строгость метода можно было бы сравнить с контрапунктом и фугой, «если бы в ней не было столько догматизма» [Thilman 1956б: 12]. В другой статье он жаловался, что Международное общество современной музыки (ISCM) в Стокгольме открыто проявляет «двенадцатитоновый шовинизм» — узколобый, воинствующий и нетерпимый [Thilman 1956в: 9–10]. Конечно, Тильман не единственный выступал против этого на-

---

[54] PAAA MfAA 14200.

правления, но, находясь по восточную сторону фронта холодной войны, он высказывал лишь заученные, стереотипные возражения; особенно беспомощными были его попытки привести убедительные доводы в пользу каких-либо альтернатив. Будучи учеником Хиндемита, Тильман, помимо прочего, питал к Шенбергу личную неприязнь:

> Услышав фортепианный концерт Шенберга, я на несколько дней впал в глубокое уныние. Я спрашивал себя, что же за человек этот Шенберг, если, начав сочинять, он отверг цивилизацию, отменил человечность, отбросил порядок [...] Сколько же отчаяния и ненависти должно было скопиться в его душе, чтобы он создал такие произведения [Thilman 1956a: 28].

По словам М. Берга, Тильман писал о «Варшавской осени», используя выражения и аргументы, отдававшие музыкальной критикой времен нацизма [Berg et al. 2004: 116][55], и характеристика, данная Тильманом Шенбергу, заставляет счесть это обвинение обоснованным.

В культурной политике не было более поляризующей фигуры, и проникновение музыки Шенберга за железный занавес стало мощным сигналом оттепели. В мае 1957 года Глен Гульд исполнял музыку Шенберга, Берга и Веберна в Москве и Ленинграде; концерты собирали аншлаги и имели бешеный успех. И в Польше, и в ГДР прекрасно понимали, что означает исполнение подобной музыки в странах социалистического лагеря. Польской прессе поистине кружила голову свобода, вестником которой стало исполнение музыки Новой венской школы в ПНР, а также, по выражению М. Бристигера, «публичный триумф эстетики Шенберга»[56]. Напротив, ортодоксы из ГДР рассматривали звучание этой музыки и ее восторженный прием как знак буржуазно-

---

[55] Высказано в дискуссии, материалы которой опубликованы после статьи А. Хлопецкого «О восприятии новой музыки ГДР на примере "Варшавской осени"».

[56] Bristiger M. Demon Zgrzytów // Polityka. 8 ноября 1958 года.

капиталистического упадка. И неважно, действительно ли кто-то из этих критиков любил или ненавидел додекафоническую музыку. Их позиции были культурно-политическими проявлениями холодной войны в социалистическом лагере.

«Уцелевший» как форма культурной дипломатии

Нет никаких сомнений в том, что репутация Шенберга как «римского папы двенадцатитоновых сериалистов» сыграла не меньшую роль в успехе «Уцелевшего» на «Варшавской осени», чем беспомощность других произведений, исполненных лейпцигскими музыкантами. С. Киселевский недаром со злорадством писал о важности такой рецепции для противостояния между социалистическим реализмом (т. е. ГДР) и сериализмом (ПНР). Припоминая Реблинга, автора «Открытого письма польским друзьям», он торжествовал: «Восторг, вызванный кантатой Шенберга, на фоне скуки, которую нагнала на публику кантата Дессау, может послужить ему хорошим уроком»[57]. Однако не все причины, по которым произведение вызвало столь большой интерес, были связаны с музыкальным стилем. Одной из них было желание увидеть, как немцы отвечают за страдания поляков во время войны, пусть даже только на символическом уровне, — в виде исполнения восточногерманским коллективом «Уцелевшего из Варшавы» в Варшаве. Вспомним, что и СЕПГ, и ПОРП преподносили это исполнение как акт покаяния. В отчете посольства ГДР указывается, что благожелательному восприятию кантаты способствовали несколько факторов:

> Успех легко объясним: эта тема, представленная немецким музыкальным коллективом, не могла не произвести большого впечатления в Варшаве. Кроме того, Шенберг считается в Польше иконой модернизма. Выбор этого произведения

---

[57] Kisielewski S. (псевд. Kisiel). Vivat muzyka! // Tygodnik Powszechny. 12 октября 1958 года. Эта католическая газета, выходившая в Кракове, отличилась тем, что не пожелала публиковать некролог Сталина, за что была закрыта на три года.

отразил и нашу точку зрения, поскольку оно осуждает варварство фашизма и обладает большой силой эмоционального воздействия, а музыкальная форма соответствует содержанию, что не всегда происходит у Шенберга[58].

Польские слушатели познакомились с этим произведением не просто в закрытой, изолированной среде фестиваля новой музыки. Ведь сам фестиваль проходил в широком, внемузыкальном послевоенном контексте: в апреле того же года отмечалась пятнадцатая годовщина восстания в Варшавском гетто, к которой был приурочен ряд тщательно разработанных мероприятий с участием делегаций из двадцати стран; правда, о Варшавском восстании 1944 года не вспоминали. Правдивый рассказ об Армии Крайовой и ее отважной попытке спасти столицу от немцев был бы недопустим, так как партия в этом случае должна была бы признать, что в провале восстания был отчасти виноват Советский Союз: хотя советские войска находились совсем рядом, они не пришли на помощь повстанцам, так как Армия Крайова находилась под командованием польского правительства в изгнании, базировавшегося в Лондоне, и поэтому представляла угрозу для советской власти. После войны прошли показательные процессы, на которых тринадцать предводителей восстания были осуждены за антисоветские действия, а коммунисты поливали грязью Армию Крайову как орудие в руках заграничных буржуазных манипуляторов. Некогда служившая предметом величайшей национальной гордости, Армия Крайова перестала публично упоминаться, и только после 1956 года ее заслуги начали неохотно признавать на официальном уровне [Sawicki 2005: 230][59]. При этом уже в 1946 году первый памятник восстанию в гетто по проекту архитектора Л. М. Сузина — установленный на возвышении диск, похожий на крышку канализационного люка, — ознаменовал это событие как часть еврейской и польской

---

[58] PAAA MfAA 14200.
[59] О том, как медленно проникало признание этого события в публичный и официальный дискурс, см. [Borodziej 2006: 142–145].

истории; второй, «большой» памятник работы Н. Рапопорта установили в 1948 году. Между тем героизм Варшавского восстания 1944 года так и остался, по сути, непризнанным. Выглядело так, будто скульптуре Рапопорта было позволено заменить собой мемориал в честь того, «другого» восстания — самой известной акции, предпринятой самой крупной армией сопротивления в оккупированной немцами Европе, Армией Крайовой, которую было запрещено чествовать публично.

В своей работе, посвященной увековечиванию памяти жертв Холокоста в Польше, Э. Плоновска Зярек рассматривает этот очевидный парадокс как проявление «официального регулирования коллективной траурной памяти». Манипулируя «коллективным горем, подавлением чувства вины и символическим уравниванием страданий евреев и поляков, партия надеялась вызвать самоотождествление нации с коммунистическим режимом и свести к минимуму антикоммунистическую оппозицию». Зярек называет условия этой сделки:

> Партия пообещала сохранить национальный миф о невиновности и искупительных страданиях и оберегать этот миф от каких-либо обвинений в антисемитизме, но только ценой сокрытия антикоммунистического сопротивления во время и после войны и исключения его из публичной памяти [Plonowska Ziarek 2007: 310][60].

Этот историко-политический контекст жизненно важен для того, чтобы понять, почему поляки так бурно отреагировали на «Уцелевшего». Партийные газеты СЕПГ и ПОРП хотя и называли исполнение актом искупления, ни словом не упомянули о евреях, но во всех прочих изданиях рецензенты назвали главных героев «Уцелевшего» без обиняков, пользуясь словами «еврей, евреи» (Żyd, Żydzi), «еврейский» (żydowski) и «гетто» (getto). Посетители концерта могли ознакомиться с аннотацией в программке, краткой, но информативной:

---

[60] О том, как коммунисты манипулировали трактовкой Холокоста, см. также [Polonsky, Michlic 2004: 1–13].

> Шенберг долгие годы был протестантом, но, бежав из нацистской Германии (1933) как еврей и автор «дегенеративной музыки», вернулся к религии своих предков. Этим поступком он выразил протест против преследования человека человеком, встав плечом к плечу с гонимыми единоверцами. С этого момента в творчестве Шенберга появляются библейские темы и сюжеты, связанные с историей еврейского народа.
> Кантата «Уцелевший из Варшавы», наряду с оперой «Моисей и Аарон», является одним из самых драматичных произведений композитора. Она была вдохновлена трагедией Варшавского гетто. В рассказе человека, уцелевшего в гетто, оживает ужасающая картина казни. В кульминационный момент, когда евреев ведут на смерть в газовой камере, они запевают скорбный еврейский гимн-молитву[61].

О том, что хор пел на древнееврейском, было упомянуто в трех рецензиях. (Один из критиков, Марьян Фукс из газеты «Жолнеж вольнощи», возможно, даже понял текст. Фукс (1914–2022) был евреем, впоследствии широко публиковался как исследователь польского еврейства и культуры и активно сотрудничал с Еврейским историческим институтом в Варшаве[62].) Большинство критиков назвали Шенберга австрийцем — вполне логично, так как одной из тем фестиваля того года была Новая венская школа. Лишь один из рецензентов сообщил о его еврейском происхождении. Это был Л. Эрхардт, написавший в газете «Экспресс вечорны», что «Уцелевший» — это

> кантата, в которой Шенберг как еврей выразил трагический протест против страданий еврейского народа в Варшавском гетто. Кантата ранее была неизвестна в Польше, поэтому

---

[61] Program II Międzynarodowego Festiwalu Muzyki Współczesnej: Warszawa 27.IX–5.X.1958 (ред. Т. Марек). Warsaw: Komitet Organizacyjny II Międzynarodowego Festiwalu Muzyki Współczesnej, 1958.

[62] Fuks M. Warszawska Jesień // Żołnierz Wolności. 29 сентября 1958 года. Авторы двух других — К. Чекай («Trybuna Ludu») и Т. Мазуркевич («Tygodnik Demokratyczny»).

неудивительно, что ошеломленная и взволнованная публика несмолкающими аплодисментами вызвала музыкантов на бис (*курсив мой*)[63].

На самом деле это *удивительно*. Даже учитывая привилегированный статус музыки Шенберга на «Варшавской осени», этот ошеломительный отклик на «Уцелевшего» в Польше вызывает удивление. В ПНР почти не осталось евреев: к концу войны их довоенная численность — 3,5 миллиона человек — сократилась до 86 тысяч, а в 1958 году, в разгар очередного массового исхода, эта цифра составляла, по самым приблизительным оценкам, всего 41 тысячу человек[64]. Кроме того, антисемитизм в Польше никуда не делся. Он продолжал существовать по целому ряду причин, многие из которых были пережитками межвоенного и военного времени: взгляды некоторых католических иерархов, остаточное влияние «эндеции» — правой националистической Национально-демократической партии (*Narodowa Demokracja*), живучесть уничижительного понятия «жидокоммуна» (*Żydokomuna*), подразумевавшего, что именно евреи принесли коммунизм в Польшу. Другие причины были привнесены из Советского Союза. И хотя в 1958 году в Польше не существовало официального, государственного антисемитизма, общее отношение к евреям в период оттепели не особенно улучшилось[65]. Сразу после войны в Польше действительно уделялось много внимания судьбе евреев. Это длилось недолго, но достаточно для того, чтобы режиссер А. Форд успел снять фильм «Пограничная улица» (*Ulica Graniczna*), впервые представив на экране восстание в Варшавском гетто, а В. Якубовска, опираясь на опыт собственного пребывания в Аушвице, — кинокартину «Последний этап», которую кинокритики иногда называют «матерью всех фильмов о Холокосте» [Haltof 2012: 28]. В тот же короткий

---

[63] Erhardt L. Z notatnika recenzenta koncertowego: "Warszawska Jesień" // Express Wieczorny. 30 сентября 1958 года.

[64] Послевоенные данные см. [Frankel 1946–1947: 336]; данные за 1958 год — [Shapiro 1959: 216].

[65] Подробно об отношениях между этническими поляками и евреями в послевоенной Польше до 1960-х годов см. [Szaynok 2005].

промежуток времени было санкционировано и профинансировано возведение памятника, созданного Н. Рапопортом. Это последнее предложение Варшавский комитет по делам искусств принял при условии, что он будет открыт не позднее пятой годовщины восстания, то есть менее чем через год: вероятно, там чувствовали, что скоро политическая ситуация изменится так, что это станет невозможным, и вскоре это подтвердила история с Кассерном, угодившим под колесо сталинизации [Young 1994: 167][66]. Но сегодня исследователи подвергают пересмотру стандартный монолитный нарратив о послевоенной Польше как сплошном засилье антисемитизма и стирания памяти: обнаруживаются все новые свидетельства о том, что в целом в 1950-е — 1960-е годы активность еврейских общин была выше, а отношение к евреям польского населения — лучше, чем предполагалось ранее[67]. Зато среди рядовых членов ПОРП поднялась такая волна антиеврейских настроений, что в апреле 1957 года Центральный комитет был вынужден выступить с официальным осуждением антисемитизма (что выглядело довольно неловко, поскольку жена Гомулки была еврейкой). Предпринимались и отдельные попытки воспользоваться для решения этой проблемы ослаблением цензуры в период оттепели. Самой известной попыткой такого рода стала статья Л. Колаковского «Антисемитизм: пять старых тезисов и одно предупреждение», опубликованная в мае 1957 года в еженедельнике «По просту» [Szaynok 2005: 282]. (Эта и другие провокационные публикации привели к тому, что газету, рассчитанную на студентов и интеллектуалов, вскоре закрыли.)

Характер и сам масштаб реакции на «Уцелевшего» несоизмеримы с тем небольшим местом, которое Холокост занимал в массовом сознании поляков после сталинизации. Возможно, слушателям кантата показалась чем-то большим, чем просто

---

[66] О первых послевоенных годах см. [Michlic 2005].

[67] Из исследований на эту тему см., например, [Kichelewski 2008; Plocker 2009; Meng 2011, 2015]. Благодарю Майкла Менга за информацию и за предоставление мне текста главы из монографии до ее публикации.

протестом против того, что немцы убивают евреев. Разумное объяснение можно найти в «символическом уравнивании страданий евреев и поляков», которое Плоновска Зярек определила как ключевую черту регулируемой культуры коллективной траурной памяти в послевоенной Польше. Попробуем представить себе, что ощущали в зале слушатели. Текст читался на английском языке, и перевод в программке напечатан не был, хотя музыка не оставляет сомнений в том, что речь в нем идет о невероятных зверствах. В заключительной молитве на древнееврейском, безусловно, угадывалась кульминация, но содержание ее было так же непонятно, как английский текст: этнические поляки, возможно, и слышали, как евреи говорят на идише, но богослужебный язык был им недоступен. Хотя в аннотации герои открыто назывались евреями, непонятность текста, графичная иллюстративность музыки и навязанная склонность ставить знак равенства между страданиями евреев и поляков — все это, возможно, заставило этнических поляков принять происходящее в «Уцелевшем» на свой счет — как рассказ об их, поляков, военных невзгодах, сопротивлении и героизме, о Варшавском восстании, память о котором так и не была увековечена. Слова, которые употребляли в своих рецензиях критики, говоря о самом историческом событии («истребление», «ликвидация», «мученичество», «сражения», «восстание»), могли равным образом относиться и к гетто, и к Варшавскому восстанию, так же как и прилагательное *wstrzasający* — «потрясающий» либо «ужасающий», «душераздирающий», — которое фигурировало в аннотации и которым пользовались почти все критики, характеризуя сюжет, его воздействие на аудиторию или на то и другое вместе.

Незадолго до того ПОРП несколько смягчила свои позиции по отношению к Армии Крайовой, признав боевую доблесть ее рядовых солдат, — хотя офицеры по-прежнему считались предателями [Sawicki 2005: 230]. В 1956 году вышел фильм А. Вайды «Канал» — о трагической судьбе группы солдат Армии Крайовой, пытавшейся во время восстания 1944 года выбраться из центра Варшавы по городской канализации. Начиная с октября того же 1956 года бывшие солдаты Армии Крайовой стали возвращаться в Польшу, где их встречали как героев [Machcewicz 2009: 210]. Это означало, что тема Варшавского восстания снова приобрела актуальность, пусть даже ПОРП этого официально не признавала. При доброжелательном подходе можно расценить восторженный прием, оказанный «Уцелевшему» в Польше, как солидарность или сочувствие; более циничный взгляд скорее увидит в «символическом уравнивании» страданий евреев и поляков» присвоение. В любом случае рецепция «Уцелевшего» в Польше объясняется, по меньшей мере отчасти, попытками коммунистов манипулировать нарративом Холокоста и при этом перечеркнуть историю Варшавского восстания.

Независимо от угла зрения, под которым рассматривался этот акт культурной дипломатии, новость об успешном исполнении распространилась быстро. В письме от 14 октября 1958 года вдова Шенберга Гертруда сообщила издательству «Бельке-Бомарт», что у себя в Калифорнии узнала о триумфальном варшавском успехе. Марго Бельке ответила, что этот триумф побудил Краковскую государственную филармонию поставить произведение в расписание концертов на январь 1959 года, хотя, судя по всему, исполнение так и не состоялось[68]. «Уцелевший» снова прозвучал на «Варшавской осени» 1974 года, когда фестиваль совпал как со столетием Шенберга, так и с тридцатой годовщиной Варшавского восстания. На этот раз выступали поляки: Польский государственный филармонический оркестр и хор под управлением Яна Кренца и Лешек Хердеген в роли чтеца.

Подводя итоги «Варшавской осени» 1958 года, организаторы фестиваля обнаружили, что на концерт лейпцигского ансамбля было продано всего 60–70 % билетов, а его участие обошлось

---

[68] Переписка с «Бельке-Бомарт», письма от 14 октября и 5 декабря 1958 года (ASC GSC); объявления датированы 10 февраля и 20 июня 1960 года (ASC GSC). В 1958 году издательство «Бельке-Бомарт» получило отчисления от «Радио Варшава» и «Радио Краков», а в 1959-м дважды от польского агентства Ars Polona, занимавшегося арендой партитур и платежами зарубежным музыкальным издательствам. По сохранившимся записям невозможно определить, были ли это отчисления только за передачи Польского радио, или же краковский оркестр действительно брал напрокат партитуру.

полякам примерно в 600–700 тысяч злотых — почти в треть всего бюджета фестиваля. Стало ясно, что отныне фестиваль сможет позволить себе принимать только один иностранный оркестр в год, причем гастроли должны были быть тщательно спланированы. Но самым важным уроком для Центрального управления по делам музыкальных учреждений, несомненно, стал следующий: «Мы должны избегать ошибок, которые могут вовлечь фестиваль в политические дела, как это было в случае Лейпцигского оркестра»[69]. 16 октября Министерство культуры и искусства ПНР и посольство ГДР в Варшаве договорились продолжать сотрудничество на культурном фронте, в частности посредством Союзов композиторов обеих стран; совместная немецко-польская комиссия продолжала собираться и планировать ежегодные Соглашения о культурном сотрудничестве[70]. Однако эти организации не сумели обратить себе на пользу ни один из импульсов, заданных успехом культурной дипломатии, средством которой послужил «Уцелевший». После выступления духового квинтета лейпцигского Гевандхауса в 1959 году участие музыкальных коллективов из ГДР в фестивале «Варшавская осень» на несколько лет прекратилось.

В октябре 1958 года члены делегации Государственного радиокомитета ГДР, посетившие своих польских коллег, довели до сведения Центрального комитета следующий разговор. Некая полька «весьма эмоционально заявила, что желает, чтобы как можно скорее началась война, потому что тогда, по крайней мере, придут американцы. На вопрос, не боится ли она, что в этом случае погибнут и она сама, и ее дети, она ответила: "Все равно хуже, чем сейчас, не будет"»[71]. Против таких глубинных предубеждений культурная дипломатия была так же бессильна, как

---

[69] AAN MKiS CZIM 3247/157. См. также Biuletyn Informacyjny Związku Kompozytorów Polskich (ежегодный бюллетень Союза польских композиторов), включающий обзор фестиваля «Варшавская осень» 1958 года (Archiwum ZKP Kat. A 11/14).

[70] PAAA MfAA 1768.

[71] BArch DA 6 517 Bd. 2 б.с.

и махинации большой политики. Холодная война внутри соцлагеря продолжалась до конца 1962 года, пока Гомулка и Ульбрихт не заключили шаткое перемирие, вызванное строительством Берлинской стены [Anderson 2001: 259–276].

ГДР вернулась на «Варшавскую осень» в 1963 году с очередной программой из сочинений восточногерманских композиторов в исполнении Оркестра Дрезденской филармонии под управлением Хайнца Бонгарца. На сей раз помочь полякам устоять перед песней модернистских сирен Запада были призваны диатоника Симфонии для струнных Э. Г. Майера и подражание Шостаковичу, каковым являлась «Симфониетта» Г. Кохана (1960), а в 1967 году организаторам удалось добиться того, чего они так хотели еще в 1958-м: артисты Берлинской государственной оперы под управлением Герберта Кегеля исполнили наконец оперу Дессау «Осуждение Лукулла» (1951).

Глава 6
Чехословакия

*«Уцелевший из Варшавы»
как уцелевший из Варшавы*

История исполнения «Уцелевшего» в Чехословакии примечательна тем, что в 1960-е годы в двух из пяти случаев партию чтеца исполняли евреи. Первый из них, Йозеф Червинка, пережил Холокост благодаря тому, что провел годы войны в эмиграции в Англии; второй, Карел Берман, прошел через четыре нацистских лагеря и сегодня известен в первую очередь своим активным участием в музыкальной жизни Терезина. В единственной грамзаписи «Уцелевшего» партию чтеца исполняет на чешском языке Берман, который выступал в этой роли чаще, чем кто-либо другой из чешских артистов. Червинка и Берман олицетворяли собой два разных пути выживания чешских евреев. Можно, конечно, считать, что эмиграция не дает человеку статуса «уцелевшего», зато Берман соответствует этому статусу по всем параметрам. Кроме того, в 1960-е годы в Чехословакии было так мало евреев, что такой выбор исполнителей вряд ли можно назвать случайным. Появление и культурная мобильность «Уцелевшего» в Чехословакии 1960-х годов знаменуют тот краткий период оттепели, когда и модернистская музыка, и еврейская тема могли относительно свободно циркулировать в публичном дискурсе.

Уникальность чешского случая определяется и некоторыми другими факторами, требующими рассмотрения. «Уцелевший» появился в Чехословакии только после 1960 года. В июле 1961 года произведение транслировалась по чешскому радио на всю страну, первое в Чехословакии «живое» исполнение состоялось в феврале 1963 года в Брно, а три года спустя «Уцелевший» был исполнен в Праге, чешской столице. Самый пламенный адепт Шенберга из чешских музыковедов выбрал нетривиальное решение: начать приобщение чехов к его музыке с «Уцелевшего», представлявшего собой образец не проблематичного европейского, а блестящего американского творчества композитора, несмотря на то что США считались вражеской сверхдержавой. Разумеется, обстановка в Чехословакии в 1960-е сильно отличалась от польской и восточногерманской, в которой «Уцелевший» циркулировал в конце 1950-х годов. Уникальность чешского контекста становится особенно очевидной, если рассматривать этот контекст под тремя разными, хотя и пересекающимися друг с другом, углами, которыми, собственно, и определяется настоящее исследование (политика, еврейский вопрос и музыкальный модернизм). К большой политике Шенберг не имел никакого отношения, так что она может служить лишь общим фоном; зато, как мы увидим, он имел непосредственное отношение к еврейству и модернистской музыке в рассматриваемом регионе.

Политика Чехословакии

Рассмотрим общепринятые исторические наименования Чехословакии XX века. До 1918 года регион входил в Австро-Венгерскую империю, а с 1918 по 1938 год представлял собой демократическую республику (известную как Первая республика) под названием Чехословацкая республика (*Československá republika*). После Мюнхенского сговора 1938 года в тщетной попытке умилостивить Гитлера Судетская область была отделена от Богемии и Моравии и передана Германии. Оставшаяся часть просуществовала как Вторая республика лишь до марта 1939 года, когда немцы оккупировали Богемию и Моравию и объявили их протекторатом Германии. После этого Чехословакия как суверенное государство перестала существовать. Для обозначения первого послевоенного периода (1945–1948) используется термин Третья республика. В 1948 году, после того как к власти пришли коммунисты, страна снова стала именоваться Чехословацкой Республикой (ЧСР), а с 1960 по 1989 год носила название Чехословацкая Социалистическая Республика (ЧССР). Название «Чехословакия» применимо ко всем периодам существования страны после 1918 года.

Ее путь после 1945 года существенно отличался от пути, выбранного другими странами — сателлитами Советского Союза, и во многом определялся ситуацией в межвоенный период. Первый президент республики Т. Г. Масарик был «образцовым либералом, ориентированным на Запад, и умеренным националистом, что было довольно необычно для Восточной Европы». Поэтому, «в отличие от Польши, Венгрии и Румынии, государство, которым он управлял, оставалось либеральной демократией до самого конца 1930-х годов» [Mendelsohn 1987: 131]. Имея прочные связи с Западом, особенно с США (он был женат на американке), Масарик стремился, чтобы Первая республика развивалась как «восточноевропейская демократия, наиболее близкая к западным стандартам» и стала «такой же процветающей, как Запад, и гораздо более благополучной, чем ее восточные соседи» [Abrams 2004: 25]. Коммунистическая партия Чехословакии (КПЧ) играла активную роль в построении этой демократии. В отличие от своих аналогов в Венгрии, Польше, Румынии и Югославии, КПЧ действовала как легитимная местная политическая партия с 1921 года. Как и в Италии и Франции, история сопротивления партии нацистам была безупречной [Там же: 55]. Весьма важным для ее послевоенного возрождения и успеха был тот факт, что она никак не участвовала в национальном позоре — Мюнхенском сговоре, который привел к оккупации чешских земель нацистами и созданию правительства в изгнании в Лондоне. Иными словами, у чехословаков не было исторических причин видеть в Советском Союзе с его коммунистической идеологией врага (в отличие от поляков, у которых таких причин было множество) [Rothschild, Wingfield 2008: 71; Lukeš, Goldstein 1999]. Таким образом, в первые послевоенные годы КПЧ оказалась в гораздо более выгодном положении, чем ее аналоги в других странах Восточного блока.

Западные наблюдатели надеялись, что «модифицированный плюрализм» [Wolchik 1998: 36], предложенный коалиционным правительством Национального фронта в 1945 году, означал, что Чехословакия восстановит свои позиции самой успешной демократии западного образца в Центральной Европе. Однако они сильно недооценили глубокое недоверие, которое посеял в народе Мюнхенский сговор 1938 года. Возмущение этим предательством заодно с ужасами оккупации и войны привело к тому, что к 1945 году «чешское население резко полевело», и на свободных демократических всеобщих выборах в мае 1946 года КПЧ получила впечатляющие 40 % голосов [Abrams 2004: 56, 58]. Но коммунисты быстро растеряли свой электорат, навязывая стране сталинистскую программу, и в феврале 1948 года в ответ на возникшие беспорядки Р. Сланский, генеральный секретарь ЦК КПЧ, получил из Москвы приказ совершить переворот [Grogin 2001: 134]. Западные державы восприняли этот переворот как гвоздь в крышку гроба переговоров с Советским Союзом о судьбе Европы. Действия СССР в 1948 году поставили Чехословакию на путь советизации, который кардинально отличался от путей, выбранных Польшей и Восточной Германией. После переворота президентом стал председатель КПЧ К. Готвальд; начались кровавые сталинистские чистки, которые продолжались до самой смерти Готвальда, наступившей в 1953 году, всего через несколько дней после смерти Сталина. На волне ряда политических маневров на руководящие позиции выплыл А. Новотный — сначала как генеральный секретарь КПЧ, а потом и президент; он оставался у власти, пока не был отстранен во время Пражской весны 1968 года.

При Новотном десталинизация, начавшаяся после смерти советского вождя, пошла черепашьим шагом. Собственно, «Уцелевший» попал в Чехословакию с таким опозданием именно потому, что опоздала и оттепель, необходимая предпосылка для публичного его появления в любой точке социалистического лагеря. Когда оттепель начала распространяться по соседним странам, чешские вожди, замешанные в сталинистских преступлениях в своей стране, оставались у власти: для них отречение от сталинизма было бы равносильно самообвинению. Десталинизация намеренно откладывалась на максимально долгий срок, так как партийные лидеры ждали, не пойдет ли Хрущев на попятный после осуждения сталинизма в 1956 году. Они даже не решились снести памятник Сталину в Праге, самый большой в мире; монумент ликвидировали только в октябре 1962 года, спустя год после того, как тело Сталина было вынесено из Мавзолея [Judt 2006: 436–437]. К тому времени, когда «Уцелевший» добрался до Чехословакии, позиция Хрущева уже благоприятствовала переосмыслению модернистской музыки в Польше (из всех соцстран наиболее благосклонно относившейся к модернизму) и даже в ГДР (с ее репутацией самой консервативной в культурном отношении соцстраны).

Евреи и еврейство в Чехословакии

Если большая политика служит лишь необходимым фоном для нашего исследования, то еврейский вопрос имеет непосредственное отношение как к теме «Уцелевшего», так и к биографии Шенберга, чьи родители были выходцами из Богемии и Словакии. Его мать, Паулина Наход, родилась в семье правоверных пражских евреев (Прага входила в австрийскую часть австро-венгерской двойной королевско-кайзеровской монархии), а отец, Самуэль Шенберг, был родом из венгерского города Сеченя (принадлежавшего к другой половине упомянутой монархии), расположенного близ сегодняшней словацко-венгерской границы. Родичи Паулины служили канторами в пражской Староновой синагоге, на данный момент старейшей действующей синагоге в Европе, сыгравшей определенную роль в истории. После 1848 года евреи пользовались свободой передвижения и поселения на всей территории монархии, и в 1852 году юный Самуэль переехал из немецкоязычной еврейской общины Прессбурга (ныне Братислава) в Вену, где они с Паулиной познакомились и поженились. Композитор, которого обычно считают венцем и который сам, как правило, причислял себя к немецкой культуре, на самом деле связан с Чехией, Венгрией и Словакией гораздо более глубокими корнями, чем с любой другой частью Европы.

Начиная с XIX века важнейшим фактором, влиявшим на жизнь евреев в чешских землях, был межнациональный конфликт чехов с немцами, который привел к тому, что «ассимиляция евреев и постепенное освоение ими официального и обязательного немецкого языка... в конечном счете переросли в твердую приверженность немецкому образованию и культуре» [Rothkirchen 2005: 297]. На рубеже веков евреи составляли 1,01 % населения Чехии, причем половина из них была сосредоточена в Праге. В их среде возникли три «более или менее взаимоисключающих движения», каждое из которых предлагало свое решение еврейского вопроса: слияние с чешским населением, ассимиляцию в немецкоязычную культуру или сионизм [Krejčová 1998: 359].

По сравнению с соседними Польшей, Румынией и Венгрией, антисемитизм в Первой республике проявлялся достаточно слабо; по сути, это была самая благожелательная к евреям страна в регионе. Еще в 1895 году Масарик публично встал на сторону сионистов [Kieval 2000: 204][1]. Политическая целесообразность такой позиции неоспорима. Однако, в отличие от некоторых правителей Румынии и Польши, использовавших сионизм как прикрытие для антисемитизма, Масарик утверждал, что его цель — не избавить Европу от евреев, отправив их в Палестину, а пробудить национальную гордость евреев, помогая им осознать, что у них есть родина [Mendelsohn 1987: 147]. В то время в Богемии и Моравии насчитывалось 136 еврейских общин, в которых состояло около 118 310 человек [Rothkirchen 2005: 116].

Учитывая удивительную чешскую манеру приглашать для участия в исполнении «Уцелевшего» выживших евреев, стоит внимательно рассмотреть особенности Холокоста в протекторате Богемии и Моравии[2]. В июне 1939 года рейхспротектор пол-

---

[1] Собственно, этому вопросу посвящена вся девятая глава книги Киваля «Масарик и чешские евреи: двусмысленная дружба» (с. 198–216). Я искренне благодарю Киваля за помощь в поиске материалов о чешских евреях. О положении чешских евреев в целом в межвоенной Чехословакии см. [Čapková 2012].

[2] Положение в Словацкой республике было совершенно иным, поскольку она была первым союзником стран оси, принявшим участие в систематической депортации евреев. В первые послевоенные антисемитские настроения проявлялись там сильнее, чем в Чехии, и уже в сентябре 1945 года в восточной Словакии вновь произошли погромы.

ностью взял под контроль еврейские общины, после чего «чешские власти перестали играть какую-либо роль в принятии решений, касающихся судьбы евреев» [Rothkirchen 2005: 145]. Около 27 тысяч евреев успело бежать до 1941 года, когда эмиграция была объявлена вне закона, а чешское правительство в изгнании продолжало издалека поддерживать дело сионизма, но судьба оставшихся была печальной. Еврейская религиозная конгрегация Праги и ее преемник, еврейский совет старейшин, быстро обнаружили, что попытки влиять на политику, сотрудничая с немцами, ни к чему не ведут. При рейхспротекторе Р. Гейдрихе все оставшиеся евреи были отправлены в Терезин, а оттуда на восток, где большинство из них погибло. «С 24 ноября 1941 года по 16 марта 1945 года из протектората было отправлено в Терезин 122 поезда, в которых находилось в общей сложности 73 608 человек» [Там же: 134].

В «псевдодемократической» республике 1945–1948 годов проживало всего около 55 тысяч еврейских граждан [Там же: 284]³. Однако уже к сентябрю 1945 года эти немногие восстановили 50 общин в Богемии, Моравии и Силезии и 79 в Словакии. Евреи разных убеждений (сионисты, сторонники ассимиляции, ортодоксы) объединились под эгидой Совета еврейских религиозных общин (*Rada židovskýc hnáboženských obcí v zemích České a Moravskoslezské* — RŽNO). Общины выполняли религиозные и образовательные функции, но их первостепенными задачами всегда были «реабилитация и защита» [Meyer 1953: 113–114]. Кроме того, евреи в послевоенный период были достаточно заметны. Возвращение заключенных из концентрационных лагерей «широко освещалось национальной прессой и радио, вызывая сострадание и солидарность среди населения в целом». Публиковались многочисленные воспоминания, в частности выживших в Терезине [Rothkirchen 1996: 174]. В 1945 году отдел репатриации Министерства труда и социальной защиты выпустил 500-страничный отчет о выживших в Терезинском гетто; в 1947 году некий

---

³ О положении евреев в первые послевоенные годы см. [Brod 1999; Svobodová 1999].

раввин опубликовал первую книгу об отношении к евреям на чешских землях, а год спустя RŽNO обнародовал документы, касавшиеся судьбы словацких евреев [Spilka 1945; Feder 1947; Steiner 1949]. В 1946 году в Праге вышла книга «Фабрика смерти» об истреблении евреев в Аушвице[4]. А о зверствах, происходивших в Терезине, повествует книга Т. Кулишовой «Малая крепость Терезин: гетто», впервые опубликованная в 1952 году и переизданная с тех пор много раз[5].

Кроме того, тысячи евреев из Польши, Румынии и Венгрии оказывались в этих краях проездом — по пути в лагеря для перемещенных лиц в американской оккупационной зоне Германии либо в подмандатную Палестину. ЧСР, власти которой поддерживали сионизм, служила перевалочным пунктом организации Бриха (на иврите — «побег») — подпольного движения, помогавшего выжившим в Холокосте и беженцам перебраться из Европы в подмандатную Палестину. В июле 1946 года Бриха была «официально признана» чешским правительством как «агентство по спасению выживших»; организация «тесно сотрудничала с Министерством социального обеспечения» через пражское отделение «Хаганы», расположенное в еврейском районе Праги [Rothkirchen 2005: 286][6]. Все это широко освещалось прессой. ЧСР установила первые отношения с еврейским государством еще в декабре 1947 года, выступив посредником в сделке с оружием — это произошло спустя всего два дня после принятия резолюции ООН и за шесть месяцев до того, как Д. Бен-Гурион провозгласил Израиль независимым государством. (Правда, это не помешало ЧСР продавать оружие и арабским государствам.) Позже, в мае 1948 года, уже ставшая коммунисти-

---

[4] Kraus O., Kulka E. Továrna na smrt. Praha, Čin, 1946.

[5] Книга выходила и в переводе на русский язык, см.: Кулишова Т. Малая крепость Терезин: гетто / Пер. с чешск. Т. Сарана. Прага: Союз борцов антифашистов, 1953. — *Прим. перев.*

[6] «Хагана», в переводе с иврита «Самооборона», — военизированная организация в подмандатной Палестине, организовывавшая нелегальную иммиграцию.

ческой Чехословакия, последовав примеру Советского Союза, одной из первых официально признала государство Израиль, и туда переселились многие чешские евреи [Rothkirchen 2005: 286][7]. На перепутьях Центральной Европы шли и другие процессы переселения: примерно три миллиона этнических немцев были насильственно и бесцеремонно выселены, преимущественно с чешских земель, и депортированы в американскую и советскую оккупационные зоны Германии. Но евреи до 1948 года, как правило, эмигрировали добровольно (пусть даже из страха перед повторением Холокоста), а не по распоряжению правительства[8].

В сентябре 1948 года Советский Союз сменил свою позицию в отношении Израиля на ярый антисионизм; ЧСР незамедлительно последовала его примеру. Вскоре активы многих еврейских общин в Чехословакии были ликвидированы, а деятельность Еврейского объединенного распределительного комитета («Джойнта») со штаб-квартирой в Нью-Йорке запрещена. В 1950 году государство взяло под контроль Еврейский музей, после чего в течение сорока лет по своему усмотрению подтасовывало и утаивало экспонаты. К 1951 году «еврейской общинной жизни уже не было, хотя кучка евреев еще осталась» [Meyer 1953: 153]. Численность еврейского населения оценивалась примерно в 16 тысяч человек[9], а вскоре эта цифра стала еще меньше. Чистки советского образца в компартиях соцстран после конфликта

---

[7] См. также интереснейшие воспоминания Э. Авриэля [Avriel 1975]. Именно Авриэль осуществил сделку с оружием, а в 1948 году стал первым послом Израиля в Чехословакии.

[8] Были и трагические исключения: например, те евреи, которые в ходе довоенных переписей объявляли себя немцами, как это было принято в чешских землях, теперь обнаружили, что к ним относятся как к немецким преступникам, а не как к жертвам из числа чешских евреев [Wasserstein 1996; Meyer 1953: 78–79]. См. также книгу А. Хайтлингер [Heitlinger 2006], представляющую собой социологическое исследование еврейской идентичности в понимании тех, кто остался в Чехословакии, и эмигрантов, осевших в разных странах.

[9] Это число оставалось неизменным в 1960-е годы, хотя к 1994 году в Чехии и Словакии, вместе взятых, насчитывалось всего 7600 евреев [Wasserstein 1996: viii].

между Сталиным и Тито привели к серии устрашающих показательных процессов, в ходе которых были осуждены и приговорены к смертной казни многие высокопоставленные партийные деятели. Пожалуй, самым впечатляющим из них был процесс Сланского в ЧСР. В конце 1952 года 14 членов партии, из которых 11, в том числе генеральный секретарь Сланский, организовавший переворот 1948 года, были евреями, обвинялись в преступлениях, подпадавших под широкую категорию сионизма, космополитизма и шпионажа. 11 человек, включая Сланского, были казнены. (Конечно, Сланского нельзя назвать невинной жертвой, но виновен он был отнюдь не в тех деяниях, за которые его казнили.) После этого лишь немногие чешские граждане еврейского происхождения продолжали признавать себя евреями, и их жизнь была почти полностью секуляризована. Евреи, по сути, стали невидимыми.

Учитывая обстановку в ЧСР, где открыто антисемитский показательный процесс над Сланским транслировался по радио и широко освещался в прессе, неудивительно, что история Терезина подверглась десемитизации в пользу антифашистского сопротивления и героизма. В 1950 году вышла книга П. Кипра «Малая крепость Терезин: чехословацкий документ о борьбе за свободу и против нацистских преступлений против человечности» — первая книга, в названии которой содержится намек на героическое сопротивление. Ее автор рассказывает о тюрьме «Малая крепость», не предназначавшейся исключительно для евреев, и избегает каких-либо явных упоминаний о гетто [Kypr 1950]. В другом исследовании — «Памятные места борьбы с фашизмом в Чешских землях» [Dědek et al. 1953] — история Терезина служит всего лишь поводом изобразить американский империализм как новое воплощение фашизма, которому чехи должны противостоять. Советский Союз оперативно развернул пропаганду против Америки и ее роли в корейском конфликте, сравнивая планы США с фашистской программой 1930-х — 1940-х годов. ЧСР, учитывая свое унижение в 1938 году и последующую оккупацию, стремилась уложить свое прошлое в героический нарратив, который соответствовал бы советской идее антифашизма. Кроме того, в отличие от вопиющей лжи, необходимой для превращения восстания в Варшавском гетто из еврейского в антифашистское, для десемитизации истории Терезина чехам требовалось лишь сменить угол зрения. Малая крепость стала тюрьмой более чем за год до того, как главная крепость (город) превратилась в гетто, и содержались там самые разные заключенные, как евреи, так и неевреи. Повествования такого рода не были лживыми, но формировали преднамеренно десемитизированный, а следовательно, неполный нарратив.

Все это время чехословацкие секретные службы вели досье на организации и отдельных лиц, которые подозревались в сионизме, а в 1950-е годы Министерство внутренних дел располагало «картотекой, содержащей около 30 тысяч записей, которые, учитывая малочисленность евреев в послевоенной Чехословакии, должны были включать данные едва ли не обо всем взрослом еврейском населении» [Frankl 2010: 34–40]. Но в 1960-е годы, по мере того как оттепель пусть медленно, но набирала обороты, еврейским общинам предоставлялось все больше свобод, и, что немаловажно для нашего исследования, еврейская тема стала проникать в публичный дискурс вне обязательного до той поры контекста антисионизма или антисемитизма. Конечно, в августе 1968 года, после разгрома «Пражской весны», всякой либерализации пришел конец, но публичное исполнение «Уцелевшего» в 1966 году и грамзапись 1967 года свидетельствуют о том, что оттепель действительно принесла тепло — это касалось как модернистской музыки, так и упоминаемости еврейской темы.

Модернистская музыка в Чехословакии

Шенберг присутствовал в музыкальной жизни чешских земель как минимум с 1912 года благодаря своему бывшему учителю и шурину А. Цемлинскому, который с 1911 по 1927 год был дирижером в Немецком ландстеатре в Праге. В 1912 году Цемлинский пригласил Шенберга дирижировать симфонической поэмой «Пеллеас и Мелизанда», а также прочитать лекцию в память о Малере, — лекцию, впоследствии ставшую знаменитой; а в феврале 1913 года в пражском Рудольфинуме состоялось исполнение «Лунного Пьеро», вызвавшее «величайший концертный скандал» из всех, которые когда-либо переживал город [Stuckenschmidt 1978: 208]. На этом мероприятии Шенберг не присутствовал, но месяц спустя стоял за дирижерским пультом на концерте в Вене; здесь разразившийся скандал принял такие масштабы, что событие так и вошло в историю — под названием «Скандальный концерт» (*Skandalkonzert*) 1913 года. (Публика в то время все чаще открыто выражала свое возмущение; самый известный скандал такого рода случился два месяца спустя в Париже из-за «Весны священной».) Но неустрашимый Цемлинский продолжал пропагандировать музыку Шенберга в Праге, а в 1914 году дирижировал мировой премьерой трех из Шести оркестровых песен, ор. 8.

В 1922 году Шенберг снова приехал в Прагу, чтобы дирижировать «Лунным Пьеро» на первом концерте городского отделения Общества частных музыкальных выступлений (*Verein für musikalische Privataufführungen*). Общество также выполняло функции «немецко-богемского представительства чехословацкого комитета ISCM», призванного укрепить связь между Прагой и Веной [Locke 2006: 152]. Цемлинский вместе с бывшими учениками Шенберга Г. Яловцем и В. Ульманом использовал Общество для популяризации музыки Шенберга гораздо активнее, чем делал это в «головном» венском отделении [Wiesmann 2000: 237–245]. В 1923 году именно чешское Общество организовало читку текста «Лестницы Иакова» и исполнение целого ряда произведений: Камерная симфония, ор. 9 в фортепианной транскрипции Штейермана; Пять оркестровых пьес, ор. 16; фортепианные произведения ор. 23 и 25; песни из ор. 6; полный вариант «Книги висячих садов». Главным событием следующего года стала мировая премьера оперы «Ожидание» (1909) под управлением Цемлинского [Ringer 1990: 169]. «Ожидание» и «Три фрагмента из оперы "Воццек"» Берга были названы «высшими достижениями новой музыки в Праге» [Locke 2006: 139].

В 1925 году Шенберг посетил ряд концертов в Брно, вершиной которых стала чешская премьера «Песен Гурре» — по мнению критиков, одно из самых важных музыкальных событий в Чехии межвоенного периода [Vyslouzil 1986: 142–144]. По словам Б. С. Локка, в 1926 году имя Шенберга в Праге уже было «нарицательным»: оно «вновь стало фигурировать в разборах чешских критиков — хотя бы ради сравнений с Бергом в пользу последнего, чей более доступный модернизм был объявлен необходимым чешскому обществу» [Locke 2006: 329]. Некоторые противники Шенберга и его окружения прибегали к умеренно антисемитским инсинуациям, критикуя «австро-еврейскую тенденцию» чехословацкого ISCM и даже разоблачая Берга как «берлинского еврея», хотя в триумвирате Новой венской школы (Шенберг, Берг и Веберн) единственным евреем был Шенберг [Там же: 199, 202][10]. В 1930 году композитор выступил в Праге с лекцией «Новая музыка, устаревшая музыка, стиль и мысль», а в декабре 1932 года ансамбль «Группа Манеса», обычно предпочитавший неоклассиков, включил в концерт «Лунного Пьеро» [Locke 2006: 273].

Последнее известное нам исполнение его музыки в чешских землях межвоенного периода состоялось в 1934 году: квартет Колиша и оркестр Пражского радио впервые исполнили Концерт для струнного квартета с оркестром по мотивам Генделя. Последняя заметная радиопередача прозвучала 24 марта 1936 года — Радио Прага транслировало «Пожелание влюбленного», ор. 27, № 4 [Nouza 2009: 210–212]. Подводя итог, можно сказать, что Шенберг был известен в чешских землях задолго до Второй мировой войны, и это сыграло свою роль в его символическом возвращении в виде музыки, в частности, «Уцелевшего», в послевоенный период.

После февральского переворота 1948 года влияние КПЧ на музыкальную жизнь, как на другие сферы жизни общества, усилилось. Синдикат чехословацких композиторов поддерживал и рекламировал композиторов, фестивали и международные музыкальные связи, организовывал музыкальный фестиваль «Пражская весна» (ежегодное мероприятие, которое проводится по сей день) и сопутствовавшие ему научные конференции.

---

[10] Утверждение, будто Берг был немецким евреем (на самом деле он не имел отношения ни к Германии, ни к евреям), возникло еще в 1926 году, во время кампании против «Воццека». См. [Ludvová 2006: 17–20].

Все это было необходимо для «послевоенного восстановления связей между музыкантами и содействия международным дискуссиям», а в мае 1948 года вышел так называемый Пражский манифест [Svatos 2010: 4][11], утверждавший идеалы соцреализма. Этот документ был откликом на ждановское постановление о борьбе с формализмом, принятое в Советском Союзе в феврале того же года; хотя до того, чтобы диктовать советские стандарты, в манифесте дело не дошло[12]. Тем не менее в октябре 1948 года официальный журнал «Музыкальное обозрение» («Hudební rozhledy») заменил собой все выходившие прежде, а в мае 1949 года все музыкальные организации, включая Синдикат, были объединены в Союз чехословацких композиторов (СЧК) по советскому образцу[13].

Так завершилась советизация чешской музыкальной жизни, и в течение десятилетия ситуация не менялась. Первым министром культуры и образования был назначен музыковед и критик З. Неедлы (1878–1962), наложивший на обе подведомственные ему сферы неизгладимый след своих личных предпочтений. Так, в музыке первенство Б. Сметаны перед А. Дворжаком и Л. Яначеком было возведено в закон. Руководство СЧК отнеслось весьма скептически к наступлению в стране оттепели и даже в 1960-е годы продолжало насаждать эстетику социалистического реализма.

Какой была официальная позиция в отношении Шенберга до оттепели, можно в целом понять из опубликованной в «Музыкальном обозрении» рецензии на цюрихскую постановку «Моисея и Аарона» 1957 года. Автором статьи был Антонин Сихра,

---

[11] Статья Т. Д. Сватоса служит важным источником информации о синдикате и первых годах его дальнейшего существования в виде Союза чешских композиторов (СЧК).

[12] О связи Пражского манифеста с постановлением «Об опере "Великая дружба" В. Мурадели» см. [Waters 2009: 1–4].

[13] Единственным объединением, которое избежало насильственного слияния с СЧК, была «Умелецка беседа» (*Umělecká beseda*), исторически связанная с Б. Сметаной, одним из ее основателей. Ей позволили остаться автономной организацией из уважения к З. Неедлы.

музыковед и влиятельный партийный идеолог. По его словам, Шенберг «одномерен в выразительном плане»; его музыка может вызывать «только инстинктивное раздражение и досаду»; он не может «поведать ничего жизнеутверждающего». Сихра даже счел своим долгом «со всей серьезностью предостеречь от стиля Шенберга: школа, которая ограничивает выразительные возможности, вряд ли может быть по-настоящему продуктивной»[14].

«Уцелевший» в ЧСР: первая ласточка оттепели

Первый намек на музыкальную оттепель появился в 1958 году, когда «Музыкальное обозрение» опубликовало положительную рецензию на исполнение «Уцелевшего» симфоническим оркестром и хором Лейпцигского радио на фестивале «Варшавская осень» 1958 года. Возможно, в этом пересмотре отношения к двенадцатитоновой музыке Шенберга сказался волновой эффект нового советского постановления, в июне того же года обнародованного в ЧСР, — постановления, в котором композиторы, осужденные Ждановым десятилетием ранее, были официально реабилитированы. На «Варшавской осени» Чехословакию представляла делегация из 11 человек, среди которых были выдающийся композитор А. Хаба (1893–1973) и Я. Йиранек (1922–2001), редактор «Музыкального обозрения»[15]. Йиранек опубликовал в журнале свои впечатления о фестивале под заголовком «Варшавские размышления о современной музыке»[16]. Как и его кол-

---

[14] Sychra A. Experiment neboumění? Na okraj festivalu Mezinárodní společnosti pro soudobou hudbu v Curychu // Hudební rozhledy. 1957. № 14–15 (10). C. 607–609.

[15] Согласно чешским данным, за весь 1958 год только семь человек побывали в Польше по делам, связанным с музыкой, и ни Хаба, ни Йиранек в этом списке не значатся. Такие упущения были в порядке вещей, но присутствие на фестивале других лиц подтверждено отчетами о командировках, представленными в СЧК по возвращении. См.: Národní Archiv, SČS 1949–1970 (NASČS), коробка 103, Zahraniční komisea Zahraniční oddělení 1954–1967, «Cesty do zahraničí r. 1958».

[16] Jiránek J. Varšavské meditace nad soudobostí // Hudební rozhledy. 1958. № 20 (11). C. 823. Йиранек занимал высокие должности в СЧК с 1950 года, в 1950–1952 года работал программным директором на Чешском радио, где насаждал

леги из ГДР, он сначала выразил искреннюю обеспокоенность тем, что польские товарищи с головой ушли в «некритический фетишизм» всего экспериментального и систематизированного, особенно додекафонии Шенберга и Веберна и электронной музыки. Он признал, что это может быть избыточной реакцией на некие прошлые ошибки, но предостерег от смены одной догмы на другую. Тем не менее, в этом первом известном нам упоминании «Уцелевшего» в чехословацкой прессе Йиранек похвалил пьесу, начав с утверждения, что она «безусловно, принадлежит к произведениям, которые были незаслуженно обойдены вниманием даже в нашей стране». Он отметил, что произведение «обогащено музыкальным стилем фибиховской мелодрамы» — речь о плодовитом чешском композиторе З. Фибихе (1850–1900), авторе ряда мелодраматических опер. Пусть и брошенное вскользь, это замечание, конечно же, не лишено идейной подоплеки. В оценке чешского музыкального модернизма Йиранек полностью поддерживал своего куратора Неедлы, согласно которому «основополагающей силой и высшим образцом современной чешской музыки» был Сметана, а непосредственно за ним следовали Фибих, О. Острчил и Й. Б. Ферстер [Locke 2006: 38–39][17]. В уже привычном риторическом ключе Йиранек признавал, что додекафония «Уцелевшего» несколько неуместна, но сомнительность техники искупается мощным антифашистским посылом, который несет в себе это произведение.

партийную идеологию, но позиция его как редактора журнала (1953–1960) была более умеренной. Подробнее об Йиранеке см. [Svatos 2010: 25–26]. Биографии Йиранека и других ключевых фигур чешской музыкальной жизни можно найти на электронном ресурсе *Český hudební slovník osoba institucí* («Чешский музыкальный словарь персон и учреждений») под ред. П. Мацека, Институт музыковедения факультета искусств Университета Масарика, Брно. URL: https://slovnik.ceskyhudebnislovnik.cz/ (дата обращения: 7.10.2024).

[17] О более ранних высказываниях Неедлы на эту тему см. [Там же: 54–64]; о роли Неедлы в послевоенный период — [Svatos 2010: 11, прим. 52]. За информацию благодарю Т. Д. Сватоса.

Это произведение, написанное на текст самого композитора, представляет собой страстный вопль глубоко гуманистического антифашистского протеста. В результате окончательное впечатление таково, что вы ничуть не возражаете против иллюстративной, сопровождающей роли музыки, а также ее додекафонического выражения. Вы также не возражаете против идеологически односторонней, узкой основы этой пьесы — этого сокрушительного, экспрессионистски причудливого свидетельства одного из тех, кто пережил ужасы Варшавского гетто, этого короткого и страшного рассказа о смерти, который звучит еще драматичнее благодаря заключительной хоровой молитве смертников. Окончательное идеологически-художественное воздействие произведения таково, что голос одного из уцелевших — его молитва, или, если угодно, реквием по павшим — превращается в невероятно убедительное и захватывающее обличение. Это обвинение вместе с тем, что за ним стоит, обращено ко всему человечеству и, следовательно, имеет также важное социальное измерение[18].

Следует помнить, что в десемитизированном обществе ЧСР, где евреев было мало, а история Холокоста замалчивалась, название «Уцелевший из Варшавы» едва ли могло восприниматься как прямое указание на еврейскую тему. Слово «уцелевший» тогда еще не обладало теми коннотациями, которые мы придаем ему сегодня. Зато было общеизвестно, что в 1944 году немцы уничтожили всю Варшаву (хотя о роли в этом Советского Союза в странах соцлагеря, конечно же, не упоминалось). Так что чехи, сами ставшие жертвами немецкой оккупации, возможно, придавали названию именно такой смысл. Йиранек, правда, уточнил, что речь шла именно о Варшавском *гетто*, но, опять же, это вовсе не свидетельствует о сочувствии к судьбе погибших там евреев. Во всем соцлагере восстание в Варшавском гетто уже подверглось десемитизации и было растворено в истории вооруженного антифашистского сопротивления [Fox 2004: 428–430][19].

---

[18] Jiránek J. Varšavské meditace nad soudobostí // Hudební rozhledy. 1958. № 20 (11).

[19] Благодарю за помощь Дэна Стоуна. О разных формах присвоения памяти о восстании в Варшавском гетто см. [Meckl 2008: 815–824].

Хотя Йиранек и упоминает о хоровой молитве смертников, он умалчивает о том, что она поется на древнееврейском языке, зато изящная характеристика произведения как реквиема в память павших могла в 1958 году получить широкий резонанс.

Музыкальная оттепель и «Уцелевший» в ЧСР

В ЧСР, как и в ГДР, антифашистский нарратив сыграл на руку тем, кто стремился вернуть в музыкальную жизнь Чехословакии модернистский репертуар. Если в 1926 году первое исполнение «Воццека» Берга в Пражском национальном театре стало вехой в первоначальном чешском дискурсе музыкального модернизма, то возвращение этой оперы в 1959 году приветствовалось как переломный момент для новой музыки в послевоенной Чехословакии: «Она символизировала восстановление связей с современной западной музыкой, после которого в Чехословакию начала проникать дармштадтская эстетика» [Bek 2001: 39][20]. Берг первым из Новой венской школы удостоился целой статьи в «Музыкальном обозрении». Автор отметил, что неприятие «Воццека» в 1926 году стало «первым открытым проявлением фашистских тенденций» в Чехословакии, а одобрительный прием оперы в 1959 году связал с антифашизмом, как и Йиранек «Уцелевшего»[21]. «Восстановленные связи с современной западной музыкой» были хрупкими и с трудом выдерживали превратности культурной политики. Однако в это время попытки ввести в чешскую музыкальную жизнь произведения Шенберга и его круга явно набирали обороты: этому способствовала запоздалая оттепель, которой в 1960–1961 годах ознаменовался переход государства от «националистического сталинизма» к «реформистскому социализму» (то есть десталинизации).

---

[20] О постановке 1926 года, повлекшей за собой скандал и споры, см. [Locke 2006: 200–211].

[21] Smolík J. Alban Berg // Hudební rozhledy. 1960. № 4 (13). С. 141. Похожая статья о Шенберге появилась в журнале в 1961 году (см. прим. 369). Последним получил свою порцию внимания в этом журнале Веберн: Vysloužil J. K hudebnímu slohu Antona Weberna // Hudební rozhledy. 1962. № 22 (15). С. 938–943.

Первую попытку познакомить чехословацких слушателей с «Уцелевшим» предпринял дирижер Вацлав Ирачек (1920–1966) с Симфоническим оркестром и хором Чешского радио (Прага). Как и в обеих Германиях, радиоансамблям было легче пропагандировать новую модернистскую музыку, чем коллективам, выступающим в концертных залах и зависящим от продажи абонементов. Партитуру арендовал Чешский музыкальный фонд, организация, которая, выступая как музыкальный посредник между Чехией и другими странами, предоставляла зарубежные партитуры чешским исполнителям и сдавала чешские партитуры в аренду иностранным музыкантам (у словаков имелся собственный аналогичный фонд). Фонд не финансировался государством и существовал за счет исполнительских сборов и пожертвований от композиторов и музыкантов [Matějček 1967: 24–29][22]. Предполагалось, что финансовая независимость гарантирует фонду полную свободу в приобретении иностранных партитур, хотя его самостоятельность, безусловно, была весьма относительной. Фонд арендовал партитуру в Лондоне у «Рикорди», европейского представителя американского издательства «Бомарт».

Ирачек с 1951 года был вторым дирижером Симфонического оркестра радио, а в 1960 году стал художественным руководителем хора[23]. 29 февраля 1960 года он получил дирижерскую партитуру, а пять месяцев спустя прибыли 50 оркестровых партий и 60 хоровых партитур. 12 сентября 1960 года произведение было запи-

---

[22] Дата публикации указанной книги Матейчека, безусловно, объясняет ее оптимистическое звучание и стремление фонда опубликовать ее в переводе на английский. Ян Матейчек (1926–2017) покинул ЧССР в 1968 году, работал в западногерманском музыкальном издательстве «Шотт», а позже эмигрировал в Канаду, где принимал активное участие в музыкальной жизни страны.

[23] В 1961 году Ирачек стал дирижером Симфонического оркестра Братиславского радио, после чего перешел в Филармонический оркестр Остравы, где работал, пока его жизнь не оборвала роковая авиакатастрофа в 1966 году. Наследие Ирачека сохранилось более чем на ста грампластинках, которые он записал с оркестрами радио. Его вдова Марта Ирачкова (р. 1932), ученица А. Хабы — плодовитый и уважаемый композитор. Я благодарю ее за любезную переписку с научным сотрудником Катержиной Новой.

сано на студии Чешского радио с Йозефом Червинкой (1915–2003) в роли чтеца[24]. Возможно, Червинка также учил хор петь по-древнееврейски. Йозеф Червинка, первоначально носивший фамилию Шварц, родился в еврейской семье в Восточной Чехии. В 1939 году он эмигрировал в Англию, где два года спустя стал работать переводчиком и диктором в чешской редакции Би-би-си. Вернувшись в Чехословакию в 1947 году, он взял фамилию матери (Червинка) — по-видимому, для того, чтобы его не путали с актером по фамилии Шварц, — стал работать на Чешском радио, а также приобрел известность как переводчик с английского[25].

Червинка перевел на чешский язык английский текст «Уцелевшего» и дал вариант названия, который впоследствии стал общепринятым: *Ten, který přežil Varšavu* (хотя в обиходе встречались и другие версии). Он также выступил в роли чтеца и, таким образом, стал первым чешским евреем, который, пережив Холокост и вернувшись в Чехословакию, исполнил роль уцелевшего в «Уцелевшем» (конечно, эмиграция не лагерь, но в изгнании тоже приходилось выживать). Запись так и не была выпущена в виде грампластинки и почти год не транслировалась по радио. Тем не менее в чешских музыкальных кругах пьеса получила известность. Так, в 1960 году ортодоксальный коммунист Й. Бурьянек (1915–2006) поместил в «Музыкальном обозрении» свой обзор фестиваля «Варшавская осень», где упомянул «Уцелевшего» в качестве примера для сравнения, назвав его «хорошо известным произведением»[26].

---

[24] Свидетельства об аренде партий в архиве Чешского радио, Прага (Český rozhlas Praha), далее AČR (Archiv Českého rozhlasu). Хоровые и инструментальные партии были возвращены Фонду 16 сентября, дирижерская партитура — 4 октября. Библиотека партитур Симфонического оркестра Чешского радио 1960 года. Информацию о звукозаписи см.: AČR Id. Čís. CR. HKV. 1990. 3024 Číslo nosiče MS 62579 AČR.

[25] Биографию Червинки см. на сайте Чешского радио. URL: www.rozhlas.cz/rozhlasovahistorie/lide/_zprava/694092 (дата обращения: 15.10.2024).

[26] Бурьянек сопоставил «Уцелевшего» с произведением польского композитора Т. Бэрда «Наставление» (*Egzorta*). Сходство очевидно (произведение Бэрда длится около восьми минут, рассчитано на чтеца, оркестр и смешанный

В те же годы появилось несколько ансамблей, посвятивших себя исполнению новой и модернистской музыки: в Праге — «Камерная гармония» (*Komorní harmonie*), Musica viva pragensis и Sonatori di Praga, в Брно — Musica Nova, а в Братиславе с 1963 года ту же нишу занимал ансамбль «Современная музыка» (*Hudba dneška*) [Pantůček 2008: 17–18; Matějček 1967: 35–36]. Исполнение современной чешской музыки было бы практически невозможно, если бы не «Пантон» (*Panton*), издательство, основанное СЧК в 1958 году для публикации партитур членов союза и отдававшее все больше предпочтения модернистским произведениям. «Пантон» стал ценной альтернативой Государственному музыкальному издательству (*Státní hudební vydavatelství*), которое потчевало публику неизменным набором чешской музыкальной классики [Matějček 1967: 55–56][27]. Это была первая в послевоенной Чехословакии попытка общими силами популяризировать новую, самобытную, не соцреалистическую музыку. Эти ансамбли также стали эмиссарами современной чехословацкой музыки за рубежом, часто выступая на международных фестивалях.

Оттепель придала смелости и музыковедам: теперь они активно и не таясь обсуждали додекафонию. Особенно много внимания уделяли Шенбергу двое исследователей. Иван Войтех (1928–2020) писал о музыкальном модернизме в целом, а в качестве узкой специализации выбрал для себя музыку Шенберга, Берга и Веберна [Vojtěch 1960]; в 1966 году он вошел в международную редколлегию Полного собрания сочинений Шенберга. Иржи Вислоужил (1924–2015) в 1961 году опубликовал свою первую развернутую статью о Шенберге, о которой речь пойдет ниже, но писал преимущественно о Яначеке, и лишь в 1968 году начал

хор и основано на «устрашающих древнееврейских текстах»), но Бурьянек утверждает, что еще одно додекафоническое произведение об ужасах военного времени говорит об ограниченности такой музыки: «Это только подтверждает наше мнение о том, что выразительный диапазон композиторской техники действительно ограничен ужасом и смертью, не говоря уже о том, что сама музыкальная система малопонятна слушателям» (Burjanek J. Varšavský podzim // Hudební rozhledy. 1960. № 20 (13). P. 851).

[27] Краткая история этой организации изложена в [Mojžíš 1992: 259–261]

сопоставлять атональность Шенберга с микротональностью А. Хабы [Vyslouzil 1968][28]. О характере работы и функциях каждого из них в культурно-политическом аппарате до 1968 года можно судить по тому, что произошло с ними позже, в период «нормализации», наступивший после того, как в августе того же года вторжение советских войск положило конец «Пражской весне». Войтех был уволен с преподавательской должности, и его практически перестали публиковать. Вислоужил остался заведующим кафедрой музыковедения на факультете искусств Университета Масарика в Брно и председателем престижного Международного музыковедческого коллоквиума, с 1968 по 1990 год служившего площадкой для обмена идеями между Востоком и Западом. В коллоквиуме принимали участие и ученые из стран соцлагеря, такие как польский музыковед З. Лисса, и светила с Запада, в первую очередь западные немцы К. Дальхаус, К. фон Фишер и Г. Г. Эггебрехт[29].

Благодаря Войтеху и Вислоужилу Шенберг стал популярным среди музыкальной элиты, и в конце концов государство сочло некоторые его произведения подходящими для широких масс. В пятилетнем плане Министерства образования и просвещения на 1961–1965 годы среди рекомендованных для грамзаписи произведений западных композиторов два принадлежали Шенбергу: «Просветленная ночь» и «Уцелевший из Варшавы»[30]. Кроме того, к десятой годовщине его смерти, отмечавшейся 13 июля 1961 года, были приурочены трансляции по государ-

---

[28] В этой статье Вислоужил утверждает, что в 1918–1920 годах Хаба находился под сильным влиянием личности и музыки Шенберга и это особенно заметно проявляется в его Симфонической фантазии для фортепиано с оркестром, op. 8 (1922). О важности для Хабы теоретических сочинений Шенберга, особенно «Учения о гармонии», в 1920-е годы см. [Stephan 1974].

[29] Беседа с Иржи Вислоужилом, 24 июня 2011 года.

[30] NA, Ministerstvo školství a kultury (Министерство образования и культуры, MŠK), коробка 33, Výběr titulů pro roční nahrávací plány III. Pětiletky 1961–1965 (Список названий, рекомендованных для годовых планов студии звукозаписи на третью пятилетку, 1961–1965), с. 65. Насколько мне известно, в намеченный период эти записи сделаны не были.

ственному радио нескольких его произведений. Два из них — Тема с вариациями для духового оркестра, ор. 43а (1943) и Концерт для фортепиано с оркестром, ор. 42 (1942) — были созданы в Америке, а еще два — в ранний, недодекафонический период: «Просветленная ночь» (1899) и Шесть маленьких пьес для фортепиано (1911)[31]. И, что еще важнее, в понедельник, 10 июля Чешское радио выделило целый час вечернего эфирного времени на специальную передачу «Арнольд Шенберг: портрет композитора», которую вел Зденек Ноуза (1929–2016). В ней прозвучали отрывки из целого ряда произведений: «Просветленная ночь», «Песни Гурре», «Книга висячих садов», Пять оркестровых пьес, «Ожидание», «Лунный Пьеро», Струнный квартет № 3 и «Уцелевший из Варшавы»; все названия были переведены на чешский (последнее как *Zachráněný z Varšavy*). В радиопередаче Ноузы «Уцелевший» впервые в Чехословакии прозвучал во всеуслышание; это была запись выступления симфонического оркестра Чешского радио, сделанная десятью месяцами ранее. На передачу был приглашен и Червинка, предположительно для обсуждения «Уцелевшего». Ни записи, ни расшифровки не сохранилось[32].

Десятая годовщина со дня смерти композитора была отмечена также публикацией в «Музыкальном обозрении» первой развернутой музыковедческой статьи о Шенберге, написанной Вислоужилом. Кратко очертив биографию и творческий путь Шенберга, автор сосредоточился на его жизни и творчестве в Соединенных Штатах, объяснив это двумя причинами:

---

[31] 13 июля в 23:15 передали также концерт Немецкого радио «Из произведений Шенберга», однако сведений о его конкретном содержании не сохранилось. Другие названия соответствуют программам передач, опубликованным в издании Чешского радио *Rozhlas*.

[32] AČR, программа Чехословацкого радио (Československý rozhlas), 10 июля 1961, 20:00–21:00. Радиостанция записала передачу на бобины 53367 и 53567, но ни пленок, ни расшифровок не сохранилось. Названия произведений Шенберга даны в чешском переводе. В программе указаны и другие исполнители — драматические артисты Отакар Броусек и Вера Грабанкова (в 1967 году ставшая женой Милана Кундеры). Возможно, Ноуза пригласил их для декламации на чешском языке стихов, которые Шенберг положил на музыку.

потому что мы здесь очень мало об этом знаем (мы остались равнодушными к десятой годовщине смерти Шенберга, если не считать чехословацкой премьеры кантаты «Уцелевший из Варшавы», прозвучавшей по радио в июле), но также и потому, что его истинная сущность и важность игнорируются сегодня на Западе.

Вислоужил утверждал, что подлинный гений Шенберга проявился именно в сочинениях американского периода его творчества, в которых он сочетал модифицированную, содержащую тональные элементы додекафонию с «гуманистической тематикой», демонстрируя таким образом запоздалое, но долгожданное признание «социальной функции искусства». Кантаты «Кол нидре», «Ода Наполеону», «Уцелевший из Варшавы», а также произведения для хора «ставят Шенберга в один ряд с художниками первого ранга и мастерами гуманистического направления, отозвавшимися в своем творчестве на трагические события Второй мировой войны»[33]. Расширяя понятие политической ангажированности, требуемой от социалистического реализма, этот аргумент, таким образом, открывает Шенбергу путь к официальному признанию. Публичные заявления о том, что додекафония пригодна для таких целей, начали звучать в странах соцлагеря относительно недавно, хотя в неофициальных дискуссиях этот вопрос уже некоторое время обсуждался (см., например, [Silverberg 2009: 44–84]).

Таким образом, Вислоужил представил американского Шенберга — натурализованного гражданина враждебной капиталистической сверхдержавы — как образец, на который должен ориентироваться социально ангажированный чешский композитор-модернист. Он приложил все усилия, чтобы его апология звучала как возражение западным оппонентам: по его словам, музыкальные круги Западной Европы игнорировали эти «прогрессивные» черты Шенберга, обращая внимание исключительно на техническую сторону. Более того, Вислоужил осудил одну западногерманскую группу за то, что она выказывает «неприкрытое отвращение» к творчеству

---

[33] Vysloužil J. Nedokončená umělecká zpověd // Hudební rozhledy. 1961. 14. № 20. P. 806–809.

композитора: критик упомянул «скандальный прием», оказанный в Берлине «Моисею и Аарону», и «полемические памфлеты Алоиза Мелихара», доказывающие, что Запад не сумел оценить достижения Шенберга[34]. И вправду, в 1961 году на многих слушателей уже не действовала магия Шенберга, а некоторые видные дармштадтские модернисты считали его устаревшим. Однако выпад Вислоужила против ФРГ в тот момент имел особый резонанс. Прошло всего два месяца после того, как ГДР возвела Берлинскую стену, и напряженность в регионе возросла. ЧССР была единственной соцстраной, имевшей общую границу с ФРГ. Риторика Вислоужила из серии «мы против них» играла на обостренном восприятии Западной Германии как врага. Нельзя не признать его искушенность в словесной эквилибристике, характерной для того времени: ему удалось представить свои восхваления в адрес американского Шенберга как форму противостояния ближайшему европейскому союзнику Америки. По-видимому, статья Вислоужила была написана по следам XIV Эдинбургского международного фестиваля, который он незадолго до того посетил в составе делегации ЧССР[35]. В том году на фестивале звучали произведения Листа и Шенберга, причем последний был представлен пятнадцатью сочинениями, отражавшими весь его творческий путь (правда, «Уцелевшего» среди них не было)[36]. Фестиваль открылся 20 августа, спустя неделю после того, как внимание всего мира приковала к себе Берлинская стена, и продолжался до 9 сентября; к 31 августа Вислоужил уже вернулся в ЧССР и представил отчет о поездке. Возможно, эдинбургские впечатления и послужили основой для его аргументации.

---

[34] Там же. Австриец Алоис Мелихар, живший в Мюнхене и на протяжении 1950-х годов сочинявший филиппики против Шенберга, только что опубликовал самый свой злобный на тот момент критический опус — «Шенберг и последствия». В этой книжке он ниспровергал «двенадцатитоновый фашизм, объявивший тотальную войну тональному миру, в которой любого, кому не нравится музыка Шенберга, клеймят как антисемита» [Melichar 1960: 6].

[35] NASČS, коробка 103, Zahraniční komisea Zahraniční oddčlení 1954–1967, «Zpráva o studijním zájezdu do Edinburgu, srpen 1961».

[36] Электронное письмо Урании Кароулы, сотрудника справочного отдела Национальной библиотеки Шотландии, от 29 марта 2010 года, касающееся собрания программ Эдинбургского международного фестиваля.

Общая либерализация, в рамках которой в 1960–1961 годах началась музыкальная оттепель, была официально провозглашена на XII съезде КПЧ в начале декабря 1962 года. «Уцелевший» впервые в Чехословакии прозвучал в концертном зале всего два месяца спустя, 7 и 8 февраля 1963 года, в исполнении Государственного филармонического оркестра Брно — ведущего государственного симфонического оркестра Моравии, специализировавшегося на музыке чешских композиторов, таких как Л. Яначек, В. Новак и Б. Мартину. В 1961 году оркестр побывал на гастролях в Западной Германии и Швейцарии, став первым ансамблем из ЧССР, выступившим на Западе. В сезоне 1962/63 года у оркестра сменились художественные руководители — ими стали дирижеры Иржи Вальдханс и Иржи Пинкас, второй из которых и организовал чехословацкую концертную премьеру «Уцелевшего»[37].

Программа открылась «Уцелевшим», за которым последовал Второй фортепианный концерт Бартока; после антракта прозвучала Шестая симфония Чайковского. Название в данном случае было переведено как *Přežiljsem Varšavu* (буквально «Я пережил Варшаву»). Текст читал Рудольф Кратки (1919–2009). Уроженец Брно, актер Национального театра Брно, Кратки, по всей видимости, не принадлежал к пережившим Холокост. (Ни его фамилия, ни биографические сведения не указывают на еврейское происхождение. К тому же в самые опасные для евреев годы, 1941–1945, он служил в Оломоуцском театре.) В аннотации к программе Иржи Бенеш подтвердил, что музыка Шенберга впервые звучит на концерте в государственной филармонии Брно. Он, как и все прочие, упомянул об антифашистском пафосе произведения, но при этом не утаил, что речь в нем идет о евреях. Совсем наоборот:

---

[37] В 1945–1955 годах Пинкас был хормейстером и дирижером Чехословацкого, в 1956-м перешел в Национальный оперный театр Брно и совмещал с этой должностью работу в филармонии. В Государственном филармоническом оркестре Брно он в основном работал с вокально-инструментальным репертуаром. В платежных документах Бомарта нет свидетельств того, что этот ансамбль арендовал партии у Universal, хотя он и должен был это сделать; по-видимому, это один из случаев досадной халатности, которая выводила из себя Гертруду Шенберг.

он назвал заключительный хор настоящим именем — «Шма Исраэль» — и пояснил, что это «еврейский символ веры, по сути, гимн еврейского народа»[38].

Вислоужил поместил в «Музыкальном обозрении» рецензию, где продолжал расхваливать Шенберга и отметил, помимо прочего, что музыка композитора не исполнялась в Брно около 25 лет. «Уцелевший», писал он, был первым додекафоническим произведением, которое когда-либо исполнял ансамбль из Брно, а концерт — первым живым исполнением этого произведения в Чехословакии. Вислоужил ничего не написал ни о еврейской, ни об антифашистской тематике. Он сообщил, что композитор «нашел способ музыкального выражения, соответствующий трагическому сюжету», и выразительность только возросла оттого, что Шенберг отказался рабски следовать правилам додекафонии. «Заключительный гимн» он охарактеризовал как «очистительный катарсис, столь редко, если не единожды, встречающийся в поздних сочинениях Шенберга»[39].

Упомянув о «катарсисе», Вислоужил нащупал один из самых проблематичных аспектов «Уцелевшего», суть которого сформулировала К. Мориц:

> В какой степени утешение, приносимое еврейской молитвой, или обновленная романтическая программа торжества через страдание, или видимость рационального контроля должны облегчить осознание того, что единение, достигнутое в «Уцелевшем», на самом деле было единением не героев, а уничтоженных? [Móricz 2008: 298].

Катарсис, переживаемый публикой как реакция на художественное увековечение памяти о Холокосте, — предмет важной и продолжительной дискуссии, но подобные рассуждения не

---

[38] Программка концертов Государственного филармонического оркестра Брно 7–8 февраля, с разрешения Филармонического оркестра Брно.

[39] Vysloužil J. Únor ve Státní filharmonii Brno // Hudební rozhledy. 1963. Vol. 16. № 7. P. 294. Благодарю Майкла Уорнера за исследовательскую помощь в этом вопросе.

были приняты по времена Вислоужила. Расхваливая «Уцелевшего», он ставил перед собой одну главную цель: добиться, чтобы творчество Шенберга было признано. Он упомянул катарсис, чтобы обнадежить читателя, показать соотнесенность «Уцелевшего» с привычными условностями романтического повествования, которое может нести в себе луч надежды независимо от тематики.

До этого момента Вислоужил в статьях о Шенберге увязывал его американское творчество с соцреалистическим императивом политически ангажированного искусства, прослеживал историю присутствия композитора в регионе и осуждал антисемитский подход к Шенбергу в Западной Германии. Теперь же он представил «Уцелевшего» как непростой, но доступный рядовому слушателю музыкальный материал. Отсутствие антифашистского жаргона, возможно, говорит о том, что он уже считал оттепель достаточно устойчивой, чтобы можно было хвалить Шенберга и «Уцелевшего» в официальной публикации, не прибегая к привычным словесным ухищрениям.

Оттепель в Союзе композиторов

Музыкальная оттепель в ЧССР не проходила гладко. Бюрократы из Союза композиторов (СЧК) предпочитали прислушиваться к указаниям Москвы, а не к пожеланиям своих музыкантов. В марте 1962 года Третий съезд советских композиторов осудил композиторов Андрея Волконского, Валентина Сильвестрова и Арво Пярта за «бесплодное экспериментирование» (додекафонию, сериализм и пуантилизм). Центральный комитет СЧК долго обсуждал это постановление, после чего включил в официальное приглашение на собственный Третий съезд трескучий панегирик соцреализму[40]. Возможно, под воздействием выступ-

---

[40] NASČS, Slavnostní zasedání ÚVSČS, коробка 17, 12. zasedání ÚVSČS 27.4.1962 — Praha, с. 1/8–1/9. Об этом заявлении «старейших государственных деятелей советской музыки», в частности, их недовольстве «Некрологом» Пярта, см. [Schmelz 2009: 131–132]. Приглашение хранится в: NASČS, Slavnostní zasedání ÚVSČS, коробка 17, 14. zasedání ÚVSČS 27.9.1962 — Praha, с. 26/2–26/4.

ления Хрущева в марте 1963 года, в котором он всячески поносил додекафонию и назвал ее «музыкой шумов», Третий съезд СЧК, состоявшийся месяц спустя, твердо придерживался этой линии, хотя «Музыкальное обозрение» опубликовало ряд специализированных статей о самых разных техниках, от сериализма до алеаторики, и вся эта «музыка шумов» все чаще исполнялась на чешских концертных площадках[41]. Советские «молодые композиторы» после полученного внушения не спешили исправиться, хотя руководство СЧК, скорее всего, об этом не знало. В январе 1963 года Э. Денисов, явно опираясь на многочисленные западные партитуры, грамзаписи и/или аналитические разборы, написал статью, в которой нашлось место и «Уцелевшему». Он писал о тональной основе произведения, об эффективности мелодекламации, о хоровом финале как кульминации не только сюжета, но и додекафонической техники [Денисов 1969: 493–494][42]. Хотя статья была опубликована лишь шесть лет спустя, она подтверждает, что к 1963 году «Уцелевший» уже проник глубоко на советскую территорию[43].

СЧК был официальной бюрократической структурой советского образца и, как все подобные организации, отличался

---

[41] См.: Высокая идейность и художественное мастерство — великая сила советской литературы и искусства. Речь товарища Н. С. Хрущева на встрече руководителей партии и правительства с деятелями литературы и искусства 8 марта 1963 года // Новый мир. 1963. № 3. С. 3–33 (цит. на с. 25). Самые важные из статей такого рода: Rychlík J. Diskuse: Skladatel a nové skladebné metody // Hudební rozhledy. 1962. № 16 (15). P. 666–673; Feld J. Diskuse: K otázkám nových kompozičních metod // Hudební rozhledy. 1962. № 23–24 (15). P. 993–994.

[42] Благодарю Петера Шмельца, обратившего мое внимание на эту статью, и Марту Заярузную за то, что перевела для меня нужный фрагмент. Подробнее о статье Денисова см. [Schmelz 2009: 147–150].

[43] Советская премьера «Уцелевшего из Варшавы» состоялась много позже — 18 марта 1968 года, в Большом зале Московской консерватории, в исполнении Государственного симфонического оркестра СССР под управлением Евгения Светланова, при участии группы басов Государственного московского хора. Партию Чтеца исполнил артист Московской филармонии Яков Смоленский.

осторожностью и реакционностью. Поэтому вполне вероятно, что к тому моменту, когда на уровне Центрального комитета только начали признавать более широкий спектр мнений, за пределами официальных каналов подобные обсуждения уже шли полным ходом, хотя и не отражались в документах. 14 октября 1964 года на заседании Центрального комитета СЧК В. Кучера (1929–2017) выступил со страстной речью в защиту всего многообразия современной и экспериментальной музыки. Он знал, о чем говорит. В 1951–1956 годах Кучера учился в Московской консерватории и успел познакомиться с поколением «молодых композиторов», в то время заявлявших о себе в Советском Союзе; позже он работал на Чешском радио и возглавлял комитет СЧК по современной музыке. В своем выступлении перед Центральным комитетом он рекомендовал экспериментальные работы Дж. Кейджа, Э. Брауна, Д. Лигети, Б. Мадерны и М. Кагеля и настаивал на том, что сериализм — отнюдь не бесплодная композиционная техника и это подтверждает музыка И. Стравинского, Л. Даллапикколы, Л. Ноно, П. Булеза, К. Штокхаузена, Л. Берио и позднего Шенберга. (По-видимому, он не был одинаково хорошо знаком с музыкой всех названных им композиторов, так как включил в свой список также Э. Вареза и Х. В. Хенце.) Кучера также одобрительно отозвался о советских «молодых композиторах», таких как Андрей Волконский, Вячеслав Овчинников, Роман Леденев, Александр Пирумов, Сергей Слонимский, [Владимир] Блок, Арво Пярт и София Губайдулина[44]. Как отмечалось выше, члены Комиссии уже сделали оргвыводы из порицания Волконского и Пярта Союзом композиторов СССР; таким образом, сделанное два года спустя в том же учреждении заявление Кучеры говорит о том, что за это время оттепель пошла полным ходом даже среди бюрократов. Дата этого заседания — 14 октября 1964 года — памятна еще по одной причине: именно

---

[44] NASČS, Slavnostní zasedání ÚVSČS, коробка 20, 8. zasedání ÚVSČS 14.10.1964 — Praha. Замечания Волека см. с. 12/3–12/4. Цитируемые фрагменты из речи Кучеры — с. 15/2, 16/4, 16/5. Удивительно, что в списке Кучеры отсутствует Денисов.

в этот день Хрущев «ушел в отставку» с поста первого секретаря КПСС и на место его пришел Брежнев. Обычно считается, что с низложением Хрущева в Советском Союзе закончилась и оттепель, однако ее последствия некоторое время по-прежнему ощущались в музыкальной жизни страны, а запоздалая чешская оттепель продлилась еще четыре года. В 1967 году Кучера написал первую книгу о советских «молодых композиторах» («Новые тенденции в советской музыке»), которая была опубликована издательством СЧК «Пантон» [Kučera 1967; Schmelz 2009: 21–22].

Второе исполнение и грамзапись

Второе известное нам исполнение «Уцелевшего» в ЧССР состоялось в марте 1966 года, уже в гораздо более либеральной культурной обстановке. Концерт организовал Вацлав Нойман (1920–1995), второй дирижер Чешского филармонического оркестра. Он также успешно работал в ГДР, сначала в Берлинской «Комише-опер» (1956–1964), а потом в Лейпциге, где в 1964–1968 годах одновременно занимал должности главного дирижера оркестра Гевандхауса и музыкального директора Лейпцигской оперы. (В 1968 году он подал в отставку с обоих постов в знак протеста против поддержки Восточной Германией советского вторжения в Чехословакию.) Нойман поставил «Уцелевшего» в программу абонементного концерта Чешского филармонического оркестра, который должен был состояться 3–4 марта 1966 года как вечер «музыкальных премьер» в исполнении этого ансамбля. Автор аннотации к программе отметил, что музыка Новой венской школы сопоставлена с музыкой «Шестерки»: в первом отделении концерта прозвучали Симфония № 8 до мажор (1957) Мийо, вариации Веберна для оркестра, op. 30 (1940) и «Уцелевший», а после антракта — оратория А. Онеггера «Пляска мертвых» (1938). По словам Мийо, его Восьмая симфония была вдохновлена симфонической поэмой Сметаны «Влтава» из цикла «Моя родина». Однако прослеживается также определенная связь симфонии с «Уцелевшим»: ее автором тоже был еврей-изгнанник, живший в Калифорнии (симфония Мийо была заказана Калифорнийском университетом для открытия нового концертного зала в Беркли).

С точки зрения исполнительских ресурсов сочетать в одном концерте ораторию Онеггера и «Уцелевшего» было практичным решением. Для исполнения длящейся менее получаса «Пляски мертвых» требуются оркестр, смешанный хор, три солиста (сопрано, альт, баритон) и чтец. Основной темой либретто, написанного П. Клоделем на основе библейских текстов из Книги Бытия, Книги пророка Иезекииля и Книги Иова, служит оживление «сухих костей» как метафора возрождения надежды в Израиле. Символика Клоделя подразумевает скорее спасение христианской церкви, чем Израиля, однако в соседстве с «Уцелевшим» изначальный еврейский контекст был достаточно очевиден для публики [Spratt 1987: 297–298]. Оба произведения звучали в переводе на чешский, за исключением древнееврейского текста «Шма Исраэль» в финале «Уцелевшего» — перевод молитвы был напечатан в программке (единственный случай из всех, рассмотренных в настоящем исследовании). Автор аннотации не упомянул о еврейском происхождении Шенберга, но прямо указал на еврейскую тему произведения, текст которого, по его словам, был основан на рассказе очевидца, «человека, пережившего сокрушительный разгром нацистами восставшего Варшавского гетто», а финал представлял собой «обработку старинной еврейской песни» — своего рода реквием.

С мелодекламацией в обеих пьесах выступил Милан Фридл (1931–2009), драматург, актер и чтец-декламатор на телевидении и радио. В те же выходные музыканты также записали «Уцелевшего» для фирмы грамзаписи «Супрафон», но, что интересно, без участия Фридла: в роли чтеца выступил бас-баритон Карел Берман, продекламировавший собственный чешский перевод английского текста. (В 1967 году Нойман еще раз записал это произведение с участием диктора Би-би-си Ричарда Бейкера, прочитавшего текст в английском оригинале.) «Уцелевший» с Берманом был включен в вышедший в конце 1967 года альбом, задуманный как учебное пособие по додекафонии — на сегодняшний день это единственная известная нам запись на чешском языке[45]. «Уцелевший» занимает на пластинке центральное место; остальные четыре пьесы — это ранние двенадцатитоновые камерные произведения: Сюита для двух кларнетов, бас-кларнета, скрипки, альта, виолончели и фортепиано, ор. 29 Шенберга; Камерный концерт для фортепиано, скрипки и 13 духовых инструментов Берга; Струнное трио ор. 20 Веберна и его же Квартет для скрипки, кларнета, тенор-саксофона и фортепиано, ор. 22[46]. Альбом также стал показательным выступлением упомянутых выше Musica viva pragensis и «Камерной гармонии», двух пражских ансамблей, специализировавшихся на новой и модернистской музыке. Пространная, познавательная аннотация на конверте, написанная Я. Бужгой, знакомила слушателей с жизнью и додекафоническим творчеством композиторов, содержала множество цитат из их трудов, библиографию (в основном на немецком языке) для дальнейшего ознакомления, а также список произведений Шенберга, Берга и Веберна, записи которых намеревался выпустить «Супрафон»[47]. Стиль Бужги радует прямолинейностью: бросающееся в глаза отсутствие бюрократического жаргона и политических оправданий так же красноречиво свидетельствует об оттепели, как и выпуск самого диска.

---

[45] Трек на диске «Супрафон» 141 0122, 31 декабря 1967 года. Запись, сделанная 15 ноября 1967 года с Ричардом Бейкером, наводит на мысль, что «Супрафон» надеялся расширить свой охват международного рынка, предложив прочтение стандартной версии. Запись впервые вышла на диске «Супрафон» 019 1134 31 декабря 1971 года и была переиздана в 1991 и 1995 годах в сборниках. Информация из базы данных «Супрафон», полученная 27 апреля 2009 года по электронной почте от Гелены Бартиковой, сотрудницы «Супрафон».

[46] Камерные произведения выпускались отдельно на других дисках студии «Супрафон», но это, по-видимому, было единственное издание записи «Уцелевшего» с Берманом. В исполнении Musica viva pragensis на пластинке представлены Шенберг, ор. 29, и Веберн, ор. 20 и 22; в исполнении «Камерной гармонии» — Берг, ор. 9. Записи этих ансамблей распространялись в Северной Америке через фирму Abbey Records из Нью-Джерси, которая приобрела права на распространение каталога «Супрафон» после банкротства компании Artia-Parliament в 1963 году. См.: Grennell Nabs Czech Label Rights // Billboard. № 27. Апрель 1963 года. С. 6.

[47] Из чешских источников в библиографию были включены только работы И. Войтеха. В 1968 году планировалось выпустить записи Шенберга, ор. 26, 47 и 36, Веберна, ор. 7, 9, а также Скрипичный концерт и «Воццека» Берга.

Ил. 6. Карел Берман (служебное фото). Архив Национального театра, Прага, Чешская Республика

Согласно анкете, приложенной к заявлению о приеме на работу в пражский Национальный театр в 1953 году, Берман (1919–1995) в 1938–1940 годах учился в Пражской консерватории, однако не окончил курса, поскольку был как еврей заключен в концентрационный лагерь[48]. Вначале он попал в трудовой лагерь в Липе, а после этого пережил Терезин, Аушвиц и Дахау (вспомогательные лагеря Кауферинг II и IV, Аллак). В Терезине он регулярно выступал, организовывал концерты, дирижировал хором девочек и сочинял музыку; там он оттачивал свое композиторское мастерство под руководством В. Ульмана, который специально для него написал партию Смерти в опере «Император Атлантиды». Завершив образование в 1945–1946 годах, Берман пел в оперных труппах в Опаве и Пльзене и, наконец, поступил в престижный Национальный театр, где в 1959 году с большим успехом исполнил партию Доктора в опере «Воццек». Он поль-

---

[48] NA, Archiv Národního divadla, Praha, папка 16, Berman K.

зовался большим спросом как приглашенный артист, особенно в Восточном Берлине и Лейпциге, а также выступал в западных странах.

О символическом значении Варшавского гетто в соцстранах Восточной Европы мы уже говорили, но стоит также рассмотреть, что собой представляло Терезинское гетто, поскольку это был самый известный лагерь в Чехии и именно там содержался Берман. Как отмечалось выше, в первые послевоенные годы свидетельства о гетто и лагерях имели широкое распространение, но вскоре были вытеснены десемитизированным героическим нарративом антифашистского сопротивления. Заметным исключением из этого общего правила стали публикации рисунков и стихов детей из Терезина. Подчиненные государству Еврейский музей и Терезинский мемориал начали публиковать их в конце 1950-х годов (но также в десемитизированной форме — о том, что это были еврейские дети, не сообщалось). Постепенно этот интерес к культуре концлагеря расширился до того, что породил серию выставок и монографий, посвященных так называемому делу терезинских художников, по которому проходили Ота Матушек, Лео Хаас и Отто Унгар. В 1965 году Совет еврейских общин Чешских земель опубликовал сборник статей, посвященных исполнительскому искусству в Терезине; их авторами были в основном выжившие узники [Ehrmann et al. 1965]. Но книга была опубликована только на английском языке, так что воздействие ее на чешское общество, несомненно, было ограниченным[49]. Первая монография о музыкальной жизни Терезина была опубликована только в 1981 году, но не силами Еврейского музея и Терезинского мемориала, этих подотчетных государству десемитизированных организаций. Книгу Л. Вркочевой «Музыка терезинского гетто» (*Hudba terezínského ghetta*) выпустила в Праге «Джазовая секция» (Jazzová sekce) — нечто вроде кружка неблагонадежных, находившегося в начале 1980-х годов под при-

---

[49] Пятый раздел книги, озаглавленный «На пороге смерти», включает очерки музыкальной жизни Терезина, написанные такими авторами, как Берман, Карел Анчерл, Труда Соларова, Алена Сынкова и Рудольф Франек.

стальным наблюдением властей. С тех пор Терезинское гетто приобрело печальную известность как место жестокого фарса, где немцы вынуждали заключенных разыгрывать представление, чтобы «доказать» Красному Кресту, что с ними хорошо обращаются. Этот маскарад хорошо виден и в кадрах, оставшихся от пропагандистского фильма, так и не вышедшего на экраны, под названием «Терезиенштадт. Документальный фильм, снятый в еврейском поселении» (*Theresienstadt: Ein Dokumentarfilm aus dem jüdischen Siedlungsgebiet*).

С тех пор число исследований музыкальной жизни Терезина стало расти в геометрической прогрессии, а вместе с ними — известность Бермана. Но поскольку до 1980-х годов эта тема не была на слуху в ЧССР, едва ли она служила той призмой, сквозь которую чехословацкая публика в 1960-е — 1970-е годы могла воспринимать творчество Бермана[50]. В аннотации к записи 1967 года говорилось лишь, что и у него, и у дирижера была «глубокая личная связь с музыкой Новой венской школы». Уцелевший, исполняющий роль «Уцелевшего» (вначале Червинка, но в первую очередь Берман, который исполнял эту партию на пластинке 1960-х и на концертах в стране и за рубежом в 1970-х), — явление, из всех рассмотренных примеров имевшее место только в ЧССР. Возможно, в этом была некая практическая составляющая: Берман, как ранее Червинка, мог сам перевести английский текст и, возможно, даже обучить хор произношению древнееврейских слов. И, как мы уже видели, из произведений Шенберга именно «Уцелевший» имел наилучшие шансы снискать расположение в соцстранах, так как его легко было уложить в героический нарратив антифашистского сопротивления. Поэтому сторонники и пропагандисты его музыки старались всячески подсветить тот аспект произведения, который с наибольшей вероятностью заслужил бы официальное одобрение.

Однако такого рода присвоение требовало десемитизации, и назначение на главную роль человека, пережившего Холокост,

---

[50] Берман постоянно упоминается как в исследованиях музыкальной жизни Терезина, так и в воспоминаниях выживших. См., например, [Karas 2009].

едва ли способствовало бы этим намерениям. Вообще-то в 1966–1967 годах исполнение «Уцелевшего» в ЧССР, по-видимому, уже могло обойтись без десемитизации. В искусстве и культуре поздней оттепели, в преддверии Пражской весны, такие вещи больше не практиковались. В 1965 году Я. Кадар и Э. Клос сняли фильм «Магазин на площади», где речь идет о бесчеловечности словацкой программы ариизации 1942 года. Фильм шел в широком прокате в Чехословакии, Великобритании и США и получил «Оскар» за лучший фильм на иностранном языке. Другой кинофильм, «Дита Саксова» (1968), посвященный теме невидимости евреев, был снят по одноименному роману (1962) А. Лустига, чешского еврея, чьи скитания по концентрационным лагерям военного времени могли соперничать со скитаниями Бермана. Героиня фильма, действие которого происходит в Праге в 1947–1948 годах, восемнадцатилетняя Дита, пережившая еврейский лагерь, пытается найти смысл в том, что она уцелела, и как-то построить свою жизнь, притом что из всей семьи выжила она одна. Фильм, демонстрировавшийся в широком прокате, сделал тему незаметности евреев весьма заметной.

Мне не известно, знала ли широкая чешская публика о том, что Берман пережил Холокост, и более того, знали ли покупавшие альбом в 1968 году чехи, что он был евреем. Конечно, это можно было предположить, судя по его фамилии, хотя в Центральной Европе фамилия «Берман» могла и не восприниматься как еврейская. Я также не знаю, было ли общеизвестно, в каких лагерях он побывал во время войны. В аннотациях об этом не упоминается, а в чешских концертных и оперных программках биографии исполнителей, как правило, не печатались до 1990-х годов. Учитывая многоцелевое функционирование Терезина и десемитизацию в литературе того времени, пребывание в этом лагере также не обязательно указывало на еврея. Я не нашла каких-либо комментариев критиков, зрителей или исполнителей по поводу того, что роль Уцелевшего исполняет уцелевший. Возможно, этот факт был слишком очевидным, интимным или неуместным, чтобы о нем упоминать; возможно также, что об этом просто не знали.

Но если публика все же знала, что Берман пережил Холокост, что для нее значило услышать его в этой роли? Сегодня то, что роль *уцелевшего* исполнял уцелевший, едва ли можно считать несущественным, хотя я понимаю, что мой взгляд на этот вопрос может быть сугубо американским и современным. Речь идет о свидетеле. В своем глубоком анализе фильма Стива Райха «Разные поезда» Э. Л. Влодарски наблюдает в действии свидетелей разных уровней, когда Райх манипулирует записанными на пленку воспоминаниями переживших Холокост и накладывает на них музыку в исполнении струнного квартета, чтобы «создать повествование о страданиях евреев во время Второй мировой войны» [Wlodarski 2010: 99]. Записанные воспоминания принадлежат непосредственным участникам событий, то есть «первичным» свидетелям; опираясь на работы Э. ван Альфена и других, Влодарски характеризует фильм Райха как работу «вторичного», или интеллектуального свидетеля, человека, который «заставляет нас чувствовать себя близкими и сочувствующими наблюдателями»; при этом его «художественные и языковые дискурсы» неизбежно вторичны и «могут действовать только опираясь на исторический дискурс, являющийся первичным»[51]. «Уцелевший» тоже функционирует на уровне вторичного свидетеля, поскольку повествование представляет собой художественный синтез, составленный Шенбергом из разных источников. Однако идентичность вторичного свидетеля завуалирована благодаря тому, что Шенберг подает этот синтез как повествование от первого лица, излагаемое одним исполнителем, — способ изложения, стремящийся к правдоподобию. И хотя теперь мы знаем, что повествование не отражает конкретного исторического события или опыта конкретного человека, в то время было широко распространено мнение, что эта история была рассказом реального выжившего очевидца. Поскольку публика слушала повествование на своем родном языке (чешском), причем в переводе, сделанном, как было известно, самим исполнителем, рассказ, несомненно, звучал еще правдоподобнее.

---

[51] Цитаты из ван Альфена приводятся в работе Влодарски [Wlodarski 2010: 135].

Если о статусе Бермана как первичного свидетеля было известно, то его выступление в этой роли могло рассматриваться как признание Холокоста историческим фактом; либо как подтверждение рассказа Шенберга о Холокосте; либо, в более абстрактном смысле, как поощрение музыки Шенберга для тех, кто хочет увидеть поддержку модернистской музыки в этой среде. Но эта иллюзия «встречи с реальностью» ставится под вопрос свидетельством самого Бермана: да, он уцелевший, но не из Варшавы, а из Терезина, Аушвица и Дахау [Caruth 1995: 45]. И хотя любой актер, даже не переживший Холокост лично, сумел бы сыграть роль первичного свидетеля, рассказав вымышленную историю, статус Бермана в роли Уцелевшего становится двойственным. Как американский слушатель XXI века, знакомый с биографией Бермана, я не могу не услышать в его исполнении двух уровней: первичного и вторичного свидетеля. Остаются вопросы, на которые у меня нет ответа: ощущали ли чешские слушатели 1968 года эту двойственность, и если да, то что это означало. Возможно, конечно, что это не означало ничего, даже если слушатели понимали, что роль *уцелевшего* исполняет уцелевший. Как писал К. Шумахер, мы можем «слушать свидетельства уцелевших и при этом ничего не слышать», поскольку склонны «видеть ритуал в самом акте, даже в самой идее свидетельства уцелевших», а при прослушивании музыкального произведения эта тенденция может только усилиться [Schumacher 1998: 29]. Даже древнееврейский язык вне контекста мог не восприниматься как явное указание на еврейскую тему. С образованием государства Израиль он был возрожден как разговорный язык в форме современного иврита, но маловероятно, что неевреи, проживающие в Чехословакии, имели о нем какое-либо представление. Хоровая часть звучит быстро, а хоровую дикцию, как известно, трудно понять. Прослушав древнееврейскую молитву в контексте альбома, призванного продемонстрировать разнообразие додекафонии, можно было действительно «ничего не услышать», кроме крайне неразборчивой хоровой дикции.

Единственной еврейской газетой в социалистической Чехословакии был «Věstník ŽNO» («Вестник еврейских религиозных общин»), важный источник религиозных и политических новостей, актуальных для еврейских читателей. Однако культурных событий издание не освещало, так что трансляции, концерты и грампластинки в ней не рекламировались и не обозревались[52]. Этот недолгий период, когда евреи стали заметны в публичном дискурсе чешской культуры, закончился вместе с Пражской весной. «Программа действий» А. Дубчека, опубликованная в апреле 1968 года, предполагала столь масштабные реформы, что «озабоченность Советского Союза» этой политической повесткой было «трудно переоценить», и в августе того же года СССР организовал вторжение в Чехословакию, насильственно положившее конец оттепели [Ouimet 2010: 22]. Наступил период «нормализации», в ходе которого евреи снова исчезли из публичной сферы; порой режим, осуждая реформаторов, даже прибегал к антисемитской риторике и называл их «евреями с "сионистскими" связями», совсем как в Польше, где антисемитская кампания началась в том же году. Государственные СМИ начали «клеймить Израиль как империалистическое и расистское государство» [Frankl 2010: 40]. Даже когда первая паника улеглась, последствия этой политики ощущались еще долгое время, о чем свидетельствуют беседы с некоторыми чехами, период взросления которых пришелся на конец 1960-х — 1990-е годы. Одна чешка, достигшая совершеннолетия в 1970-е, сообщила что вообще не подозревала о существовании каких-либо евреев за пределами Израиля, пока, поступив в университет, не переехала в Прагу. По ее воспоминаниям, «Уцелевшего» там изучали как антифашистское произведение, без упоминаний о евреях или Холокосте. На вопрос, как ее преподаватель объяснял студентам еврейскую молитву, она ответила, что никак — о молитве речь никогда не заходила. Другой чех, учившийся в американском университете в 2000-е годы, не помнил, чтобы встречал в родной Праге еврея, о котором бы знал, что тот еврей, зато помнил, как его поначалу удивило широкое присутствие евреев в публичной сфере США.

---

[52] Я благодарю Томаса Крауса, исполнительного директора Федерации еврейских общин Чешской Республики, и Алису Марксову, редактора журнала «Рош Ходеш» (ранее «Věstník ŽNO»), за помощь в этом вопросе.

Берман вернулся к этой роли десять лет спустя, когда Чешский филармонический оркестр под управлением дирижера Зденека Кослера вновь исполнил «Уцелевшего». Произведение открывало абонементный концерт в Праге, в марте 1976 года; кроме него в программе были Фортепианный концерт И. Фельда (1973) и Пятая симфония Чайковского. В том же году Берман гастролировал с Филармоническим оркестром, дававшим концерты в Зальцбурге и Интерлакене: исполнялся «Уцелевший», а за ним следовала Девятая симфония Бетховена[53]. Хотя эти концерты выходят за хронологические рамки данного исследования, примечательно, что на гастролях периода «нормализации» была сыграна та самая программа, которая, как считалось, ведет к «катарсису» и которую так полюбили исполнять на международной музыкальной сцене. Как будто зрители, выдержавшие семь неприятных минут «Уцелевшего», тут же получали вознаграждение: полтора часа знакомого тевтонского триумфализма, кульминацией которого становится уверение в том, что «люди — братья меж собой»[54].

---

[53] Сведения из базы данных по учету концертов Чешского филармонического оркестра, № 10170, 10171, 10194, 10201.

[54] Ф. Шиллер, «Ода к радости», пер. И. Миримского. — *Прим перев.*

Заключение

Взгляд на культурную историю послевоенной Европы сквозь призму «Уцелевшего из Варшавы» Шенберга, ранних исполнений и рецепции этого произведения, может пролить свет на некоторые лакуны в культурном и политическом ландшафте континента. Биография и репутация Шенберга, тематика произведения и додекафоническая техника, в которой оно было написано, — все это само по себе привлекало немало внимания, но эти факторы также могут восприниматься как метонимическое обозначение социальных, политических, этических и эстетических проблем, выходивших далеко за рамки творчества конкретного композитора и одного произведения. В настоящем обзоре пока нет ответа на один вопрос: почему столь многие полагали, что «Уцелевший» может нести в себе такое количество смыслов. Мнения о его эстетической и этической ценности так и остаются полярными; такой часто бывает рецепция мемориальных произведений как жанра, в котором одним из важнейших критериев служит понятность. Как это ни парадоксально, именно стремление понять текст, а особенно музыку, и породило вавилонское смешение интерпретаций. Достаточно сравнить характеристику, которую сам Шенберг дал «Уцелевшему» в письме Курту Листу, с высказыванием Н. Рапопорта в защиту созданного им памятника, установленного в Варшавском гетто в 1948 году.

А. Шенберг:

> Теперь о том, что для меня значит текст «Уцелевшего»: прежде всего, это предупреждение всем евреям, чтобы они никогда не забывали о том, что с нами сделали, — никогда не забывали, что даже те, кто сам этого не делал, считали это правильным, а многие были уверены, что именно так

с нами надо поступать. Мы никогда не должны забывать об этом, даже если все выглядело не так, как я описываю в «Уцелевшем». Это неважно. Главное, что я видел это в своем воображении. «Шма Исраэль» в конце имеет для меня особое значение. Думаю, «Шма Исраэль» — это *Glaubensbekenntnis*, свидетельство веры еврея. Это наше представление о едином, вечном Боге, незримом, запрещающем подражание, запрещающем изображение, в общем, все то, что Вы, вероятно, почувствовали, когда читали моего «Моисея и Аарона» и «Библейский путь». Чудо в том, что все эти люди, возможно, на долгие годы забывшие, что они евреи, внезапно очутившись перед лицом смерти, вспоминают, кто они есть[1].

Н. Рапопорт:

Мог ли я изваять камень с дыркой и сказать: «Вуаля! Это и есть величие еврейского народа!» Нет, я должен был показать героизм, проиллюстрировать его буквально, фигурами, на которые откликнулись бы все, а не только художники. В конце концов, это публичный памятник. А на что реагируют люди? На лица, фигуры, человеческий образ. Я не хотел изображать сопротивление абстрактно: восстание было не абстрактным. Оно было настоящим (цит. по: [Young 1989: 82]).

Из слов Шенберга следует, что «Уцелевший» — мемориальное произведение, написанное, чтобы не позволить евреям забыть о том, что с ними сделали, и почтить память тех, кто сохранил или вспомнил свою веру даже перед лицом смерти. Можно предположить, что и для слушателей-неевреев оно должно было стать предупреждением о необходимости помнить и быть бдительными. Рапопорту же важно не столько то, что было сделано с евреями, сколько их реакция на произошедшее. Однако оба художника настаивают на том, что произведение такого рода должно быть понятным публике, чтобы зрителям и слушателям было ясно, чью память оно увековечивает и почему. В скульптуре это обычно

---

[1] Письмо Шенберга Курту Листу, 1 ноября 1948 года (ASC).

достигается за счет сопроводительного текста (имен, дат, цитат, пояснительных табличек) и фигуративности (изображения узнаваемых людей или групп в узнаваемых обстоятельствах). Такие сооружения, как правило, привязаны к конкретному месту, и само их местоположение помогает понять смысл памятника. Мемориал Рапопорта представляет собой гранитную стену высотой в 11 метров; надпись на иврите, идише и польском гласит: «Еврейский народ — своим борцам и мученикам». С западной стороны стены установлена бронзовая скульптурная группа, изображающая героев-повстанцев: в центре — предводитель восстания Мордехай Анелевич, на земле распростерт павший в бою товарищ. С восточной стороны расположен каменный барельеф в честь мучеников: двенадцать сгорбленных фигур, символизирующих колена Израилевы, идут цепочкой, глядя в землю. Только раввин, сжимающий в руках Тору, смотрит вверх. Помимо всего прочего, мемориал стоит на месте бывшего гетто, то есть именно там, где произошло восстание.

Шенберговский мемориал Холокосту не имеет конкретного местоположения, которое помогало бы понять его смысл, но в остальном композитор, как и Рапопорт, постарался, чтобы этот смысл был ясен. Он написал текст на языке страны, где произведение было заказано и впервые исполнено; даже если американская публика не понимала отрывков на немецком, суть их была ясна из контекста и музыки. Текст предназначен для декламации, а следовательно, звучит более разборчиво, чем при пении, и хотя он не отличается красочностью, зато доходчив благодаря простой лексике и графичности образов. Чтец подготавливает слушателей, не знающих древнееврейского, к пониманию важности «Шма», предупреждая, что «они» будут петь «старую молитву», «забытый символ веры»; поэтому никто не удивляется, услышав непонятный богослужебный язык. Слушателю сразу же становится понятно, что группа поющих, молящихся мужчин и есть те «они», о которых только что говорил чтец.

Изобразительность как залог понятности присуща и «Уцелевшему», и памятнику героям Варшавского гетто, но для Шенберга, в гораздо большей степени, чем для Рапопорта, было важно, чтобы понятным было и зло, причиненное тем, кому посвящены мемориальные произведения. С восточной стороны стены Рапопорта за шеренгой мучеников едва различимы три узнаваемые немецкие каски времен Второй мировой войны и два штыка — ничто больше не напоминает о преступниках. У Шенберга, напротив, присутствуют реплики на немецком, прямолинейный рассказ о насилии и страхе и столь же наглядная миметическая музыка — от привычных приемов, передающих крайнее эмоциональное напряжение, до звукоподражательного эффекта трубы, играющей побудку. Все это нужно для того, чтобы слушатель мог представить себе непредставимое и осознать чудо появления «Шма» в финале. В этом смысле «Уцелевший» связан с философской традицией, тянущейся от Ж.-Ж. Руссо до Х. Арендт, — традицией, суть которой сформулировала С. Нейман: «Мораль требует, чтобы мы делали зло понятным» [Neiman 2002: 8][2]. Шенберг считал необходимым передать знание о зле, причиненном евреям, чтобы оно запомнилось и больше никогда не повторилось.

Такая непреклонность, граничащая с буквализмом, отвечает реальной потребности. Недостаточно наглядные памятники рискуют вызвать недопонимание или даже полное непонимание, что влечет за собой этические и эстетические последствия. Так, М. П. Стейнберг раскритиковал мемориал «Места памяти» в берлинском районе Шенеберг за то, что он ни о чем не говорит зрителю. Художники Ренате Штих и Фридер Шнок, авторы этого разбросанного по району мемориального комплекса, описывают его следующим образом: «На фонарных столбах размещено 80 броских табличек: на одной стороне — цветные картинки, а на другой, черным по белому, — выдержки из нацистских антиеврейских правил и предписаний 1933–1945 годов»[3]. Некоторые таблички были вывешены до официального открытия мемориала и поначалу вызвали крайнее замешательство; по мнению Стейнберга, даже спустя двадцать лет мемориал выглядит весьма

---

[2] Благодарю Александра Рединга за то, что порекомендовал мне эту книгу.
[3] URL: www.stih-schnock.de/remembrance.html (дата обращения: 9.10.2024).

двусмысленно. Местные жители, по-видимому, привыкли к табличкам, но случайный, ничего не подозревающий посетитель может и испугаться, увидев подобные тексты без всяких объяснений, оформленные в том же стиле, что официальные городские вывески, надписи и объявления. По мнению Стейнберга, «какой бы ни была политическая и коммеморативная подоплека памятника, на функциональном уровне это провал» [Steinberg 2007: 217–218]. Стейнберг также критикует за полную непроницаемость для зрителя суровый берлинский «Мемориал уничтоженным евреям Европы», созданный П. Айзенманом, поскольку, по его словам, он ничего не обозначает: «Это просто открытая метафора созидания и разрушения, несущая в себе абстрактный смысл и вызывающая абстрактные эмоции». Лишенный коммеморативных функций «объяснения, информирования, просвещения», он представляет собой пустой экран, на который несведущий посетитель может проецировать что угодно. Мемориал в самом центре Берлина, всего в одном квартале к югу от Бранденбургских ворот, состоит из 2711 разновысоких бетонных плит без опознавательных знаков, расположенных в виде решетки на пространстве около двух гектаров. Его монументальные масштабы невозможно не оценить, но, чтобы прочувствовать его как мемориал Холокосту, нужно заранее знать, что это такое [Там же: 219].

По сути, Стейнберг возражает против явления, которое С. Дековен Эзрахи вслед за Э. ван Альфеном назвала «запретом» на репрезентацию Холокоста в художественных образах:

> Когда речь идет о памяти, особенно уместно *абстрактное* искусство, так как оно уважает, по крайней мере имплицитно, «возвышенную непредставимость» Холокоста; оно не предполагает проникновения в миметическое пространство, которое, исходя из этих соображений, должно быть заполнено в первую очередь документальной, исторически обоснованной образностью [DeKoven Ezrahi 2001: 297].

Эта точка зрения, по-видимому, частично обусловлена противоположной философской позицией в отношении зла, которую Нейман прослеживает от Вольтера до Ж. Амери и согласно которой мораль требует, чтобы мы не делали зло понятным [Neiman 2002: 8]. Здесь нет нужды пересказывать долгую историю споров о непредставимости Холокоста[4]. Достаточно сказать, что законные аргументы против фигуративности могут быть выдвинуты как по этическим, так и по эстетическим соображениям. Тем не менее и Шенберг, и Рапопорт считали ее необходимой.

Пик изобразительности в «Уцелевшем» приходится на момент вступления хора. Здесь Шенберг стремится не столько сделать понятным зло, сколько дать понять, что мемориальное сочинение посвящено тем, кто вспомнил о своем еврействе. Он пользуется привычными риторическими приемами, чтобы подготовить слушателя к этому моменту истины. Слушатели могут и не заметить, что восемь тактов, предшествующих молитве (тт. 72–79), содержат все двенадцать перестановок тонального ряда, плюс их инверсии, возрастающие на полступени и представленные постоянно уменьшающейся длительностью. Но они, безусловно, заметят нарастание последовательностей остинато, достигаемое устойчивым, поэтапным увеличением темпа и динамики, как знак того, что главное событие вот-вот произойдет.

Когда вступает хор (т. 80), о его явлении сигнализирует не только переход от сольной декламации под музыку к хоровому пению, но и внезапное переключение с английского на иврит, то есть от мирского к сакральному. Контраст еще больше усиливается мелодико-ритмической конфигурацией в подходах к сильным долям в «Исраэль» и «Адонай», подразумевающей ложную каденцию ми минор. И хотя хор «Шма» основан на той же серии, что и остальная часть произведения, здесь она выделяется как мелодия и дополняется тромбонами, так что встроенный в этот ряд тональный подтекст наиболее отчетливо проявляется в молитве. Мотив «Адонай Элохейну» построен на увеличенном трезвучии, и мелодия повторяет высоту C пять раз в трех тактах, как будто пытается установить тональный центр.

---

[4] Отправной точкой для многих подобных дискуссий стал сборник под редакцией С. Фридлендера «Переопределение границ репрезентации: нацизм и "окончательное решение"» [Friedländer 1992].

Зачастую именно во время хорового финала слушатель решает для себя, является ли «Уцелевший» произведением серьезным или китчевым, и ведет ли его повествовательная линия к катастрофе или искуплению[5]. Судя по высказыванию Шенберга, он явно подразумевал искупление, но музыкальные стратегии, с помощью которых он подготавливал слушателя к вступлению хора и молитве, допускают другие трактовки, отчасти потому, что возвращаются к риторике музыкального монументализма XIX века. А. Рединг в своем исследовании коммеморативной музыки выделяет несколько важных характеристик, применимых к «Уцелевшему»: монументализм XIX века «легко понятен каждому»; он достигается «сочетанием прямолинейного музыкального содержания и поистине ошеломляющей звуковой силы»; он отличается «ярко выраженной театральностью»; он заботится «не только о мощных музыкальных эффектах как таковых, но и о том, что они означают и как используются», поскольку они создают «воображаемую связь между величавостью музыки и величием»; к тому же он выполняет коммеморативную функцию [Rehding 2009: 4, 5, 9, 14]. «Уцелевший» — короткая пьеса, но она мобилизует значительные силы, вызывает непосредственный эмоциональный отклик, является прямолинейной по содержанию и привносит неоспоримую театральность в процесс увековечения памяти.

У этих свойств есть и обратная сторона: они неизбежно приводят к тем самым вопросам об эстетической и этической ценности, которые преследовали «Уцелевшего» с самого начала. «Широкие жесты и грандиозные эффекты» музыкального монументализма на протяжении всей его истории вызывали у слушателей двойственное отношение: возникало тягостное чувство, что «за его размашистой величавостью кроется нечто поверхностное» — экзальтация, граничащая с напыщенностью, из-за которой то, что должно внушать благоговейный трепет, кажется банальным [Там же: 4]. В исследовании Рединга о музыкальном монументализме речь идет о репертуаре и эстетике XIX века,

---

[5] «От того, как мы настроимся на этот финал, зависит, чем закончится "Уцелевший из Варшавы": катастрофой или спасением» [Schiller 2003: 115].

и именно по этой причине его положения применимы к «Уцелевшему». Пусть мы и считаем додекафонию квинтэссенцией модернистского композиторского метода, но то, с чем сталкивается здесь слушатель, — широкие жесты и эффекты, крайне прямолинейные способы передачи содержания — берет начало в популярном романтизме.

Попытка сделать сакральное понятным посредством художественной образности опасна тем, что отсюда один шаг до сенсационализма и злоупотреблений; то же касается изображения жертв. Третий рейх манипулировал образами евреев, чтобы распространять о них дезинформацию и маскировать свое обращение с ними: особенно показателен позорный пример Терезина. Нацисты производили съемки и в Варшавском гетто, предположительно в пропагандистских целях; эти кадры вошли в документальную ленту «Неоконченный фильм» (2010, реж. Я. Херсонски). Обе стороны памятника Рапопорта — и западная, и восточная — подвергались критике: первая — за то, что она слишком похожа на официальное соцреалистическое искусство, насаждавшееся Советским Союзом в период создания мемориала, а вторая — за эксплуатацию стереотипного образа евреев как вечно гонимых странников. Памятник был открыт в 1948 году (тогда же, когда в Альбукерке состоялась премьера «Уцелевшего») и сразу же был дружно одобрен «обожженными войной» критиками, но кратковременные общие восторги быстро сменились столь же единодушным порицанием с позиций как эстетических («китчевая фигуративность»), так и политических («пролетарская листовка») [Young 1989: 69]. То же самое произошло с «Уцелевшим». Отчасти это объясняется тем, что, несмотря на все претензии на универсальность и вневременность, мемориалы неизбежно, пусть и незаметно, оказываются втянуты в самые злободневные события и обстоятельства: «Они сополагают события, рассказывают о них и хранят о них память так, как это диктуют вкусы их попечителей, сиюминутные политические потребности и интересы общества, так, как этого требует дух времени» [Young 1993: viii]. Ни один мемориал не может соответствовать вкусам, потребностям, интересам и духу всех времен и народов.

Заключение

И «Уцелевший», и памятник в Варшавском гетто представляют собой знаковые порождения ранней мемориальной культуры, предпочитавшей прямые, наглядные и даже назойливые формы «понятности», которые могут показаться несовместимыми с западным модернизмом конца 1940-х годов. Рапопорт после вторжения немцев в Польшу жил и работал в Советском Союзе и был знаком с соцреализмом не понаслышке. Эта эстетика доступности, масштабности и назидательности хорошо подходила для увековечения памяти: монументализм был ее стихией. Прямолинейность мемориального произведения Шенберга также противоречит мудрости модернизма послевоенных лет, когда некоторые композиторы, избегая «понятности», уходили в додекафонию, чтобы заниматься тем, что провозглашалось сугубо объективным исследованием звуковой организации.

Конечно, никто всерьез не примет Шенберга за соцреалиста, но хочу отметить, что его сторонники в странах социалистического лагеря не ошиблись, обнаружив в «Уцелевшем» знакомый отголосок, и не только потому, что он оказался пригодным для присвоения в новых, антифашистских целях. «Уцелевший» одним из первых додекафонических произведений прорвал железный занавес по той же причине, по которой многие до сих пор считают его эстетически и этически спорным, а именно из-за того, что он основан на знакомом дискурсе музыкального монументализма XIX века. Те же музыкальные стратегии, которые способны актуализировать другие формы постигаемости, заложенные в «Уцелевшем», могут также подавить или подорвать их, позволяя слушателям послевоенной Европы, как и сейчас, «вчитывать» в произведение свои собственные нарративы катастрофы, искупления, китча, памяти и забвения.

Библиография

Денисов 1969 — Денисов Э. В. Додекафония и проблемы современной композиторской техники // Музыка и современность. Вып. 6 / Ред. В. Д. Конен, Л. А. Мазель, М. Д. Сабинина. М.: Музыка, 1969. С. 478–524.

Фостер 1959 — Фостер У. З. История трех Интернационалов. Международное социалистическое и коммунистическое движение с 1848 г. по настоящее время / Пер. с англ. М.: Госполитиздат, 1959. С. 416.

Цвейг 2001 — Цвейг С. Вчерашний мир / Пер. с нем. М.: Радуга, 2001.

Чуковский 2002 — Чуковский К. И. Стихотворения. СПб.: Академический проект, 2002.

Шенберг 2006 — Шенберг А. Стиль и мысль / Пер. О. Власовой, Н. Лосевой. М.: Композитор, 2006.

Шенберг 2007 — Шенберг А. Из писем В. В. Кандинскому / Пер. с нем. Ал. В. Михайлова // Звучащие смыслы. Альманах. СПб.: Издательство Санкт-Петербургского университета, 2007. С. 403–420.

Шенберг 2021 — Шенберг А. Письма / Сост. Э. Штайн; пер. с нем. и англ. В. Шнитке. СПб.: Композитор, 2021.

Эппльбаум 2015 — Эппльбаум Э. Железный занавес. Подавление Восточной Европы (1944–1956) / Пер. с англ. А. Захарова. М.: Московская школа гражданского просвещения, 2015.

Abrahamsen 1983 — Abrahamsen S. The Holocaustin Norway. // Contemporary ViewsontheHolocaust / Ed. by R. L. Braham. Boston: Kluwer-Nijhoff, 1983. P. 109–141.

Abrahamsen 1986 — Abrahamsen S. The Relationship of Church and State during the German Occupation of Norway, 1940–1945 // The Churches' Response to the Holocaust / Ed. by J. Fischel, S. Pinsker. Greenwood, FL: Penkevill, 1986. P. 2–22.

Abrahamsen 1990 — Abrahamsen S. Norway's Response to the Holocaust: A Historical Perspective. New York: Holocaust Library, 1990.

Abrams 2004 — Abrams B. F. The Struggle for the Soul of the Nation: Czech Culture and the Rise of Communism. Lanham, MD: Rowman and Littlefield, 2004.

Adorno 2002 — Adorno Th. What National Socialism Has Done to the Arts (1945) // Adorno Th. Essays on Music / Ed. by R. Leppert; transl. by S. H. Gillespie. Berkeley: University of California Press, 2002. P. 373–390.

Adunka 2002 — Adunka E. Antisemitismus in der Zweiten Republik: Ein Überblick anhand einiger ausgewählter Beispiele // Antisemitismus in Österreich nach 1945 / Ed. by H. P. Wassermann. Innsbruck, Austria: Studien Verlag, 2002. P. 12–65.

Amos 2003 — Amos H. Politik und Organisation der SED-Zentrale 1949–1963: Struktur und Arbeitsweise von Politbüro, Sekretariat, Zentralkomitee und ZK-Apparat. Münster: Lit Verlag, 2003.

Anderson 2001 — Anderson Sh. A Cold War in the Soviet Bloc: Polish-East German Relations, 1945–1962. Boulder, CO: Westview Press, 2001.

Applegate 2005 — Applegate C. Saving Music: Enduring Experiences of Culture // History and Memory. 2005. Vol. 17. № 1–2. P. 217–237.

Arens 2011 — Arens M. Flags over the Warsaw Ghetto: The Untold Story of the Warsaw Ghetto Uprising. Jerusalem: Gefen Publishing House, 2011.

Argentino 2013 — Argentino J. R. Tripartite Structures in Schoenberg's *A Survivor from Warsaw* // Online Music Theory. 2013. Vol. 19. № 1. P. 1–16.

Art 2006 — Art D. The Politics of the Nazi Past in Germany and Austria. Cambridge: Cambridge University Press, 2006.

Avriel 1975 — Avriel E. Open the Gates: A Personal Story of "Illegal" Immigration to Israel. New York: Atheneum, 1975.

Barlitz 1993 — Barlitz E. Der Nachlaß Hans Schnoor // Weberiana. 1993. Vol. 2. S. 6–7.

Barta 2001 — Barta E. Das Wiener Konzerthaus zwischen 1945 und 1961: Eine vereinsgeschichtliche und musikwirtschaftliche Studie. Tutzing, Germany: Hans Schneider, 2001.

Beal 2006 — Beal A. C. New Music, New Allies: American Experimental Music in West Germany from the Zero Hour to Reunification. Berkeley: University of California Press, 2006.

Beddow 1994 — Beddow M. Thomas Mann: Doctor Faustus. Cambridge: Cambridge University Press, 1994.

Bek 2001 — Bek M. Socialist Realism and the Tradition of Czech National Music, or Who Goes with Whom? // Philosophica — Aesthetica. 2001. Vol. 24. P. 39–50.

Berg et al. 2004 — Berg M., Massow A. von, Noeske N., eds. Zwischen Macht und Freiheit: Neue Musik in der DDR. Cologne: Böhlau Verlag, 2004.

Bisgaard 1929 — Bisgaard J. Chr. Fra musikkens verden: nogen moderne kunstnerportretter. Oslo: n.p., 1929.

Blomster 1982-1983 — Blomster W. The Reception of Arnold Schoenberg in the German Democratic Republic // Perspectives of New Music. 1982-1983. Vol. 2. № 1-2. P. 114-137.

Boll 2004 — Boll M. Nachtprogramm: Intellektuelle Gründungsdebatten in der frühen Bundesrepublik. Münster: Lit., 2004.

Borio, Danuser 1997 — Borio G., Danuser H., eds. Im Zenit der Moderne: Geschichte und Dokumentation in vier Bänden — Die Internationalen Ferienkurse für Neue Musik Darmstadt, 1946-1966. Freiburg im Breisgau: Rombach, 1997.

Borodziej 2006 — Borodziej W. The Warsaw Uprising of 1944 / Transl. by B. Harshav. Madison: University of Wisconsin Press, 2006.

Brecht 1976 — Brecht B. Poems, 1913-1956 / Ed. by J. Willett, R. Manheim. London: Eyre Methuen Limited, 1976.

Brock 1958 — Brock H. Zur Lage der Musikerziehung in Polen // Musik und Gesellschaft. 1958. Vol. 8. № 5. S. 33-36.

Brockhaus, Niemann 1979 — Brockhaus H. A., Niemann K. Musikgeschichte der Deutschen Demokratischen Republik 1946-1976. Berlin: Verlag Neue Musik, 1979.

Brod 1999 — Brod P. Die Juden in der Nachkriegstschechoslowakei // Judenemanzipation — Antisemitismus — Verfolgung in Deutschland, Österreich-Ungarn, den Böhmischen Ländern und in der Slowakei / Ed. by J. K. Hoensch, S. Biman, Ľ. Lipták. Essen: Klartext, 1999. S. 211-228.

Bruce 2010 — Bruce G. The Firm: The Inside Story of the Stasi. Oxford: Oxford University Press, 2010.

Bruckmüller 2006 — Bruckmüller E. Wiederaufbau in Österreich, 1945-1955: Rekonstruktion oder Neubeginn. Vienna: Verlag für Geschichte und Politik, 2006.

Bruland 2011a — Bruland B. Norway's Role in the Holocaust: The Destruction of Norway's Jews // The Routledge History of the Holocaust / Ed. by Jonathan C. Friedman. Abingdon, England: Routledge, 2011. P. 232-247.

Bruland 2011b — Bruland B. Collaboration in the Deportation of Norway's Jews: Changing Views and Representations // Collaboration with the Nazis: Public Discourse after the Holocaust / Ed. by R. Stauber. Abingdon, England: Routledge, 2011. P. 125-137.

Bruland, Tangestuen 2011 — Bruland B., Tangestuen M. The Norwegian Holocaust: Changing Views and Representations // Scandinavian Journal of History. 2011. Vol. 36. № 5. P. 587-604.

Bylander 1989 — Bylander C. The Warsaw Autumn International Festival of Contemporary Music, 1956–1981: Its Goals, Structures, Programs, and People. PhD diss. Ohio State University, 1989.

Cahn 2010 — Cahn S. J. Schoenberg, the Viennese Jewish Experience, and Its Aftermath // The Cambridge Companion to Schoenberg / Ed. by J. Shaw, J. Auner. Cambridge: Cambridge University Press, 2010. P. 191–206.

Calico 2005 — Calico J. H. Jüdische Chronik: The Third Space of Commemoration between East and West Germany // Musical Quarterly. 2005. Vol. 88. № 1. P. 95–122.

Calico 2008 — Calico J. H. Brecht at the Opera. Berkeley: University of California Press, 2008.

Čapková 2012 — Čapková K. Czechs, Germans, Jews? National Identity of the Jews of Bohemia / Transl. by D. Paton, M. Paton. New York: Berghahn, 2012.

Carroll 2003 — Carroll M. Music and Ideology in Cold War Europe. Cambridge: Cambridge University Press, 2003.

Caruth 1995 — Caruth C. Trauma: Explorations in Memory. Baltimore: Johns Hopkins University Press, 1995.

Caute 2003 — Caute D. The Dancer Defects: The Struggle for Cultural Supremacy during the Cold War. Oxford: Oxford University Press, 2003.

Cerha 2009 — Cerha G. Zur Musikszene nach 1945 // Wiener Musikgeschichte: Annäherungen-Analysen-Ausblicke: Festschrift für Hartmut Krones / Hg. J. Bungardt, H. Krones. Vienna: Böhlau, 2009. S. 671–688.

Cohen 2012 — Cohen B. Stefan Wolpe and the Avant-Garde Diaspora. Cambridge: Cambridge University Press, 2012.

Cowell 1950 — Cowell H. Current Chronicle // Musical Quarterly. 1950. № 36. P. 450–451.

Cowgill 2007 — Cowgill R. Elgar's War Requiem // Elgar and His World / Ed. by B. Adams. Princeton, NJ: Princeton University Press, 2007. P. 317–362.

Crittenden 2000 — Crittenden C. Text and Contexts of *A Survivor from Warsaw*, Opus 46 // Political and Religious Ideas in the Works of Arnold Schoenberg / Ed. by Ch. M. Cross, R. A. Berman. New York: Garland, 2000. P. 231–258.

Custodis 2006 — Custodis M. «Unter Auswertung meiner Erfahrungen aktiv mitgestaltend»: Zum Wirken von Wolfgang Steinecke bis 1950 // Deutsche Leitkultur Musik: Zur Musikgeschichte nach dem Holocaust / Ed. by A. Riethmüller. Stuttgart: Franz Steiner Verlag, 2006. P. 145–162.

Davies 2004 — Davies N. Rising '44: The Battle for Warsaw. London: Pan Books, 2004.

Dědek et al. 1953 — Dědek V., Habřina R., Holeček V. et al. Památná místa boje českých zemí proti fašismu. Prague: Mír, 1953.

DeKoven Ezrahi 2001 — DeKoven Ezrahi S. After Such Knowledge, What Laughter? // Yale Journal of Criticism. 2001. Vol. 14. № 1. P. 287–313.

Dennis, LaPorte 2011 — Dennis M., LaPorte N. State and Minorities in Communist East Germany. New York: Berghahn Books, 2011.

Diner 2009 — Diner H. R. We Remember with Reverence and Love: American Jews and the Myth of Silence after the Holocaust, 1945–1962. New York: New York University Press, 2009.

Dirks 1956 — Dirks W. Bericht über ein Scherbengericht // Melos. 1956. Vol. 23. № 8. S. 233–234.

Dussel 1999 — Dussel K. Deutsche Rundfunkgeschichte: eine Einführung. Konstanz, Germany: UVK Medien, 1999.

Dussel 2004 — Dussel K. Deutsche Rundfunkgeschichte. Konstanz, Germany: UVK Verlagsgesellschaft, 2004.

Ehrmann et al. 1965 — Ehrmann F., Heitlinger O., Iltis R., eds. Terezín. Prague: Council of Jewish Communities in the Czech Lands, 1965.

Eisterer 2002 — Eisterer K. Austria under Allied Occupation // Austria in the Twentieth Century / Ed. by R. Steininger, G. Bischof, M. Gehler. New Brunswick, NJ: Transaction Publishers, 2002. P. 190–211.

Elazar et al. 1984 — Elazar D. J., Liberles A. W., Werner S. The Jewish Communities of Scandinavia: Sweden, Denmark, Norway and Finland. Lanham, MD: University Press of America, 1984.

Engelking, Leociak 2009 — Engelking B., Leociak J. The Warsaw Ghetto: A Guide to the Perished City / Transl. by E. Harris. New Haven, CT: Yale University Press, 2009.

Fasting 1965 — Fasting K. Musikselskabet «Harmonien» gjennom to hundre år 1765–1965. Bergen: J. Griegs boktrykkei, 1965.

Feder 1947 — Feder R. Židovská tragedie: dějství poslední. Kolín, Czechoslovakia: Lusk, 1947.

Feisst 2011 — Feisst S. Schoenberg's New World: The American Years. New York: Oxford University Press, 2011.

Fetthauer 2012 — Fetthauer S. Musik und Theater im DP-Camp Bergen-Belsen: Zum Kulturleben der jüdischen Displaced Persons, 1945–1950. Neumünster, Germany: Bockel Verlag, 2012.

Fischer 1949a — Fischer E. Kunst und Menschheit: Essays. Vienna: Globus-Verlag, 1949.

Fischer 1949б — Fischer E. Goethe und die deutsche Misere // Aufbau. 1949. Vol. 5. № 8. S. 676–690.

Fischer 1952 — Fischer E. Doktor Faustus und der deutsche Bauernkrieg // Sinn und Form. 1952. Vol. 4. № 6. S. 59–73.

Fischer J. M. 1993 — Fischer J. M. Das Judentum in der Musik: Kontinuität einer Debatte // Conditio Judaica: Judentum, Antisemitismus und deutschsprachige Literatur vom Ersten Weltkrieg bis 1933/38. Teil 3 / Ed. by H. O. Horch, H. Denkler. Tübingen, Germany: De Gruyter, 1993. S. 227–250.

Fjeldsøe 1998–1999 — Fjeldsøe M. Mellemkrigstidens fortrængte modernism // Dansk music tidsskrift. 1998–1999. Vol. 73. № 7. S. 218–227.

Föllmi 1998 — Föllmi B. A. "I Cannot Remember Ev'rything": Eine narratologische Analyse von Arnold Schönbergs Kantate *A Survivor from Warsaw* op. 46 // Archiv für Musikwissenschaft. 1998. Bd. 55. S. 28–56.

Fox 2004 — Fox Th. C. The Holocaust under Communism // The Historiography of the Holocaust / Ed. by D. Stone. New York: Palgrave Macmillan, 2004. P. 420–439.

Frankel 1946–1947 - Frankel H. Eastern Europe // American Jewish Year Book (1946–47).

Frankl 2010 — Frankl M. Antisemitism in Bohemian Lands // Antisemitism in Eastern Europe: History and Present in Comparison / Ed. by H. Ch. Petersen, S. Salzborn. Frankfurt am Main: Peter Lang, 2010. P. 29–45.

Freudenthal 1975–1978 — Freudenthal H. Dichtheit und Wahrung: Mein Lauf durchs Leben (неопубликованная рукопись). Center for Jewish History, 1975–1978.

Friedländer 1992 — Friedländer S., ed. Probing the Limits of Representation: Nazism and the "Final Solution". Cambridge, MA: Harvard University Press, 1992.

Fulbrook 1999 — Fulbrook M. German National Identity after the Holocaust. Cambridge, England: Polity Press, 1999.

Geller 2005 — Geller J. H. Jews in Post-Holocaust Germany, 1945–1953. Cambridge: Cambridge University Press, 2005.

Giertsen 1946 — Giertsen B. R., ed. Norsk Fangeleksikon: Grinifangene. Oslo: J. W. Cappelens Forlag, 1946.

Gilbert 2005 — Gilbert Sh. Music in the Holocaust: Confronting Life in the Nazi Ghettos and Camps. Oxford: Clarendon Press, 2005.

Goldberg 2010 — Goldberg A. Honor, Politics, and the Law in Imperial Germany, 1871–1914. Cambridge: Cambridge University Press, 2010.

Goldenbogen, Aris 2001 — Goldenbogen N., Aris H.-J., hgg. Einst und jetzt: zur Geschichte der Dresdner Synagoge und ihrer Gemeinde. Dresden: Ddp Goldenbogen, 2001.

Goléa 1950 — Goléa A. Hermann Scherchen dirigierte in Darmstadt // Der Mittag. 24 August 1950.

Gottwald 1996 — Gottwald S. Das allgemeine Persönlichkeitsrecht: ein zeitgeschichtliches Erklärungsmodell. Berlin: Verlag Arno Spitz, 1996.

Gradenwitz 1998 — Gradenwitz P. Arnold Schönberg und seine Meisterschüler: Berlin 1925–1933. Vienna: Paul Zsolnay Verlag, 1998.

Grassl et al. 2008 — Grassl M., Kapp R., Rathgeber Eike, eds. Österreichs Neue Musik nach 1945: Karl Schiske. Vienna: Böhlau, 2008.

Greenblatt 2010 — Greenblatt S. Cultural Mobility: An Introduction // Cultural Mobility: A Manifesto / Ed. by S. Greenblatt. Cambridge: Cambridge University Press, 2010. P. 1–23.

Grinde 1991 — Grinde N. A History of Norwegian Music. Lincoln: University of Nebraska Press, 1991.

Groehler 1993 — Groehler O. Integration und Ausgrenzung von NS-Opfern: Zur Anerkennungs- und Entschädigungsdebatte in der Sowjetischen Besatzungszone Deutschlands 1945 bis 1949 // Historische DDR-Forschung: Aufsätze und Studien / Ed. by J. Kocka. Berlin: Akademie Verlag, 1993. S. 105–127.

Grogin 2001 — Grogin R. C. Natural Enemies: The United States and the Soviet Union in the Cold War, 1917–1991. Lanham, MD: Lexington Books, 2001.

HaCohen 2011 — HaCohen R. The Music Libel against the Jews. New Haven, CT: Yale University Press, 2011.

Hall 1963 — Hall P. 25 år Ny Musikk. Oslo: Ny Musikk, 1963.

Haltof 2012 — Haltof M. Polish Film and the Holocaust: Politics and Memory. New York: Berghahn, 2012.

Hamburger 1950 — Hamburger P. Arnold Schoenberg's *Survivor from Warsaw*, or the Possibility of Committed Art // Music Survey. 1950. Vol. 2. № 3. P. 183.

Haury 2002 — Haury Th. Antisemitismus von links: Kommunistische Ideologie, Nationalismus und Antizionismus in der frühen DDR. Hamburg: Hamburg Edition, 2002.

Häusler 1996 — Häusler J. Spiegel der neuen Musik, Donaueschingen: Chronik, Tendenzen, Werkbesprechungen. Kassel, Germany: Bärenreiter, 1996.

Heidenreich 1999 — Heidenreich A. Arnold Schönberg und das Kranichsteiner Musikinstitu // Musik & Ästhetik. 1999. Bd. 3. № 11. S. 80–88.

Heitlinger 2006 — Heitlinger A. In the Shadows of the Holocaust and Communism: Czech and Slovak Jews since 1945. New Brunswick, NJ: Transaction Publishers, 2006.

Held 1995 — Held S. Zwischen Tradition und Vermächtnis: Die Israelitische Religionsgemeinde zu Leipzig nach 1945. Hamburg: Dölling and Galitz Verlag, 1995.

Helm 1959 — Helm E. Current Chronicle: Poland // Musical Quarterly. 1959. Vol. 45. № 1. P. 111–114.

Herf 1997 — Herf J. Divided Memory: The Nazi Past in the Two Germanys. Cambridge, MA: Harvard University Press, 1997.

Herf 2007 — Herf J. Introduction // Anti-Semitism and Anti-Zionism in Historical Perspective: Convergence and Divergence / Ed. by J. Herf. London: Routledge, 2007. P. x–xviii.

Herresthal, Pedersen 2002 — Herresthal H., Pedersen M. E. New Music in Norway // New Music of the Nordic Countries / Ed. by J. D. White. Hillsdale, NY: Pendragon Press, 2002. P. 383–444.

Hollitzer 1994 — Hollitzer S. Die Juden in der DDR und ihr Verhältnis zu Staat wie Kirche // Judaica Lipsiensia: zur Geschichte der Juden in Leipzig / Ed. by Manfred Unger. Leipzig: Edition Leipzig, 1994. S. 217–227.

Hurum 1946 — Hurum H. J. Musikken under okkupasjonen 1940–1945. Oslo: Aschehoug, 1946.

Hyman 1951 – Hyman, A. S. Central Europe: Germany // American Jewish Year Book, 1951.

Jakelski 2009a — Jakelski L. The Changing Seasons of the Warsaw Autumn: Contemporary Music in Poland, 1960–1990. PhD diss. University of California, Berkeley, 2009.

Jakelski 2009б — Jakelski L. Górecki's *Scontri* and Avant-Garde Music in Cold War Poland // Journal of Musicology. 2009. Vol. 26. № 2. P. 205–239.

Jakelski 2015 — Jakelski L. Pushing Boundaries: Mobility at the Warsaw Autumn International Festival of Contemporary Music // East European Politics and Societies. 2015. Vol. 29. № 1. P. 189–211.

Jaldati, Rebling 1995 — Jaldati L., Rebling E. Sag nie, du gehst den letzten Weg: Lebenserinnerungen 1911 bis 1988. Marburg, Germany: BdWi, 1995.

Janik 2005 — Janik E. Recomposing Music: Politics and Tradition in Cold War Berlin. Boston: Brill, 2005.

Janowski, Kochański 2000 — Janowski W., Kochański A. Informator o Strukturze i Obsadzie Personalnej Centralnego Aparatu PZPR 1948–1990. Warsaw: Instytut Studiów Politycznych Polskiej Akademii Nauk, 2000.

John 1994 — John E. Musikbolschewismus: die Politisierung der Musik in Deutschland, 1918–1933. Stuttgart: J. B. Metzler, 1994.

Judt 2006 — Judt T. Postwar: A History of Europe since 1945. New York: Penguin Books, 2006.

Kapp 2005 — Kapp R. Folgen der Emigration, Voraussetzungen der Remigration — Aufführungsgeschichtlich betrachtet // Köster M., Schmidt D., hgg. «Man kehrt nie zurück, man geht immer nur fort»: Remigration und Musikkultur. Munich: Edition text + kritik, 2005. P. 174–231.

Kappelt 1997 — Kappelt O. Die Entnazifizierung in der SBZ sowie die Rolle und der Einfluß ehemaliger Nationalsozialisten in der DDR als ein soziologisches Phänomen. Hamburg: Verlag Dr. Kovač, 1997.

Karas 2009 — Karas J. Music in Terezín, 1941–1945. Hillsdale, NY: Pendragon Press, 2009.

Karner 2008 — Karner O. Kulturpolitische Rahmenbedingungen in Österreich am Beginn der Zweiten Republik // Österreichs Neue Musik nach 1945: Karl Schiske / Ed. by M. Grassl, R. Kapp, E. Rathgeber. Vienna: Böhlau, 2008. P. 31–66.

Kater 2000 — Kater M. H. Composers of the Nazi Era: Eight Portraits. New York: Oxford University Press, 2000.

Kauders 2004 — Kauders A. D. Democratization and the Jews: Munich, 1945–1965. Lincoln: University of Nebraska Press, 2004.

Kemp-Welch 2008 — Kemp-Welch A. Poland under Communism: A Cold War History. Cambridge: Cambridge University Press, 2008.

Kershaw 1983 — Kershaw I. Review of "Entrepreneurs of Ideology: Neoconservative Publishers in Germany, 1890–1933", by Gary D. Stark // Journal of Modern History. 1983. Vol. 55. № 2. P. 372–375.

Kessler 1995 — Kessler M. Die SED und die Juden—Zwischen Repression und Toleranz. Berlin: Akademie Verlag, 1995.

Kichelewski 2008 — Kichelewski A. A Community under Pressure: Jews in Poland, 1957–1967 // POLIN: Studies in Polish Jewry. 2008. Vol. 21. P. 159–186.

Kieval 2000 — Kieval H. J. Languages of Community: The Jewish Experience in the Czech Lands. Berkeley: University of California Press, 2000.

Kirschnick 2009 — Kirschnick S. Anne Frank und die DDR: Politische Deutungen und persönliche Lesarten des berühmten Tagebuchs. Berlin: Ch. Links Verlag, 2009.

Klemke 2007 — Klemke P. Taktgeber oder Tabuisierte—Komponisten in der DDR: Staatliche Kulturpolitik den fünfziger Jahren. Marburg, Germany: Tectum Verlag, 2007.

Klingberg 1996 — Klingberg L. Internationale Gesellschaft für Musikwissenschaft und DDR // Acta Musicologica. 1996. Vol. 58. № 2. P. 129–148.

Klingberg 1997 — Klingberg L. Politisch fest in unseren Händen: Musikalische und musikwissenschaftliche Gesellschaften in der DDR. Dokumente und Analysen. Kassel, Germany: Bärenreiter, 1997.

Klingberg 2000 — Klingberg L. IMS "John" und Schostakowitsch: Zur Stasi-Karriere von Heinz Alfred Brockhaus // Dmitri Schostakowitsch: Komponist und Zeitzeuge / Hgg. G. Wolter, E. Kuhn. Berlin: Ernst Kuhn, 2000. S. 194–226.

Klingberg 2004 — Klingberg L. Die Debatte um Eisler und die Zwölftontechnik in der DDR in den 1960er Jahren // Berg M., Massow A. von, Noeske N., hgg. Zwischen Macht und Freiheit: Neue Musik in der DDR. Cologne: Böhlau Verlag, 2004. P. 39–61.

Köster 2005 — Köster M. Musik-Remigration nach 1945: Konturen eines neuen Forschungsfelds // Köster M., Schmidt D., hgg. «Man kehrt nie zurück, man geht immer nur fort»: Remigration und Musikkultur. Munich: Edition text + kritik, 2005. S. 18–30.

Köster, Schmidt 2005 — Köster M., Schmidt D., hgg. «Man kehrt nie zurück, man geht immer nur fort»: Remigration und Musikkultur / Munich: Edition text + kritik, 2005.

Kostka 2011 — Kostka V. An Artist as the Conscience of Humanity: Life in Emigration and the Artistic Output of Tadeusz Zygfryd Kassern // Musicology Today. 2011. № 8. P. 134–162.

Krauss 2001 — Krauss M. Heimkehr in ein fremdes Land: Geschichte der Remigration nach 1945. Munich: Beck, 2001.

Krauss 2004 — Krauss M. Jewish Remigration: An Overview of an Emerging Discipline // Leo Baeck Institute Year Book. 2004. Vol. 49. № 1. P. 107–119.

Krejčová 1998 — Krejčová H. Czechs and Jews // Bohemia in History / Ed. by M. Teich. Cambridge: Cambridge University Press, 1998. P. 343–363.

Krenek 1937 — Krenek E. Über neue Musik. Vienna: Verlag der Ringbuchhandlung, 1937.

Kučera 1967 — Kučera V. Nové proudy v sovětské hudbě: Eseje a stránky z deníku. Prague: Panton, 1967.

Kuschmitz 2003 — Kuschmitz H. Herbert Kegel: Legende ohne Tabu. Ein Dirigentenleben im 20. Jahrhundert. Altenburg, Germany: Verlag Klaus-Jürgen Kamprad, 2003.

Kutsch, Riemens 1993 — Kutsch K. J., Riemens L., eds. Großes Sängerlexikon 1: Band A-L. Berlin: K. G. Sauer Verlag, 1993.

Kvalbein 2013 — Kvalbein A. Musikalsk modernisering: Pauline Hall (1890–1969) som komponist, teatermenneske og Ny Musikk-leiar. Oslo: Norges Musikkhøgskole, 2013.

Kypr 1950 — Kypr P. Malá pevnost Terezín: Dokument československého boje za svobodu a nacistického zločinu proti lidskosti. Prague: Mír, 1950.

Laqueur 1955 — Laqueur W. Z. Israel // American Jewish Year Book. 1955. №56 elfkbnm.

Laser 2010 — Laser B. Kulturbolschewismus! Zur Diskurssemantik der "totalen Krise" 1929–1933. Frankfurt am Main: Peter Lang, 2010.

Laux 1963 — Laux K. Das Musikleben in der Deutschen Demokratischen Republic. Leipzig: Deutscher Verlag für Musik, 1963.

Lazar 1994 — Lazar M. Arnold Schoenberg and His Doubles: A Psychodramatic Journey to His Roots // Journal of the Arnold Schoenberg Institute. 1994. Vol. 17. № 1–2. P. 48–54.

Leibowitz 1949a — Leibowitz R. Introduction à la musique de douze sons. Paris: L'Arche, 1949.

Leibowitz 1949б — Leibowitz R. Arnold Schoenberg's *Survivor from Warsaw*, or the Possibility of Committed Art // Horizon. 1949. Vol. 20. № 116. P. 122–131.

Lepsius 1993 — Lepsius M. R. Demokratie in Deutschland: Soziologisch-historische Konstellationsanalysen. Ausgewählte Aufsätze. Göttingen: Vandenhoeck & Ruprecht, 1993.

Leukert 1992 — Leukert B. Musik aus Trümmern, Darmstadt um 1949 // Musik-Texte: Zeitschrift für Neue Musik. 1992. № 45. P. 20–28.

List 1948 — List K. Schoenberg's New Cantata // Commentary. 1948. Vol. 6. № 5. P. 468–473.

Locke 2006 — Locke B. S. Opera and Ideology in Prague: Polemics and Practice at the National Theater, 1900–1938. Rochester: University of Rochester Press, 2006.

Ludvová 2006 — Ludvová J. Causa *Wozzek* 1926 // Czech Music. 2006. № 2. P. 17–20.

Ludwig 1994 — Ludwig E. Die Auswirkungen des Prager Slansky-Prozesses auf die Leipziger Juden 1952/53 // Judaica Lipsiensia / Hg. M. Unger. Leipzig: Edition Leipzig, 1994. P. 228–244.

Lühe, Krohn 2005 — Lühe I. von der, Krohn C.-D., hgg. Fremdes Heimatland: Remigration und literarisches Leben nach 1945. Göttingen: Wallstein, 2005.

Lukeš, Goldstein 1999 — Lukeš I., Goldstein E. The Munich Crisis, 1938: Prelude to World War II. London: Frank Cass and Co. Limited, 1999.

Machcewicz 2009 — Machcewicz P. Rebellious Satellite: Poland 1956 / Transl. by M. Latynski. Washington, D.C.: Woodrow Wilson Center Press, 2009.

Maegaard 1996 — Maegaard J. Schönberg in Kopenhagen: Schönberg-Rezeption in Dänemark bis zum II. Weltkrieg // Österreichische Musikzeitschrift. 1996. Vol. 51. № 6–7. P. 411–424.

Mark 1957 — Mark B. Der Aufstand im Warschauer Ghetto. East Berlin: Dietz, 1957.

Matějček 1967 — Matějček J. Music in Czechoslovakia: Survey of the Main Institutions and Organisations of Musical Life / Transl. by J. Layton-Eislerová. Prague: Czech Music Fund, 1967.

Matejka 1984 — Matejka V. Widerstand ist alles: Notizen eines Unorthodoxen. Vienna: Löcker, 1984.

Maurer-Zenck 1980 — Maurer-Zenck C. Ernst Krenek—ein Komponist im Exil. Vienna: Lafite, 1980.

Mauser 1994 — Mauser S. Emigranten bei den Internationalen Ferienkursen für Neue Musik in Darmstadt (1946–1951) // Musik in der Emigration, 1933–1945: Verfolgung, Vertreibung, Rückwirkung / Hg. H. Weber. Stuttgart: J. B. Metzler Verlag, 1994. P. 241–248.

Meckl 2008 — Meckl M. The Memory of the Warsaw Ghetto Uprising // European Legacy. 2008. Vol. 13. № 7. P. 815–824.

Melichar 1960 — Melichar A. Schönberg und die Folgen: Eine notwendige kulturpolitische Auseinandersetzung. Vienna: Eduard Wancura Verlag, 1960.

Mendelsohn 1987 — Mendelsohn E. The Jews of East Central Europe between the World Wars. Bloomington: Indiana University Press, 1987.

Mendelsohn 1991 — Mendelsohn O. The Persecution of the Norwegian Jews in WWII. Oslo: Norges Hjemmefrontmuseum, 1991.

Meng 2011 — Meng M. Shattered Spaces: Encountering Jewish Ruins in Postwar Germany and Poland. Cambridge, MA: Harvard University Press, 2011.

Meng 2015 — Meng M. Muranów as a Ruin: A Collage of Memories in Postwar Warsaw // Constructing Pluralism: Space, Nostalgia, and the Transnational Future of the Jewish Past in Poland / Ed. by E. Lehrer, M. Meng. Bloomington: Indiana University Press, 2015. P. 99–114.

Mertens 1997 — Mertens L. Davidstern unter Hammer und Zirkel: Die jüdischen Gemeinden in der SBZ/DDR und ihre Behandlung durch Partei und Staat 1945–1990. Hildesheim, Germany: Georg Olms Verlag, 1997.

Meuschel 1992 — Meuschel S. Legitimation und Parteiherrschaft in der DDR. Frankfurt am Main: Suhrkamp, 1992.

Meyer 1953 — Meyer P. Czechoslovakia // The Jews in the Soviet Satellites / Ed. by P. Meyer et al. Syracuse, NY: Syracuse University Press, 1953. P. 49–204.

Michlic 2005 — Michlic J. The Holocaust and Its Aftermath as Perceived in Poland: Voices of Polish Intellectuals, 1945–1947 // The Jews Are Coming Back / Ed. by D. Bankier. Jerusalem: Yad Vashem, 2005. P. 206–230.

Mojžíš 1992 — Mojžíš V. Publications of Editio Supraphon // Fontes artes musicae. 1992. Vol. 39. № 3–4. P. 259–261.

Mommsen 2005 — Mommsen H. Rückkehr in eine verwandelte Heimat: Zur Rolle der Emigration in der deutschen Nachkriegsgesellschaft // Köster M., Schmidt D., hgg. «Man kehrt nie zurück, man geht immer nur fort»: Remigration und Musikkultur. Munich: Edition text + kritik, 2005. S. 31–35.

Monod 2005 — Monod D. Settling Scores: German Music, Denazification and the Americans, 1945–1953. Chapel Hill: University of North Carolina Press, 2005.

Moore 2010 — Moore B. Survivors: Jewish Self-Help and Rescue in Nazi-Occupied Western Europe. Oxford: Oxford University Press, 2010.

Móricz 2008 — Móricz K. Jewish Identities: Nationalism, Racism, and Utopianism in Twentieth-Century Music. Berkeley: University of California Press, 2008.

Móricz, Seter 2012 — Móricz K., Seter R. Introduction // Journal of the American Musicological Society. Summer 2012. Vol. 65, № 2.

Moser 1952 — Moser H. J. Musikgeschichte in hundert Lebensbildern. Stuttgart: Reclam, 1952.

Muth 2001 — Muth I. Die DDR-Außenpolitik 1949–1972: Inhalte, Strukturen, Mechanismen. Berlin: Ch. Links Verlag, 2001.

Muxeneder 2002 — Muxeneder Th. *A Survivor from Warsaw* Op. 46 // Arnold Schönberg: Interpretationen Seiner Werke / Ed. by G. W. Gruber, M. Wagner. Laaber, Germany: Laaber-Verlag, 2002. P. 132–149.

Nagel 2003 — Nagel H.-J. Musik und Politik: Paul Dessau und Hanns Eisler // Zwischen Politik und Kultur—Juden in der DDR / Hg. M. Zuckermann. Göttingen, Germany: Wallstein Verlag, 2003. P. 227–238.

Nansen 1949 — Nansen O. From Day to Day / Transl. by K. John. New York: G. P. Putnam's Sons, 1949.

Neiman 2002 — Neiman S. Evil in Modern Thought: An Alternative History of Philosophy. Princeton, NJ: Princeton University Press, 2002.

Nesheim 2007 — Nesheim E. Et musikkliv i krig: konserten som politisk arena, Norge 1940–1945. Oslo: Norsk Musikforlag, 2007.

Nouza 2009 — Nouza Z. Schönberg — Eine vergessene Uraufführung? // Hudební věda. 2009. Vol. 46. № 1–2. S. 210–212.

Olick 2007 — Olick J. K. Collective Memory and Nonpublic Opinion: A Historical Note on a Methodological Controversy about a Political Problem // Symbolic Interaction. 2007. Vol. 30. № 1. P. 41–55.

Ouimet 2010 — Ouimet M. J. Reconsidering the Soviet Role in the Invasion of Czechoslovakia: A Commentary // The Prague Spring and the Warsaw Pact Invasion of Czechoslovakia, 1968: Forty Years Later / Ed. by M. M. Stolarik. Mundelein, IL: Bolchazy-Carducci Publishers, 2010. P. 19–29.

Paczkowski 2003 — Paczkowski A. The Spring Will Be Ours: Poland and the Poles from Occupation to Freedom / Transl. by J. Cave. University Park: Pennsylvania State University Press, 2003.

Pantůček 2008 — Pantůček V. Some Experimental Trends in Post-war Czech Music / Transl. by A. Bryson-Gustová // Czech Music Quarterly. 2008. № 1. P. 14–20.

Parker et al. 2004 — Parker S., Davies P., Philpotts M. The Modern Restoration: Re-thinking German Literary History, 1930–1960. Berlin: De Gruyter, 2004.

Pauley 1979 — Pauley B. F. From Splinter Party to Mass Movement: The Austrian Nazi Breakthrough // German Studies Review. 1979. Vol. 2. № 1. P. 7–29.

Péteri 2006 — Péteri G., ed. Nylon Curtains: Transnational and Transsystemic Tendencies in the Cultural Life of State-Socialist Russia and East-Central Europe. Trondheim, Norway: Program on East European Culture and Societies, 2006.

Petersen 1993 — Petersen P. In Paris begonnen, in New York vollendet, in Berlin verlegt: «Les Voix» von Paul Dessau // Musik im Exil: Folgen des Nazismus für die internationale Musikkultur / Hgg. H.-W. Heister, C. Maurer-Zenck, P. Petersen. Frankfurt am Main: Fischer Taschenbuch Verlag, 1993. S. 438–459.

Pike 1992 — Pike D. The Politics of Culture in Soviet-Occupied Germany, 1945–1949. Stanford, CA: Stanford University Press, 1992.

Plocker 2009 — Plocker A. Zionists to Dayan: The Anti-Zionist Campaign in Poland, 1967–1968. PhD diss. Stanford University, 2009.

Plonowska Ziarek 2007 — Plonowska Ziarek E. Melancholic Nationalism and the Pathologies of Commemorating the Holocaust in Poland // Imaginary Neighbors: Mediating Polish-Jewish Relations after the Holocaust / Ed. by D. Glowacka, J. Zylinska. Lincoln: University of Nebraska Press, 2007. P. 301–326.

Poiger 2000 — Poiger U. Jazz, Rock and Rebels: Cold War Politics and American Culture in a Divided Germany. Berkeley: University of California Press, 2000.

Polonsky, Michlic 2004 — Polonsky A., Michlic J. B, eds. The Neighbors Respond: The Controversy over the Jedwabne Massacre in Poland. Princeton, NJ: Princeton University Press, 2004.

Prieberg 1982 — Prieberg F. Musik im NS-Staat. Frankfurt am Main: Fischer, 1982.

Rathkolb 2010 — Rathkolb O. The Paradoxical Republic: Austria, 1945–2005 / Transl. by O. Binder et al. New York: Berghahn, 2010.

Rebling 1958 — Rebling E. Ein offenes Wort an unsere polnischen Freunde // Musik und Gesellschaft. 1958. Vol. 8. № 7. S. 8–11.

Rehding 2009 — Rehding A. Music and Monumentality: Commemoration and Wonderment in Nineteenth-Century Germany. Oxford: Oxford University Press, 2009.

Reich 1971 — Reich W., ed. Schoenberg: A Critical Biography / Transl. by L. Black. New York: Praeger Publishers, 1971.

Richter 1990 — Richter M. Die Ost-CDU 1948–1952: Zwischen Widerstand und Gleichschaltung. Düsseldorf: Droste, 1990.

Riethmüller 2006 — Riethmüller A., ed. Deutsche Leitkultur Musik? Zur Musikgeschichte nach dem Holocaust. Stuttgart: Franz Steiner Verlag, 2006.

Ringer 1990 — Ringer A. L. Arnold Schoenberg: The Composer as Jew. Oxford: Oxford University Press, 1990.

Roskies 1984 — Roskies D. Against the Apocalypse: Responses to Catastrophe in Modern Jewish Culture. London: Harvard University Press, 1984.

Ross 2007 — Ross A. The Rest Is Noise: Listening to the Twentieth Century. New York: Farrar, Straus and Giroux, 2007.

Rothkirchen 1996 — Rothkirchen L. Czechoslovakia // The World Reacts to the Holocaust / Ed. by D. S. Wyman. Baltimore: Johns Hopkins University Press, 1996. P. 156–199.

Rothkirchen 2005 — Rothkirchen L. The Jews of Bohemia and Moravia: Facing the Holocaust. Lincoln: University of Nebraska Press, 2005.

Rothschild, Wingfield 2008 — Rothschild J., Wingfield N. M. Return to Diversity: A Political History of East Central Europe since World War II. New York: Oxford University Press, 2008.

Rudorf 1964 — Rudorf R. Jazz in der Zone. Cologne: Kiepenheuer & Witsch, 1964.

Rufer 1962 — Rufer J., ed. The Works of Arnold Schoenberg / Transl. by D. Newlin. London: Faber and Faber, 1962.

Rüter et al. 2002–2010 – Rüter C. et al., eds. DDR-Justiz und NS-Verbrechen: Sammlung ostdeutscher Strafurteile wegen nationalsozialistischer Tötungsverbrechen. Munich: K. G. Saur, 2002–2010.

Sawicki 2005 — Sawicki J. Z. Bitwa o prawdę: Historia zmagań o pamięć Powstania Warszawskiego 1944–1989. Warsaw: Wydawnictwo «DiG», 2005.

Scharlau 2005 — Scharlau U. Remigration von Musikern im deutschen Rundfunk nach 1945 // Köster M., Schmidt D., hgg. «Man kehrt nie zurück, man geht immer nur fort»: Remigration und Musikkultur. Munich: Edition text + kritik, 2005. S. 155–173.

Scheit, Svoboda 2002 — Scheit G., Svoboda W. Feindbild Gustav Mahler: Zur antisemitischen Abwehr der Moderne in Österreich. Vienna: Sonderzahl, 2002.

Schiller 2003 — Schiller D. M. Bloch, Schoenberg, Bernstein: Assimilating Jewish Music. Oxford: Oxford University Press, 2003.

Schmelz 2009 — Schmelz P. J. Such Freedom, if Only Musical: Unofficial Soviet Music during the Thaw. Oxford: Oxford University Press, 2009.

Schmidt 1976 — Schmidt C. M. Schönbergs Kantate *Ein Überlebender Aus Warschau* Op. 46 // Archiv für Musikwissenschaft. 1976. Vol. 33. P. 174–188, 261–277.

Schmidt 2005 — Schmidt D. Über die Voraussetzungen unserer Musikkultur: Die Aktualität der Remigration als Gegenstand der Musikgeschichtsschreibung // Köster M., Schmidt D., hgg. «Man kehrt nie zurück, man geht immer nur fort»: Remigration und Musikkultur. Munich: Edition text + kritik, 2005. S. 9–17.

Schnoor 1962 — Schnoor H. Harmonie und Chaos. Munich: J. F. Lehmanns Verlag, 1962.

Schoenberg 1949 — A Survivor from Warsaw. Long Island City, NY: Bomart Music Publications, 1949.

Schoenberg 1979 — Schoenberg A. A Survivor from Warsaw / Ed. by Jacques-Louis Monod. Vienna: Universal Edition, 1979.

Schoenberg 1988 — Arnold Schoenberg Self-Portrait: A Collection of Articles, Program Notes, and Letters by the Composer about His Own Works / Ed. by N. Schoenberg. Pacific Palisades, CA: Belmont Music Publishers, 1988.

Schoenberg 2003 — A Schoenberg Reader: Documents of a Life / Ed. by J. Auner. New Haven, CT: Yale University Press, 2003.

Schoenberg 2010 — Schoenberg A. Style and Idea: Selected Writings of Arnold Schoenberg. 60th anniversary edition / Ed. by L. Stein. Berkeley: University of California Press, 2010.

Scholz 1988 — Scholz G., hg. Dodekaphonie in Österreich nach 1945. Vienna: VWGÖ, 1988.

Schumacher 1998 — Schumacher C. Staging the Holocaust: The Shoah in Drama and Performance. Cambridge: Cambridge University Press, 1998.

Schwartz 2000 — Schwartz M. «Eine versunkene Welt»: Heinrich Strobel als Kritiker, Musikpolitiker, Essayist und Redner in Frankreich (1939–1944) // Musikforschung — Faschismus — Nationalsozialismus: Referate der Tagung Schloss Engers (8. bis 11. März 2000) / Ed. by I. von Foerster, Ch. H. Mahling et al. Mainz: Are Edition, 2001. P. 291–317.

Seefehlner 1983 — Seefehlner E. Die Musik meines Lebens: Vom Rechtspraktikanten zum Opernchef in Berlin und Wien. Vienna: Paul Neff Verlag, 1983.

Seeger 1966 — Seeger H. Musiklexikon in zwei Bänden. Leipzig: VEB Deutscher Verlag für Musik, 1966.

Shapiro 1959 — Shapiro L. Poland // American Jewish Year Book. 1959.

Shreffler 2005 — Shreffler A. C. Ideologies of Serialism: Stravinsky's *Threni* and the Congress of Cultural Freedom // Music and the Aesthetics of Modernity: Essays / Ed. by K. Berger, A. Newcomb. Cambridge, MA: Harvard University Press, 2005. P. 217–245.

Sicking 2008 — Sicking K. Holocaust-Kompositionen als Medien der Erinnerung: Die Entwicklung eines musikwissenschaftlichen Gedächtniskonzepts. Frankfurt am Main: Peter Lang, 2008.

Silverberg 2009 — Silverberg L. Between Dissonance and Dissidence: Socialist Modernism in the German Democratic Republic // Journal of Musicology. 2009. Vol. 26. № 1. P. 44–84.

Skyllstad 1994 — Skyllstad K. M. Der Komponist als Bürgerschreck: Der Anbruch der Moderne als Provokation: Beispiel Norwegen // Provokacija v glasbi / Provokation in der Musik / Hg. P. Kuret. Ljubljana: Festival Ljubljana, 1994. P. 163–167.

Spilka 1945 — Spilka B., red. Terezín-ghetto. Prague: Repatriační odbor ministerstva ochrany práce a sociální péče, 1945.

Spratt 1987 — Spratt G. K. The Music of Arthur Honegger. Cork, Ireland: Cork University Press, 1987.

Stäckel 2002 — Stäckel S. Die «rechte Nation» und ihr Verleger: Politik und Popularisierung im J. F. Lehmanns Verlag 1890–1979. Berlin: Lehmanns, 2002.

Stark 1981 — Stark G. Entrepreneurs of Ideology: Neoconservative Publishers in Germany, 1890–1933. Chapel Hill: University of North Carolina, 1981.

Steinberg 2007 — Steinberg M. P. Judaism Musical and Unmusical. Chicago: University of Chicago Press, 2007.

Steiner 1949 — Steiner B., red. Tragédia slovenských židov: fotografie a dokumenty. Bratislava: Dokumentacna akcia pri USŽNO, 1949.

Stephan 1974 — Stephan R. Hába und Schönberg. Zum Thema: Die Wiener Schule und die tschechische Musik des 20. Jahrhunderts // Festschrift für Arno Volk / Hg. by C. Dahlhaus et al. Cologne: Gerig, 1974. P. 125–138.

Stephan et al. 1996 — Stephan R., Knessl L., Tomek O., Trapp K., Fox Ch., hgg. Von Kranichstein zur Gegenwart: 50 Jahre Darmstädter Ferienkurse. Stuttgart: DACO Verlag, 1996.

Strasser 1995 — Strasser M. *A Survivor from Warsaw* as Personal Parable // Music and Letters. 1995. Vol. 76. P. 52–63.

Stuckenschmidt 1978 — Stuckenschmidt H. H. Arnold Schoenberg: His Life, World, and Work / Transl. by H. Searle. New York: Schirmer, 1978.

Svatos 2010 — Svatos Th. D. Sovietizing Czechoslovak Music: The "Hatchet-Man" Miroslav Barvík and His Speech "The Composers Go with the People" // Music and Politics. 2010. Vol. 4. № 1. P. 1–35.

Svobodová 1999 — Svobodová J. Erscheinungsformen des Antisemitismus in den Böhmischen Ländern 1948–1992 // Judenemanzipation — Antisemitismus — Verfolgung in Deutschland, Österreich-Ungarn, den Böhmischen Ländern und in der Slowakei / Hg. J. K. Hoensch, S. Biman, L' Lipták. Essen: Klartext, 1999. S. 229–248.

Szaynok 2005 — Szaynok B. The Role of Antisemitism in Postwar Polish-Jewish Relations // Antisemitism and Its Opponents in Modern Poland / Ed. by Robert Blobaum. Ithaca, NY: Cornell University Press, 2005. P. 265–283.

Thacker 2007 — Thacker T. Music after Hitler, 1945–1955. Burlington, VT: Ashgate Publishing, 2007.

Thilman 1956a — Thilman J. Eindrücke vom "Warschauer Herbst" // Musik und Gesellschaft. 1956. Vol. 6. № 12. S. 27–28.

Thilman 1956б — Thilman J. Gedanken zum «Weltmusikfest» in Stockholm // Musik und Gesellschaft. 1956. Vol. 6. № 9. S. 9–10.

Thilman 1956в — Thilman J. Die Kompositionsweise mit zwölf Tönen, Teil 2 // Musik und Gesellschaft. 1956. Vol. 6. № 8. S. 8–12.

Thoresby 1950 — Thoresby Ch. Schoenberg: *A Survivor from Warsaw*, Opus 46 // Music Survey. 1950. Vol. 3. № 2. P. 116–118.

Timm 1997 — Timm A. Jewish Claims against East Germany: Moral Obligations and Pragmatic Policy. Budapest: Central European University Press, 1997.

Timm 2007 — Timm A. Ideology and *Realpolitik*: East German Attitudes toward Zionism and Israel // Anti-Semitism and Anti-Zionism in Historical Perspective: Convergence and Divergence / Ed. by J. Herf. London: Routledge, 2007. P. 186–205.

Uhl 2006 — Uhl H. From Victim Myth to Co-responsibility Thesis: Nazi Rule, World War II, and the Holocaust in Austrian Memory // The Politics of Memory in Postwar Europe / Ed. by R. N. Lebow, W. Kansteiner, C. Fogu. Durham, NC: Duke University Press, 2006. P. 40–72.

Vertovec 2009 — Vertovec S. Transnationalism. London: Routledge, 2009.

Vojtěch 1960 — Vojtěch I. Skladatelé o hudební poetice 20. Století: Copland, Stravinskij, Schoenberg, Berg, Bartók, Martinů, Prokofjev, Honegger, Šostakovič. Prague: Československý spisovatel, 1960.

Vollnhals, Schlemmer 1991 — Vollnhals C., Schlemmer Th. Entnazifizierung: Politische Säuberung und Rehabilitierung in den vier Besatzungszonen 1945–1949. Munich: Deutscher Taschenbuch Verlag, 1991.

Vollsnes 2001 — Vollsnes A. O. Norges Musikkhistorie 5. Modernisme og mangfold: 1950–2000. Oslo: Aschehoug, 2001.

Vysloužil 1968 — Vysloužil J. Alois Hába, Arnold Schönberg, und die tschechische Musik // Aspekte der Neuen Musik / Hg. W. Burde. Kassel, Germany: Bärenreiter, 1968. S. 58–67.

Vysloužil 1986 — Vysloužil J. Arnold Schönberg in Brünn // Die Wiener Schule in der Musikgeschichte des 20. Jahrhunderts / Hgg. R. Stephan, S. Wiesmann. Vienna: Lafite, 1986. S. 142–146.

Wagner 1950 — Wagner K. Aus dem Musikleben: Musica-Bericht: Im Zeichen der Dissonanz // Musica. 1950. № 4. S. 389.

Wagnleitner 1994 — Wagnleitner R. Coca-Colonization and the Cold War: The Cultural Mission of the United States in Austria after the Second World War / Transl. by D. M. Wolf. Chapel Hill: University of North Carolina, 1994.

Walther 1961 — Walther G. Der Rundfunk in der Sowjetischen Besatzungszone Deutschlands. Bonn: Bundesministerium für gesamtdeutsche Fragen, 1961.

Wassermann 2002 — Wassermann H. P. Naziland Österreich!? Studien zu Antisemitismus, Nation und Nationalsozialismus im öffentlichen Meinungsbild. Innsbruck, Austria: Studien Verlag, 2002.

Wasserstein 1996 — Wasserstein B. Vanishing Diaspora: The Jews in Europe. Cambridge, MA: Harvard University Press, 1996.

Waters 2009 — Waters J. Proselytizing the Prague Manifesto in Britain: The Commissioning, Conception, and Musical Language of Alan Bush's *Nottingham* Symphony // Music and Politics. 2009. Vol. 3. № 1. P. 1–24.

Weihen 2005 — Weihen D. zur. «Ich versprach, mein Möglichstes zu tun»: Komponisten im Blick des Ministeriums für Staatssicherheit // Musik in der DDR: Beiträge zu den Musikverhältnissen eines verschwundenen Staates / Hg. M. Tischer. Berlin: Verlag Ernst Kuhn, 2005. P. 273–312.

Whitman 2004 — Whitman J. Q. The Two Western Cultures of Privacy: Dignity versus Liberty // Yale Law Journal. 2004. Vol. 113. № 6. P. 1153–1221.

Wiesmann 2000 — Wiesmann S. Schönbergs Verein für musikalische Privataufführungen in Prag // Prager Musikleben zu Beginn des 20. Jahrhunderts / Hg. A. Březina. Frankfurt am Main: Peter Lang, 2000. P. 237–245.

Willingham 2005 — Willingham R. A. Jews in Leipzig: Nationality and Community in the 20th Century. PhD diss. University of Texas, Austin, 2005.

Wind 1935 — Wind H. E. Die Endkrise der bürgerlichen Musik und die Rolle Arnold Schönbergs. Vienna: Krystall-Verlag, 1935.

Wisse 2003 — Wisse R. R. The Modern Jewish Canon: A Journey through Language and Culture. Chicago: University of Chicago Press, 2003.

Wistrich 1999 — Wistrich R. S. Austria and the Legacy of the Holocaust. New York: American Jewish Committee, 1999.

Wlodarski 2006 — Wlodarski A. L. The Sounds of Memory: German Musical Representations of the Holocaust, 1945–1965. PhD diss., Eastman School of Music, University of Rochester, 2006.

Wlodarski 2007 — Wlodarski A. L. "An Idea Can Never Perish": Memory, the Musical Idea, and Schoenberg's *A Survivor from Warsaw* (1947) // Journal of Musicology. 2007. № 24. P. 581–608.

Wlodarski 2010 — Wlodarski A. L. The Testimonal Aesthetics of *Different Trains* // Journal of the American Musicological Society. 2010. Vol. 63. № 1. P. 99–141.

Wolchik 1998 — Wolchik Sh. L. Czechoslovakia // Eastern Bloc: Politics, Culture, and Society since 1939 / Ed. by S. P. Ramet. Bloomington: Indiana University Press, 1998. P. 35–70.

Yaeger 2013 — Yaeger J. L. The Leipzig Gewandhaus Orchestra in East Germany, 1970–1990. PhD diss. Indiana University, 2013.

Young 1989 — Young J. E. The Biography of a Memorial Icon // Representations. 1989. № 26. P. 69–106.

Young 1994 — Young J. E. The Texture of Memory: Holocaust Memorials and Meaning. New Haven, CT: Yale University Press, 1994.

Ziakris 2005 — Ziakris A. In Search of Certitude: René Leibowitz and the Schoenbergian Legacy. PhD diss., University of Toronto, 2005.

Предметно-именной указатель

Абендрот Вальтер 73, 74
Авидом Менахем 143
Австрийская народная партия (АНП) 92, 93, 120, 121
Австрия 16, 17, 38–40, 42, 44, 83–124, 138, 148; см. также: аншлюс
  антисемитизм и Холокост в А. 86–93
  послевоенная оккупация А. 42, 84, 86, 90–93
  премьера *Уцелевшего* в А. 81–85, 92, 103–111
  статус *первой жертвы* 40, 90–92, 95, 123
Австро-Венгерская империя 239
Адамс Джон 20
  Учение о гармонии 20
Адонай элохейну/Господь Бог наш 29, 284
Адорно Теодор 54, 63, 64, 70, 76, 102, 111
  антисемитский выпад Шнора 76
  как музыкальный консультант Т. Манна 111
  критика *Уцелевшего* 63, 64
  о нацистской музыкальной эстетике 102

Ангажированность 64
Айвз Чарльз 20
  Вопрос, оставшийся без ответа 20
Айзенман Петер 283
алеаторика 266
Альфен Эрнст ван 275, 283
Амери Жан 283
американские лагеря для интернированных японцев 21
Американский еврейский ежегодник 86, 92, 144
Американский еврейский конгресс 28
Амида, молитва 149
Амстердамский струнный квартет 101
английский язык *Уцелевшего* 21, 24, 40, 56, 81, 107, 139, 192, 234, 257, 269, 273
  бесцветность 81, 107
  внезапный переход на древнееврейский в *Шма Исроэл* 24, 40, 139, 269
  восприятие в Европе 56, 60, 81, 139, 234
  немецкие реплики сержанта 21, 24, 57, 81, 107

перевод на немецкий 107, 139
Анелевич Мордехай 27, 281
антиамериканизм 17, 37, 188
антисемитизм 17, 39, 40, 47, 49,
  62, 71, 72, 74–76, 79, 80, 83,
  85–93, 95, 114, 121, 129, 137,
  167, 172, 174, 175, 178, 193, 230,
  232, 233, 243, 247, 248, 250, 262,
  265, 277
  антиамериканизм в сочетании
    с а. 17
  антисионизм в сочетании
    с а. 174, 248
  в Австрии 86–93
  в Восточной Германии 17, 39,
    172, 174, 175
  в Западной Германии 17, 39,
    40, 47, 80, 167, 265
  в Норвегии 39, 40, 129, 137
  в Чехословакии 39, 243, 247,
    248, 250, 277
антифашизм 17, 41, 44, 56, 93,
  158, 167, 172, 173, 176, 177,
  179–181, 187, 188, 196, 219, 222,
  247, 248, 253–255, 263–265, 272,
  273, 277, 287
  десемитизация во имя а. 172,
    181, 247, 248, 254, 272
  додекафония на службе а. 41,
    44, 167, 219, 222, 253, 254,
    264, 287
  еврейство и а. в рецензиях
    188–197
аншлюс 30, 86, 89, 94, 95, 109
аплодисменты после *Уцелевшего*
  20, 31, 193, 232
Апостель Ганс Эрих 96, 100–
  104, 106
Арджентино Джо Р. 29

Арендт Ханна 282
Армия Крайова (Польша) 229,
  230, 234
Арт Дэвид 89
Арфа царя Давида, радиопередача 143
*Объединение преследовавшихся
  нацистским режимом/
  Vereinigung der Verfolgtendes
  Naziregimes* (VVN) 176
атональность, атональная
  музыка 20, 117, 120, 126–128,
  143, 155, 205, 259; см также:
  додекафония; сериализм;
  двенадцатитоновая музыка
  критика а. с коммунистиче-
    ских позиций 120, 205
  минимальное присутствие
    а. в Норвегии 126–128
  нацистская критика а. 117
Аушвиц 123, 131, 132, 232, 245,
  271, 276
  Берман как переживший
    А. 271, 276
  иностранные евреи
    в А. после 123
  восстания в Варшавском гетто
    123, 232

Баренбойм Даниэль 18, 19
Барток Бела 103, 263
  *Концерт для фортепиано
  с оркестром № 2* 263
Баруха план 179
Баухаус 88
Бауэр Рудольф 73
Бах Давид Йозеф 100
Бах Иоганн Себастьян 19, 20, 57,
  79, 128, 142, 150, 226

аллюзии к кантатам Б. в *Уцелевшем* 19, 20, 79, 150
возрождение Б. 128
Искусство фуги 142
Страсти по Иоанну 79
Страсти по Матфею 20
Приди, о сладкий смерти час 19
Музыкальное приношение 142
Бах Карл Филипп Эммануил 144
Бейкер Ричард 269, 270
Бек Лео 143
Белль Генрих 73
Бельке Марго 75, 235
Бельке-Бомарт, музыкальное издательство 34, 39, 63, 75, 146, 235
   и исполнение в Варшаве 235
   и исполнение в Осло 146
Бен-Гурион Давид 245
Бенестад Финн 154, 156
Бенеш Иржи 263
Бен-Хаим Пауль 143
Берг Альбан 53, 87, 96, 100, 101, 103, 134, 155, 227, 249, 250, 255, 258, 270
   и Новая венская школа 96, 103, 227, 249, 250, 255
   и оттепель в Чехословакии 255, 258
   репутация в чешском обществе 249, 250
   чешские записи Б. 270
Воццек 134, 211, 249, 250, 255, 270, 271
Камерный концерт для фортепиано, скрипки и тринадцати духовых 270
Берг Майкл 227
Берио Лючано 222, 267

Берлин 52, 53, 55, 65, 88, 91, 94, 106, 107, 126, 127, 133, 134, 137, 138, 143, 165, 167, 170, 171, 173, 189, 197, 206, 215, 262, 272, 283
Восточный Б. 173, 206, 272
Западный Б. 52
мемориалы Холокоста в Б. 283
послевоенная оккупация Б. 91
Берлинская стена 18, 19, 186, 237, 262
берлинский диалект 107, 109
Берлинский камерный оркестр 197
Берлинский филармонический оркестр 94
Берман Карел 45, 238, 269–276, 278
Бернстайн Леонард 63
Бертельсман К. 72
Бессмертная возлюбленная, фильма Файта Харлана 93
   протесты против показа 93
Бетховен Людвиг ван 19, 20, 32, 66, 67, 90, 94, 95, 119, 120, 144, 278
   и венская музыкальная традиция 95, 120
   и выражение чувств в музыке 120
   как символ германского музыкального национализма 67
Восьмая симфония 19
Девятая симфония 19, 20, 32
Пятая симфония 19
Седьмая симфония 19
Фиделио 19
Эгмонт 66
Бисгор Й. Хр. 127

В мире музыки 127
Блаукопф Курт 118, 119, 122
  Окончательный кризис буржуазной музыки и роль в нем Арнольда Шенберга 118
Блахер Борис 164, 167
Блок Владимир Михайлович 267
Блох Эрнест 149
  Аводат хакодеш 149
Блох Эрнст 169
Богемия 239, 242–244
Богемия и Моравия, как германский протекторат 239, 245, 244
Боже, покарай Англию/ Gott strafe England, лозунг 67
Больман Фил 37
Бонгарц Хайнц 237
Боргстрем Яльмар 127
Бостонский симфонический оркестр 30
Брамс Иоганнес 147, 149, 150, 226
  Песнь судьбы, op. 54 256
  Трагическая увертюра 147, 149, 150
Браун Эрл 267
Брежнев Леонид Ильич 268
Брехт Бертольд 133, 178, 179, 220, 222, 225
Брин Эрле 145, 147
Бристигер Михал 227
Бриха, организация 245
Брок Хелла 208
Брокгауз Хайнц Альфред 159, 186, 196, 197
Броусек Отакар 260
Бруланд Бьярте 130–132
Брюс Гэри 186
Буайе Ноэль 32
Бужга Ярослав 270

Букстехуде Дитрих 143
  Страшный суд 143
Буланже Надя 144
Булез Пьер 267
Булль Оле 137
Бурьянек Йозеф 257, 258
Буссе Карл-Вильгельм 77
Буттинг Макс 168
Бухталь Арнольд 75
бывшие нацисты 36, 47, 65, 68, 73, 74, 80, 82, 92, 93, 103, 110, 111, 181, 191
  в Австрии 73, 92, 93, 103, 110, 111
  в ГДР 177, 181, 191
  в ФРГ 47, 65, 68, 80, 82, 181
  сосуществование с евреями 36
Бэббит Милтон 140
  Ты / Du 140
Бэрд Тадеуш 205, 206, 257
  Наставление / Egzorta 257
Бюро международных культурных связей (Польша) 211, 212, 216

Вагнер Клаус 59
Вагнер Козима 127
Вагнер Рихард 18, 134, 160
  Летучий голландец 160
  Лоэнгрин 18
Вагнер-Регени Рудольф 167
Вайда Анджей 234
  Канал 234
Вайль Курт 133
Вайнбергер Яромир 19
  Концерт для литавр 19
Вален Фартейн 127, 128, 155
Вальдорф Ежи 224
Вальдханс Иржи 263

Вальтер Бруно 89
Варга Тибор 141
Варез Эдгар 56, 61, 267
  Ионизация 56, 61
Варшава 13, 14, 17, 24, 27, 28, 41, 45, 120, 122, 124, 145, 147, 154–156, 173, 191, 192, 196, 198, 199, 201–204, 207, 209–211, 220, 226, 228, 231, 234, 236, 238, 254, 276
  разрушение города немцами 41, 122, 147, 196, 254
Варшавская осень, фестиваль 41, 43, 146, 201–203, 205, 209–211, 213, 214, 219, 220, 222, 227, 228, 232, 236, 237, 252, 257
  и культурная дипломатия между ГДР и ПНР 203–222
  и чешские композиторы 252
  исполнение *Фортепианного концерта* 205, 227
  критические отзывы в польской прессе 222–228
  исполнение *Уцелевшего* 228–237
Варшавский договор 40, 205
Варшавский филармонический оркестр 198
Варшавское восстание (1944) 202, 229, 230, 234, 235
Варшавское гетто 27–29, 31, 44, 51, 118, 119, 123, 124, 139, 145–148, 151, 152, 163, 173, 190, 193, 196, 199–201, 203, 216, 229, 231, 232, 234, 248, 254, 269, 272, 279, 281, 286, 287
  восстание в В. г. 27–29, 44, 123, 145, 151, 173, 193, 199, 200, 216, 229, 232, 248, 254

  десемитизация нарратива 248, 254
  замалчивание роли евреев в странах соцлагеря 44
  изображение в кинофильмах 232
  немецкая операция по уничтожению 41, 163, 196, 198, 203
  опера Кассерна как дань памяти жертв 199–201
  памятник В. г. Н. Рапопорта 200, 279, 286, 287
  присвоение антифашистским дискурсом 44, 173
  пятая годовщина 200
  пятнадцатая годовщина 193, 201, 229
  символическое значение для стран соцлагеря 29, 272
  уничтожение В. г. немцами 41, 163, 196, 203
  уцелевшие 27, 196, 231, 254
Вебер Карл Мария фон 64
Веберн Антон фон 54, 96, 100, 101, 103, 227, 250, 253, 255, 258, 268, 270
  и Новая венская школа 96, 103, 227, 250, 268
  и оттепель в Чехословакии 227, 258, 270
  чешские грамзаписи 270
  Вариации для оркестра, ор. 30 268
  Квартет для скрипки, кларнета, тенор-саксофона и фортепиано, ор. 22 270
  Струнное трио 270
Веймарская республика 56, 134
Велер Ханс-Ульрих 37

Вена 12, 27, 30, 40, 43, 83–86, 88, 90–101, 103–105, 107, 110, 111, 113, 115, 116, 118, 119, 122–124, 128, 138, 242, 249; см. также: Международный музыкальный фестиваль
Академия музыки и изобразительных искусств 87
антисемитизм 83, 85–93, 95, 114, 121
в советской оккупационной зоне 90, 91
довоенная еврейская община 93
любовь-ненависть между Шенбергом и В. 83–88, 96–107, 113–115, 118–121, 124
Общество Концертхауса / Konzerthausgesellschaft 84, 95, 97, 98, 102, 103, 106
послевоенная музыкальная и культурная политика 94–97
фаустианское созвездие (Шенберг – Манн – Малер) 111– 113
Шенберг и послевоенная культурная политика В. 197–104
Венгрия 240, 242, 243, 245
Венерт Мартин 190
Венецианская биеннале 57
Венская певческая академия 84
Венский камерный хор 84
Венский симфонический оркестр 84, 95, 100
Венский филармонический оркестр 94, 95
Верди Джузеппе 84, 121, 150

Четыре духовные пьесы 84, 121, 150
Вертовец Стивен 42
Визенталь Симон 89
Вильдганс Фридрих 99, 100, 102, 104
Винд Ганс Э. (псевдоним Курта Блаукопфа) 118
Винтер Ханс фон 106–110, 112
Вислоужил Иржи 45, 258–262, 264, 265
Виссе Рут Р. 81
Вистрих Роверт 89, 92
Виттенские дни музыки, фестиваль 55
Влодарски Эми Линн 14, 30, 61, 275
Войтех Иван 258, 259, 270
Волконский Андрей Михайлович 265, 267
Вольтер 283
Вольф Вернер 194–196
Вольф Гельмут Христиан 168, 169
Восточногерманская служба новостей 184
Вркочева Людмила 272
Музыка терезинского гетто/ Hudba terezínského ghetta 272
Всемирный фонд памятников 18
Вторая мировая война 39, 61, 67, 78, 101, 121, 129, 160, 202, 250, 261, 275, 282
Второзаконие 28

Гайдн Франц Иосиф 95
Геббельс Йозеф 93
Гейдрих Рейнхард 244
Гейне Генрих 76

гексахордовая комбинаторность 29
Геллер Джей Говард 14, 174, 176
Гендель Георг Фридрих 143, 250
  Юлий Цезарь 143
Гер Вальтер 197
Герлах Йенс 167
Германия Восточная (ГДР) 8–10, 14, 17, 19, 39, 40, 42, 43, 113, 123, 158–197, 201–223, 225–228, 236, 237, 241, 242, 253, 255, 262, 268; см. также: культурная дипломатия между ГДР и ПНР; СЕПГ
  антифашистская идеологическая программа 172, 173, 177, 179–181, 196
  бюрократия 182–188
  государственный гимн 163
  Государственный радиокомитет, ГРК 210, 218
  десемитизация 172, 173, 181, 190
  дискуссии о формализме (1951) 159, 168
  евреи/ еврейские общины 170, 171, 175, 176, 178
  еврейство и антифашизм в ГДР 172–182
  культурный консерватизм 158, 242
  лейпцигская музыкальная сцена 159–172
  напряженные отношения с ПНР 203–228
  оттепель в ГДР 40, 42, 158
  поддержка советского вторжения в Чехословакию 268
  премьера *Уцелевшего* 159–172, 180, 196
  рецензии на *Уцелевшего* 188–197
  случай Клайбера 164
  слушатели западногерманского радио 184
  Союз композиторов и музыковедов ГДР 10, 168, 179, 180, 182, 205, 206, 208, 209, 213, 226, 236
  участие в *Варшавской осени* 228–237
Германия Западная (ФРГ) 8, 15–17, 39, 40, 42–44, 46–82, 112, 143, 162, 165, 167, 176, 179, 181, 203, 204, 208, 262, 263, 265
  американская оккупация ФРГ 40, 49, 80
  антиамериканизм в ФРГ 17
  антисемитизм в ФРГ 17, 39, 40, 47, 80, 167, 265
  британские оккупационные войска 67, 80
  бывшие нацисты в послевоенном обществе ФРГ 47, 65, 66, 73–75
  и холодная война внутри соцлагеря 202, 204, 228
  как противник ГДР в холодной войне 181
  музыка и репутация Шенберга до появления *Уцелевшего* 49–56
  общая граница с Чехословакией 262
  Оркестр Гевандхауса (Лейпциг) 160, 165
  перевооружение 179, 181

премьера *Уцелевшего* 43, 49, 50, 56–64, 81, 108
ретроградство в музыкальной культуре 47–49, 82
Шнор и неприятие *Уцелевшего* 64–80
Германская Демократическая республика 187, 197; см. Германия, Восточная (ГДР)
Герц Иоахим 160
Гете Иоганн Вольфганг фон 113, 115, 116
 Фауст 113, 115, 116
Геттиг Вилли Вернер 58, 59
Гетц Юлиус (Go.) 192, 193
Гилен Майкл 20
гимн ненависти 66
Гитлер Адольф 65, 66, 88–91, 111, 139, 162, 193, 220, 239
 австрийское происхождение 88–90
 и Мюнхенский сговор 239
 эпоха Г. 91, 119, 123
Глазер Эрнст 136–138
Глобочник Одило 89, 123
Глос Щецински, польская газета 224, 225
Голеа Антуан 60, 61
голливудские фильмы: саундтреки 17, 22
Гольдберг Энн 78
Гольдман Фридрих 19
 Как будто кто-то выбил окна/ Es ist, als habe einer die Fenster aufgestoßen 19
Гольдшмидт Гарри 168, 178, 179
Гомулка Владислав 204, 220, 233, 237
государственные гимны 137, 163

ГДР 163
Норвегии 137
Государственный филармонический оркестр Брно 263, 264
Готвальд Клемент 241
Грабанкова Вера 260
Гражданский оркестр Альбукерке 30
Грайсле Феликс 198, 199
Граф Макс 114
Григ Эдвард 133, 136
Гринблат Стивен 38, 85, 188
Гринде Нильс 127
Гросс Ян 36
Гроссман Василий Семенович 173
Группа Манеса, ансамбль 250
Губайдулина София Асгатовна 267
Гульд Глен 227
Гурвин Олав 127, 128
 От тональности к атональности: разрешение тональности и утверждение атональности 127

Дайнер Хася Р. 21–23
Даллапиккола Луиджи 267
Дальхаус Карл 259
Дания 131
Дармштадт 32, 40, 43, 46, 49, 53, 54, 56, 57, 62, 63, 82, 104, 105, 169
дармштадтская премьера *Уцелевшего* (1950) 56, 57, 62, 63, 105, 108
Дармштадтская ратуша 56
Даунс Олин 34, 35
двенадцатитоновая музыка 16, 29, 31–33, 50, 51, 53, 54, 73, 84,

85, 111, 117, 120, 127, 139, 155, 159, 167, 168, 191, 195, 196, 225, 226, 228, 252, 262, 270; см. также: атональность; додекафония; сериализм
и критики 31, 50, 53, 73, 117, 168, 191, 195, 262
неприятие д. м. 51
определяемая как *фашизм* 73, 191, 262

Дворжак Антонин 251
Дебюсси Клод 128, 133, 134, 138
дегенеративное искусство/музыка 16, 114, 117, 214, 231
Дековен Эзрахи Сидра 283
дело Вальдхайма 92
демократия в Чехословакии 240, 241
денацификация 65, 78, 90, 94, 97, 100
в Австрии 90, 97, 100
советская инициатива по д. 65
судебные процессы в контексте д. 65, 78
Денисов Эдисон Васильевич 266, 267
Дессау Пауль 45, 160, 164, 166, 167, 174, 178, 179, 201, 205, 212, 213, 215, 216, 218–220, 222, 223, 225, 228, 237
антисемитизм и Д. 167, 174, 178
враждебность польских критиков к Д. 225
отношения с Кегелем 160, 164, 166, 167, 174, 201, 218, 222, 237
Д. и *Варшавская осень* 201, 219, 222, 228, 237
пребывание в США в годы войны 179
Воспитание проса/ Die Erziehungder Hirse 216, 219, 220, 223, 225
Диалог о Вьетнаме 164
Лило Герман 213
Осуждение Лукулла 160, 178, 220, 237
Призыв рабочего класса 166
десталинизация 204, 241, 255
ДЕФА/*Deutsche Film-Aktiengesellschaft*, восточногерманская киностудия 160, 181
джаз в Лейпциге 169, 170
Джакельски Лиза 13, 14, 42, 43, 214
Дзенник Польски, газета 222
диатоническая музыка 20, 152, 219, 222
Димитров Георгий 172
Дин Уинтон 104
Диркс Вальтер 70, 71, 73
диссонанс 35, 118, 119, 127, 138
Дита Саксова, кинофильм (1968) 274
Дневник для Анны Франк, документальный фильм, ДЕФА 181
Дни музыки в Донауэшингене, музыкальный фестиваль 52, 53, 55
Дни музыки в Касселе, музыкальный фестиваль 55
Добровольский Анджей 211–213, 215–217
додекафония 16, 22, 23, 29, 32, 35, 41, 44, 48, 51, 54, 61, 66, 81, 97, 101–104, 107, 111, 116, 119, 121,

126–128, 138, 148, 156, 158, 159, 163, 164, 167, 168, 192, 194, 195, 197, 214, 219, 222, 224, 226, 228, 253, 254, 258, 260, 261, 264–266, 269, 270, 276, 279, 286, 287; см. также: атональность/ атональная музыка; сериализм; двенадцатитоновая музыка
в *Докторе Фаустусе*, романе Томаса Манна 111
в Норвегии и Скандинавии 16, 126–128, 156
в партитуре *Уцелевшего* 29, 35, 51, 164, 167, 266
в послевоенной Австрии 97, 101–103, 107, 111, 116, 119, 121
д. и культурная дипломатия между ГДР и ПНР 218–228
д. и романтизм 286
интерес музыкальных экспертов к д. 214
как форма антифашистского сопротивления 44, 167, 219, 253, 254, 287
осуждение д. Хрущевым 266
отождествление с мировым модернизмом 97
пособие по д. 269
противоречивое отношение в ГДР 158, 159, 163, 164, 167, 168, 192, 194, 195, 197, 222, 226
чешские композиторы и д. 253, 254, 258, 260, 261, 264–266, 269, 270, 276
древнееврейский язык 24, 40, 125, 149, 163, 171, 231, 234, 255, 257, 258, 269, 273, 276, 281
в *Богослужении* Д.Мийо 124, 149

как богослужебный язык евреев 234, 281
как исконный язык молитвы Шма 24, 40, 149, 163, 269, 281
как признак еврейства 24
надпись на памятнике Варшавскому гетто 281
обучение чешского хора 257
отсутствие перевода для публики 163, 234, 269
перевод для чешской публики 40, 269
сефардский и ашкеназский варианты 149
фонетическая транскрипция для ансамбля из ГДР 171
Дрезденская опера 212–215
Дрезденский филармонический оркестр 187
Дубчек Александр 277

Евангелическая академия радиовещания и телевидения 71
евреи/ еврейские общины 13, *passim*
в Норвегии 129–132
в Польше 230–235
в США 21, 22, 277
в Чехословакии 242–248
в Вене 86
возвращение в Германию после войны 48, 81
еврейские религиозные общины ГДР 170, 171, 175, 176, 178
немецкие евреи 44, 250
при австрофашизме 89
сосуществование с бывшими нацистами 36, 92, 93, 111

убитые евреи Европы 22, 148
Еврейская боевая организация (ŻOB) 27
еврейская музыка 143, 154
Еврейская хроника (Дессау и другие композиторы из ГДР и ФРГ) 167
Еврейский воинский союз (ŻZW) 27
Еврейский исторический институт 231
Еврейский музей Осло 13, 130, 147, 151, 246, 272
Еврейский объединенный распределительный комитет (Джойнт) 246
Елинек Ханс 101

железный занавес 17, 44, 158, 227, 287
жертва фашизма/ Opfer des Faschismus (OdF) 175, 176
Жолнеж вольнощи, польская газета 231
Жулавский Ежи 199
  Конец Мессии 199

Заатен Фридрих 104
Заммерн-Франкенегг Фердинанд фон, полковник 123, 124
Западное радио Германии / Westdeutsche Rundfunk, Кельнская радиостанция 70, 79
Зегер Хорст 197
  Музыкальный словарь 197
Зеефельнер Эгон 96–98, 103–106
Зоар Иегошуа 24

идиш 178, 234, 281
  песни на и. 178
Известия ассоциации еврейских общин ГДР/Известия, ежеквартальный журнал 189
Изенштейн Харальд 131
Израиль 14, 32, 44, 122, 131, 142, 144, 146, 147, 154, 162, 171, 174, 179, 181, 200, 245, 246, 269, 276, 277; см. также: сионизм
  арабско-израильский конфликт 174
  иврит как язык повседневного общения 31, 60, 61, 81, 122, 245, 276, 281, 284
  поддержка соцстранами нового государства 200
  противостояние соцстран И. 181
  Чехословакия и И. 246, 276, 277
  эмиграция в И. 171, 246
Израильский филармонический оркестр 144
империализм 81, 162, 172, 174, 247
  языковой 81
Имперская палата литературы при Имперской палате культуры (RSK RKK) 65
Институт социологии музыки (Вена) 118
Интеллектуал и радио, конференция 68
интернационализм 42
Ирачек Вацлав 256
Исене Ола 125, 147, 149, 150
искупление 17 19, 153, 202, 203, 230, 285, 287

иудаизм 24, 92, 150, 163; см. также: богослужение еврейское

Йиранек Ярослав 252–255
Варшавские размышления о современной музыке 252
Йонссон Рольф 13, 145

Кагель Маурицио 267
Кальтенбруннер Эрнст 89
Камерная гармония/ Komorní harmonie, ансамбль 258, 270
камерная музыка 55, 96, 206
Кан Стивен Дж. 29
Кандинский Василий Васильевич 88
капитализм 118, 162, 173
Карнер Отто 100
Картер Эллиот 140
Карут Кэти 23
Кассерн Тадеуш 198–201, 233
Помазанник 199, 200
католицизм/ католическая церковь 70, 72, 73, 121, 142, 155, 175, 228, 232
  в Германии 70, 72, 73
  в Польше 228, 232
Кауфман-Жассуа Эрих 133
Кауэлл Генри 35
Квамме Борре 155, 156
квартет Колиша 31, 250
Квислинг Видкун 132, 134
Кегель Герберт 44, 159–161, 164–167, 170, 171, 174, 182–185, 187, 189–191, 197, 201, 202, 210, 218, 221, 222, 237
  в Варшаве 190, 191, 201 202, 221, 222

  и исполнение *Уцелевшего* 44, 160, 161, 165, 167, 170, 171, 174, 182, 183, 187, 189–191, 201, 202, 218, 222
  и лейпцигская музыкальная сцена 159, 160, 165–167, 170, 171, 190, 191, 201, 210, 218, 221
  под наблюдением Штази 185, 187
Кейдж Джон 222, 267
Кейтер Майкл 47, 74
Келер Зигфрид 168
Кельцш Ганс 73
Кершоу Иэн 80
Кесслер Марио 174
Кестер Марен 48
Киваль Гиллель 14, 28, 243
Кидуш Ха-шем 150
Кипр Павел 247
Малая крепость Терезин: чехословацкий документ о борьбе за свободу и против нацистских преступлений против человечности 247
Киселевский Стефан 228
китч 32, 285, 286, 287
Клайбер Эрих 164
Клемм Эберхардт 197
Клемперер Отто 174
Клодель Поль 269
Клойбер Рудольф 73
Клос Элмар 274
Кляйнерт Вольфганг 182
Кнеплер Георг 178
Кноррн Хорст-Дитер 169–171
Кленау Пауль фон 126
Колаковский Лешек 233
Антисемитизм: пять старых тезисов и одно предупреждение 233

Коль Цион ла'Гола, мужской хор 32, 144
Комиссия по расследованию антиамериканской деятельности 37
Комитет борцов антифашистского сопротивления/ Komitee der antifaschistischen Widerstandskämpfer 176, 180
Комише Опер, музыкальный театр в Берлине 268
коммунизм 173, 232
Коммунистическая партия Австрии (КПА) 8, 100, 112, 118, 119, 121
Коммунистическая партия Германии (до Второй мировой войны) 174
Коммунистическая партия Советского Союза (КПСС) 40, 268
Коммунистическая партия Чехословакии (КПЧ) 8, 240, 241
концентрационные лагеря 26, 123, 180, 181, 244, 271, 272, 274
  Аушвиц 123, 131, 132, 232, 245, 271, 276
  Бухенвальд 171, 180, 181, 196
  Дахау 271, 276
  Терезин 171, 238, 244, 245, 247, 248, 271–274, 276, 286
Копенгаген 126, 144
Копленд Арон 63
корейский конфликт 247
Костка Виолетта 14, 199, 200
Кох Гельмут 184, 197
Кохан Гюнтер 237
  Симфониетта 237

Кослер Зденек 278
Коэн Бригид 22, 37
Краковский филармонический оркестр 18
Кратки Рудольф 263
Краус Клеменс 94,
Краус Марита 37, 38, 48, 85
Кренц Ян 235
Крипс Йозеф 95
Криттенден Камилла 26
Кулишова Таня 245
  Малая крепость Терезин: гетто 245
культура блокфлейт/ Blockflötenkultur 102
культурная дипломатия 17, 198, 203–237
  между ГДР и ПНР 203–208
  закулисная к. д. 209–218
  музыкальный стиль как к. д. 218–228
  Уцелевший как средство к. д. 228–237
Кундера Милан 260
Куншак Леопольд 86
Кусевицкий Сергей Александрович 63
  Музыкальный фонд 23, 30, 200
Кучера Вацлав 267, 268
Кушмиц Хельга 14, 169, 170
Кшенек Эрнст 56, 102, 103
  Четвертая симфония 56
Кэрролл Марк 33

Лаври Марк 143
Лазар Моше 86
Латте Конрад 62
Лаукс Карл 197

Музыкальная жизнь в Германской Демократической Республике 197
Лафит Петер 98, 99
Леверкюн Адриан, персонаж романа Томаса Манна *Доктор Фаустус* 111, 119
Левин Роберт 136, 147
Левин Сидзель 13, 14, 130, 147
Левин Сольвейг 147
Леденев Роман Семенович 267
Лейбовиц Рене 14, 23, 32–35, 43, 50–54, 60, 61, 98, 106, 117, 167, 198, 201
  как дирижер 50, 98
  как источник ошибочных сведений об *Уцелевшем* 50, 51
  как переводчик *Уцелевшего* на французский 33, 106
  как учитель Дессау 167
  курс двенадцатитоновой композиции 53
  переписка с Шенбергом 33
  польско-еврейское происхождение 201
  работа с оркестровой партитурой *Уцелевшего* 23, 34, 50, 51, 167
  Введение в двенадцатитоновую музыку 50
  Трагедия нашего времени 50
  Художник и его совесть 33
Лейпцигская опера 160, 212, 213, 215, 268
  лейпцигская премьера (апрель 1958) 159–172
Леман Юлиус Фридрих 80
Лепсиус М. Райнер 172
Лернер Адольф Р. 27

Лехнер Конрад 60
либерализация в период оттепели 40, 204, 220, 263
Либеральная партия (Венстре), Норвегия 133
Либерально-демократическая партия (ГДР) 189, 192
Лигети Дьердь 222, 267
Лисса Зофья 216, 259
Лиссауэр Эрнст 66, 67
  Гимн ненависти к Англии 66, 67
Лист Курт 27, 28, 31, 35, 127, 151, 262, 279, 280
Ловано Люсьен 33
Лондонский филармонический оркестр 19
Локк Брайан С. 14, 250
Лустиг Арношт 274
Люгер Карл 86
Людеке Райнер 160
Люстиг Мозес 72
лютеранство 150
Лютославский Витольд 206, 216

Магазин на площади, фильм Я. Кадара и Э. Клоса 274
Мадерна Бруно 222, 267
Майен Ганс Вернер фон 72, 73
Майер Чарльз 186
Майер Эрнст Герман 237
  Симфонии для струнных 237
Майер Юлиус 178
Малер Густав 19, 69, 88, 89, 95, 96, 104, 111, 113–116, 122, 127, 248
  антисемитские нападки 88, 89, 95, 114
  в отношении послевоенной Австрии 95, 96, 114

и модернистская музыка 113
и советские инициативы 113, 122
мемориальная лекция Цемлинского 248
нападки за *дегенеративную музыку* 114
фаустианская связь с Шенбергом и Манном 111–113
Восьмая симфония 104, 113, 115, 122
Вторая симфония, Воскресение 19
Девятая симфония 89
Первая симфония 95
Третья симфония 95
Малявский А. 205
Манн Томас 111–113, 119
  Доктор Фаустус 111–113
Марек Тадеуш 206, 216, 231
Марк Бернард 173
Марковский Эугениуш 211, 212
Маркс Карл, журналист 62
Маркс Карл, композитор 101
Мартину Богуслав 165, 263
  Памятник Лидице 165
Масарик Томас Гарриг 240, 243, 253, 259
Матейка Виктор 100
Матц Арнольд 168, 195
Международная организация по делам беженцев 36
Международное общество современной музыки (ISCM) 53, 55, 96, 125, 226; см. также *Ny Musikk/Новая музыка*
Международные летние курсы новой музыки/*Internationale Ferienkurse für Neue Musik*, IFNM 43, 46, 53, 54, 169
Международный музыковедческий коллоквиум 259
Мелихар Алоис 73, 74, 78, 262
  Шенберг и последствия 73, 262
Мелос, западногерманский журнал о новой музыке 52, 53, 70, 71, 77, 79
Мендельсон Феликс 63, 169
Меркер Пауль 177
Места памяти, мемориал в Берлине 282
мидраш 28
Мийо Дариус 63, 119, 125, 141–155, 268
  и *Шестерка* 268
  в одном концерте с Шенбергом 141, 142, 146
  Богослужение 141–146, 148–155
  Симфония № 8 до мажор 268
  Симфония № 1 144
микротональность 259
Министерство иностранных дел ГДР (MfAA) 206–214, 217, 218
Министерство культуры ГДР (MfK) 170, 182, 183, 185, 208–212, 218
Министерство культуры и искусства (MKiS, Польша) 9, 199, 201, 209–212, 214, 223, 236
мировая премьера в Альбукерке 19, 23, 99, 198, 286
Мистический хор/Chorus Mysticus 115, 116
Митропулос Димитрис 34, 35
Мойшель Сигрид 174

Молодежное музыкальное движение/ Jugendmusikbewegung 102
Моммзен Ганс 38, 85
Монтеверди Клаудио 142
  Орфей 142
Моравия 239, 243, 244, 263
Мориц Клара 14, 35, 64, 264
Московская консерватория 266, 267
мотив Бога 29, 30
Моцарт Вольфганг Амадей 95, 160, 161, 194
  Симфония № 39 ми-бемоль мажор 160
Музыкальная Америка, журнал 35
Музыкальное движение / Ruch Muzyczny, польский музыкальный журнал 213
Музыкальное обозрение / Hudební rozhledy, чешский музыкальный журнал 251, 252, 254, 255, 257, 258, 260, 261, 264, 266
музыкальный большевизм 113
Музыкальный словарь Хорста Зеегера 197
Мусоргский Модест Петрович 127, 133
Мы и радио, колонка Ганса Шнора в газете *Westfalen-Blatt* 66
Мычельский Зыгмунт 214
Мьюэн Рейдар 135
Мюллер Зигфрид 169
Мюллер Людвиг Рихард 162–164, 169–171, 189
Мюнхенское соглашение (1938) 239–241

Нансен Одд 130
народная музыка 13
народность/Volkstümlichkeit 96
НАТО 40, 91
наука об изгнании/ Exilforschung 37
Наход Паулина, мать Шенберга 242
нацизм 46, 73, 78, 90, 92, 100, 162, 172, 173, 193, 227, 284
  и дегенеративное искусство/ музыка 16, 117, 214, 231
  и католицизм 72, 73, 232
  и коминтерновское определение фашизма 172
  культурбольшевизм 113
НСДАП/ Национал-социалистическая немецкая рабочая партия 64, 94, 76, 78, 80, 89, 110
Национально-Демократическая партия (ГДР) 189
Национальное единение/ Nasjonal Samling 132
Неедлы Зденек 251, 253
Нееф Вильгельм 168, 179
Нейман Сьюзен 282, 283
Немецкие грампластинки/ VEB Deutsche Schallplatten, предприятие 183, 185
немецкий язык 14, 61, 85, 105, 107–110, 113, 173, 192, 194, 243, 270, 281
  в венском исполнении Уцелевшего 85, 105, 113
  в тексте *Уцелевшего* 21, 24, 81, 107, 192, 194, 270
немцы этнические 48, 246
неоклассицизма 101–103, 128, 133, 143, 145, 250

неотональная музыка 143
Нильсен Финн 135
Нильссон Бо 101, 222
Ниман Конрад 159, 196, 197
Новак Витезслав 263
Новая венская школа 53, 96, 97, 101–104, 112, 219, 221, 225, 227, 231, 250, 255, 268, 273
   и *Варшавская осень* 219
   и додекафония 97, 101, 103, 104
   и *Доктор Фаустус* Т. Манна 112, 113
   как тема четвертого Международного музыкального фестиваля 104
   триумвират композиторов 250
новая вещественность, эстетика 133
Новотный Антонин 241
Нойман Вацлав 77
Нойман Эрих 268, 269
Ноно Луиджи 19, 101, 267
   Юлиус Фучик 19
Норвегия 13, 16, 39, 40, 44, 121, 123, 125–157; см. также: премьера в Осло
   германская оккупация 129
   Холокост в Н. 16, 129–132, 157
Норвежская телерадиовещательная корпорация 124
норвежский язык 14, 150, 152
Норвежское радио (NRK) 43
норвежскость в музыке 128
Норден Альберт 184
Нотович Натан 178, 180, 205–208, 213, 216
Ноуза Зденек 260
Нурдрок Рикард 136

Нушке Отто 196
Нью-Йорк Таймс, газета 34, 35
Нью-Йоркский филармонический оркестр 34
нюрнбергские расовые законы 95

Общество частных музыкальных выступлений/ Verein für musikalische Privataufführungen 249
Овчинников Вячеслав Александрович 267
Ольден Каро 136
Онеггер Артюр 268, 269
   Пляска мертвых 268, 269
оркестр Армии обороны Израиля 32
оркестр Пражского радио 250
оркестр радиостанции *Коль Исраэль* 32
Оркестр филармонического общества/Filharmonisk Selskaps Orkester 125, 146, 149
Орф Карл 213
   Умница 213
Острчил Отакар 253
оттепель 17, 40, 42, 158, 202–205, 207, 220, 227, 232, 233, 238, 241, 248, 251, 252, 255, 258, 263, 265, 267, 268, 270, 274, 277
   антисемитизм в Польше в период о. 232, 233
   и *холодная война внутри соцлагеря* 202, 204
   и культурная дипломатия между ГДР и ПНР 203–208
оттепель в Чехословакии 42, 238, 241, 248, 255, 253, 274, 277
   запоздалый приход о. 239–242

и Союз композиторов 265–268
первые намеки на музыкальную о. в ЧССР 248–252
расширение свободы для евреев 242–248
советское вторжение как конец о. 39, 268, 277
Уцелевший в ЧССР 252–265

Памятные места, связанные с борьбой чешского народа против фашизма 247
Пантон/ Panton, чешское музыкальное издательство 258, 268
Пануфник Анджей 216
Партош Эден 143
Пендерецкий Кшиштоф 165
  Плач по жертвам Хиросимы 165
Перагалло Марио 84
  Концерт для фортепиано с оркестром 84
Первая мировая война 66, 67
перемещенные лица (DP)
  в послевоенной Европе 36, 38, 42, 62, 93, 145, 245
Петер Маргарет 106, 107, 143
Петери Дьердь 44
Пикассо Пабло 64
  Герника 64
Пинкас Иржи 263
Пиппиг Элли 186, 218
Пирумов Александр Иванович 267
Плоновска Зярек Эва 230, 234
По просту, польский журнал 233
подмандатная Палестина 245

Полное собрание сочинений Арнольда Шенберга 258
Польская объединенная рабочая партия (ПОРП) 199, 202, 204, 228, 230, 233–235
  либерализация в период оттепели 204, 233
  позиция в отношении Варшавского восстания (1944) 233–235
  формальное осуждение антисемитизма 233
Польская Рабочая партия 199
Польская Социалистическая партия 199
Польский симфонический оркестр государственной филармонии 223, 224
польский язык 14, 173, 214
Польское радио 13, 201, 235
Польша, Польская народная республика, ПНР 8, 13, 17, 38–43, 68, 89, 123, 124, 142, 134, 166, 173, 187, 196, 198–237, 240–243, 245, 252, 277, 287; см. также: культурная дипломатия между ГДР и ПНР
  антисемитизм 232, 233
  неупоминание евреев 203 235
  оттепель 202, 203–205, 207, 220, 227, 232, 233
  память о Холокосте 230, 233, 235
  премьера *Уцелевшего* 43, 198–203, 210
  сталинизация 233
  Центральное управление по делам музыкальных учреждений (CZIM) 217, 236

поп-музыка американская 158, 162, 169, 179, 187, 188
Постановление Политбюро ЦК ВКП(б) *Об опере "Великая дружба" В. Мурадели* (1948) 161, 251, 252, 265
Прага 13, 14, 239, 242–245, 248–250, 256–258, 271, 272, 274, 277, 278
    Ландестеатр 56
    Национальный театр 271
    Староновая синагога 242
Пражская весна, музыкальный фестиваль 250
Пражская весна 39, 241, 248, 259, 274, 277
Пражский манифест 251
премьера в Осло 125–157
    рецензии 152–157
    Фройденталь, дирижер 142–146
    Халл, организатор 132–142
Приберг Фред 76–79
    Музыка в нацистском государстве 79
Пройснер Эрхард 114
Прокофьев Сергей Сергеевич 96, 212, 215
    Обручение в монастыре 212
протестантизм 87, 175, 231
Протестантская академия радио и телевидения 68
Прусская академия искусств 88, 126
пуантилизм 265
публика 16, 17, 20, 22, 27, 31, 36, 49, 51, 52, 57, 61, 73, 77, 95, 97, 101, 103, 107, 118, 125, 131, 147, 150, 153, 154, 156, 160–162, 164, 185, 188, 190, 191, 193, 201, 202, 207, 220, 223, 224, 228, 232, 249, 258, 264, 273–275, 280, 281
    австрийская 95, 97, 101, 103
    американская 16, 22, 27, 31, 36, 107, 118, 281
    аплодисменты п. 19, 20, 31, 156, 193, 224, 232
    восточногерманская 160–162, 164, 185, 188, 190, 191, 193
    западногерманская 49, 51, 52, 57, 61, 73, 77
    норвежская 125, 131, 147, 150, 153, 154, 156
    обращение к широкой п. 51, 73
    польская 201, 202, 207, 220, 223, 224, 228, 232
    п. на *Скандальном концерте* 249
    французская 249
    чешская 249, 258, 264, 273–275
Пурим 151
Пуссер Анри 222
Пярт Арво 265, 267

Равель Морис 128, 133
Радио американского сектора, РИАС 55
Радио Бавария 55
Радио Бремен 55, 56, 66, 108
Радио ГДР 165, 182, 183, 185, 186, 197, 236
Радио Гессен 55, 63 (Франкфурт)
Радио Франс 32, 33
Радио Южной Германии (Штутгарт) 55
радиоансамбли 43, 182, 183, 256
Райнке-Вельш Беттина 169, 170
Райх Вилли 54

Райх Стив 275
  Разные поезда 275
Рапопорт Натан 200, 230, 233, 279–282, 283, 286, 287
Реблинг Эберхард 178, 213, 214, 216, 228
  Открытое письмо польским товарищам 213, 228
Рединг Александр 14, 282, 285
Репортаж с петлей на шее, дневник Юлиуса Фучика 19
рецензии на исполнение *Уцелевшего*: 16, 34, 35, 58, 59, 61, 76, 113–122, 125, 152–156, 162, 188–196, 202, 230–234, 252, 264
  в Варшаве 230–234
  в Вене 113–124
  в Лейпциге 188–196
  в Осло 125, 126, 152–157
речепение 148, 194
реэмиграция 36–38, 40, 48, 49, 56, 70, 71, 81, 82, 85, 86, 111
Рикорди, агентство 39, 63, 256
Риман Хуго 64, 65, 76
  Музыкальный словарь 65
Риндер Рюбен 149
ритуал поминального Седера 28
Розенблют Лео 125, 146, 148, 149, 151, 152, 154
Роскис Дэвид 151
Ростан Клод 32
Рубин Марсель 119, 120, 122
Рудорф Регинальд 169, 170
Румыния 240, 243, 245
Руссо Жан-Жак 282
Рэттл Саймон 19

Саломон Карл 143
Сартр Жан-Поль 33, 50
Сафронов Антон Евгеньевич 25
Светланов Евгений Федорович 266
Свобода Вильгельм 114
Северное радио Германии 143
Северо-Западное радио Германии / Nordwestdeutscher Rundfunk, NWDR, Гамбургская радиостанция 9, 55, 56, 62, 63
Сельмер Юхан 127
Серенсен Даг Виндинг 154
сериализм 144, 224–226, 228, 265–267; см. также: атональность/ атональная музыка; додекафония; двенадцатитоновая музыка
  в Израиле 144
  и чешские композиторы 266, 267
  как порождение додекафонии 224, 225
  неприятие с. в ГДР 226
Сидур тефилат Исраэль, молитвенник 149
Сикорский Казимеж 215
Сильвестров Валентин Васильевич 265
Симфонический оркестр государственного радио Израиля 142, 144, 147
Симфонический оркестр и хор Чешского радио 43, 256, 257, 260
Симфонический оркестр Лейпцигского радио / Leipzig Radio Symphony Orchestra , LRSO 9, 43, 159, 160, 165, 168,

171, 180, 183, 185, 187, 188, 197, 201, 210–213, 217, 221, 223, 225, 252
 и хор 12, 159, 164–166, 169, 187, 197, 201, 210–213, 218, 219, 221, 223, 225, 252
 и культурная дипломатия между ГДР и ПНР 210–213, 217, 221, 223, 225
 исполнение Уцелевшего в ГДР 159–172, 180
 исполнение Уцелевшего в Польше 201, 202
Симфонический оркестр Нэшвилла 20
Симфонический оркестр Франкфуртского радио 52, 63
синагогальный хор 170, 171
Синдикат чехословацких композиторов 250, 251
Синдинг Христиан 137
сионизм 22, 162, 174, 243–248
 антисионизм как прикрытие антисемитизма 174
 в Чешских землях 243–248
 и процесс Сланского 247
Сирия 122
Сихра Антонин 251, 252
Скандальный концерт / Skandalkonzert 249
Сланский Рудольф 241, 247
Словакия 242–244, 246
Слово и звук / Wort und Ton, газетная рубрика 63
Слонимский Сергей Михайлович 267
Сметана Бедржих 251, 253, 268
 Влтава 268
Смит Шерман 31

Смоленский Яков Михайлович 266
Совет еврейских религиозных общин в чешских и моравско-силезских землях, RŽNO 10, 244, 245
Советский Союз (СССР) 39, 91, 123, 161, 166, 173, 177, 179, 204, 221, 232, 240, 241, 246, 247, 251, 254, 266–268, 277, 286, 287
 вторжение в Чехословакию (1968) 39, 259, 268, 277
 десемитизированная антифашистская риторика 172, 181, 247, 248, 254, 272
 и *польский путь к социализму* 204
 и восстание в Варшавском гетто 173
 и денацификация 65
 и переворот в Чехословакии 241
 и предложения по ядерному оружию 179
 оккупационная зона в Австрии 90, 91
 оккупационная зона в Германии 175, 177, 192, 246
 партийные чистки 177
 признание Израиля 246
советские *молодые композиторы* 266–268
Современная музыка / Hudba dneška, ансамбль 258
Соглашение о культурном сотрудничестве 205, 207, 208, 210, 213, 236
Содружество немецких музыкальных критиков (ФРГ) 65

Сокровища еврейского фольклора / Kostbarkeiten jüdischer Folklore, пластинка 171

Социал-демократическая партия Австрии / Sozialdemokratische Partei Österreichs, SPÖ 10, 116, 121

Социалистическая единая партия Германии / Sozialistische Einheitspartei Deutschlands, СЕПГ 8, 169, 172, 174, 177–179, 182, 184, 186, 187, 189, 190, 192–196, 202, 204, 209, 210, 228, 230; см. также: культурная дипломатия между ГДР и ПНР

    главенство над второстепенными партиями 177

    и *Варшавская осень* 202, 210, 228

    и радио как средство пропаганды 182, 184

    как противник сионизма 174

    основной антифашистский нарратив 172, 173, 177, 179–181, 196

    Уцелевший: рецензии в партийной печати 188–197

    Центральный комитет 164, 182, 184

социалистический лагерь 17, 29, 40, 158, 160, 173, 200–204, 209, 226–228, 237, 241, 254, 259, 261, 287

социалистический реализм 101, 112, 207, 214, 216, 222, 228, 251, 258, 261, 265

    в Чехословакии 251, 261

    доступность как принцип 222

    и памятник Варшавскому гетто Рапопорта 286, 287

    обязательность социально ангажированного искусства 261

    польское сокращение *соцреализм* 213, 214

Союз композиторов и музыковедов ГДР / Verband der Komponisten und Musikwissenschaftler 10, 168, 179, 180, 182, 205, 206, 208, 209, 213, 226, 236

Союз польских композиторов, СПК 8, 13, 205, 206, 208, 213, 215, 216, 236

    Варшавская осень 201–203, 205, 209–211, 213, 214, 219, 220, 222, 227, 228, 232, 236

    Музыкальное движение / Ruch Muzyczny 213

Союз чехословацких композиторов, СЧК 8, 43, 251, 252, 258, 265–268

средиземноморская школа 143

СС / Schutzstaffel, отряды охраны нацистской партии 8, 74, 78, 89, 94, 110, 124

    австрийские эсэсовцы 89

    и Винтер 110

    официальная газета СС 74, 78

Сталин Иосиф Виссарионович 158, 220, 228, 241, 242, 247

сталинизм 241, 242, 255

Стейнберг Майкл П. 282, 283

Стоковский Леопольд 19

Столица, польская газета 224

Стравинский Игорь Федорович 53, 54, 103, 133, 267

Стриглер Курт 164

Стэнли Луис 35
судебные тяжбы, Западная Германия 76–80
Судетская область 239
Сузин Леон Марек 229
Супрафон, чешская фирма грамзаписи 13, 267, 270
США 13, 16, 21–23, 27, 34, 37–39, 44, 46, 49, 50, 58, 71, 81, 115, 117, 149, 162, 172, 174, 179, 188, 209, 221, 239, 240, 247, 274, 277
  евреи в США 21, 22, 277
  европейский взгляд на американское творчество Шенберга 70, 71, 81, 117, 188
  и холодная война 39, 46, 172, 179
  как противник ГДР в холодной войне 172, 174, 179, 188
  как противник Чехословакии в холодной войне 239, 247
  Комиссия по расследованию антиамериканской деятельности 37
  оккупационная зона в Германии 36, 47, 49, 70, 71, 77, 80, 245, 246
  отношения с Западной Германией 46, 49, 60, 70, 71, 77, 80

Т-4, программа эвтаназии 123
Такэй Джордж 20, 21
Таль Йозеф 144
Тан модерн / Новые времена, журнал 33
Танцевальный оркестр Лейпцигского радио 170
Тарускин Ричард 15, 32

Темпель, синагога в Кракове 18
Теншерт Роланд 120, 121
Терезиенштадт: Документальный фильм, снятый в еврейском поселении, нацистский пропагандистский фильм 273
Терезин (Терезиенштадт), гетто 171, 238, 244, 245, 247, 248, 271–274, 276, 286
  десемитизация Т. 247, 248, 273, 274
  музыка в Т. 271–273
  нарратив Т. 247, 248
Тильман Иоганнес 205, 219, 226, 227
Тимм Ангелика 174
тональность 117, 127, 138, 162, 259
Торьюссен Трюгве 135
транснационализм 42, 44
Треблинка, лагерь смерти 27, 28, 123, 201
Третий съезд Союза советских композиторов (1962) 265, 266
Трехгрошовая опера, пьеса Бертольта Брехта и Курта Вайля 133
Трибуна люду, польская газета 223
Тыгодник заходни, польская газета 223–225
Тюдор Дэвид 222

Уайльд Оскар 56
  День рождения инфанты 56
увеличенные трезвучия 29, 30, 284
Улаф, кронпринц Норвегии 130, 131

Ульбрихт Вальтер 170, 204, 237
Ульман Виктор 249, 271
   Император Атлантиды 271
уцелевшие как исполнители
   партии Уцелевшего 21, 41, 45,
   257, 269–276
   и Берман 269, 271–276
   и десемитизация 272–274
Уцелевший из Варшавы, кантата
   Арнольда Шенберга 15, *passim*
   Шма Исроэл 22, 24, 25, 28, 29,
   40, 108, 115, 116, 120, 122, 139,
   148–150, 162, 163, 264, 269,
   280–282, 284
   варшавская премьера (1958)
   43, 198–203, 210
   венская премьера 43, 92,
   104–111, 150
   европейская премьера (Париж
   1948) 32, 33, 39, 43, 50, 139, 198
   западногерманская премьера
   (Дармштадт, 1950) 43, 49, 50,
   56–64, 81, 108
   и памятник Варшавскому
   гетто Рапопорта 286
   лейпцигская премьера
   159–172, 180, 196
   либретто 24–27, 61, 133, 148
   ошибочные трактовки 51
   пережившие Холокост
   в заглавной роли 21, 41, 45,
   257, 273, 276
   мировая премьера в Альбукерке (1948) 19, 23, 30–32, 99,
   138, 161, 198, 199, 286
   премьера в Осло 125–129, 141,
   146–151
   процесс сочинения 23–30
   театральность 285

   чешские премьеры/ исполнения (1960-е годы) 255–265,
   268–278
Уцелевший из Варшавы,
   кантата Арнольда Шенберга,
   программы премьерных
   концертов:
   в Альбукерке 30–32
   в Варшаве 198–203
   в Вене 104–111
   в Дармштадте 56–64
   в Лейпциге 159–172
   в Осло 146–151
   в Чехословакии 263, 264
Ушкорайт Ганс-Георг 206

Файст Сабина 14, 44, 57, 117, 150
Фалья Мануэль де 96
Фанта Роберт 95
Фастинг Коре 137
фашизм 29, 41, 44, 73, 89, 112, 113,
   162, 172, 173, 175, 176, 181, 193,
   229, 247, 262; см. также:
   нацизм (Третий рейх)
   австрофашизм 89
   двенадцатитоновый ф. 73, 262
   риторика холодной войны
   и ф. в ГДР 172–182
Федеративная республика
   Германия, ФРГ 8, 43, 46, 47, 49,
   50, 52, 55, 62, 63, 66–68, 77, 82,
   123, 167, 207, 262; см. Германия, Западная
Фейхтвангер Марта 112
Фельд Индржих 278
   Фортепианный концерт 278
фельдфебель 24, 25, 107, 109, 148
Ферстер Йозеф Богуслав 253
Фибих Зденек 253

Фидлер Ганс Герберт 63
Фительберг Гжегож 198
Фишер Йенс Мальте 74
Фишер Курт фон 259
Фишер Эрнст 112, 113
  Доктор Фаустус и немецкая катастрофа: возражение Томасу Манну 112
Флигель Хорст 183
Форд Александр 232
  Пограничная улица/Ulica Graniczna 232
Фортнер Вольфганг 56
  Белая роза/Die weiße Rose 56
  Концертная сюита 56
Франк Анна 181
Франкель Бенджамин 140
Франкфуртская школа 39
Франкфуртский институт социальных исследований 70
Франция 39, 40, 43, 50, 130, 205, 221, 240
французские оккупационные войска в Западной Германии 80
французский язык 106, 149
Фраунд Адольф 73
Фрауэнфельд Альфред 110
Фредерик Курт 19, 30, 31, 34, 99, 198
Френкель Павел 27
Фридль Милан 269
Фрикман Теодор 206
Фройденталь Макс 142
Фройденталь Отто 143
Фройденталь Петер 14, 143, 145, 146
Фройденталь Хайнц 14, 44, 125, 129, 142–149, 154
  в Израиле 14, 44, 142, 144, 147
  жизнь и творчество 142–146
  и Халл 44, 129, 142, 147, 148
  интервью перед концертом в Осло 147
  прохладное отношение к музыке Шенберга 142
Фукс Марьян 231
Фулбрук Мэри 176
Фучик Юлиус 19

Хаба Алоис 252, 256, 259
  Симфоническая фантазия для фортепиано с оркестром 259
Хагана / Самооборона, военизированная организация 245
Хаген Хольгер 58
Хайде Харальд 137
Хайдеман Ханс Олаф 56–58
Хакоэн Руфь 114
Халл Паулина 13, 44, 125, 126, 128, 129, 132–136, 138–142, 147, 148, 150, 152, 153, 157
  биография 132–136, 138–142
  как автор аннотации к программке 147, 148
  как организатор премьеры в Осло 44, 129, 142, 147, 148
  о ранах Холокоста в Норвегии 126, 157
  рецензии на концерты 125, 126
Хансен Вильгельм 126
Харлан Файт 93
  Бессмертная возлюбленная 93
  Еврей Зюсс 93
Хартман Карл Амадей 167
Хауэр Йозеф Матиас 84, 139
  Вундлунген 139

ХДС, Христианско-Демократический союз, партия 8, 70, 189, 193
  в Восточной Германии 189
  в Западной Германии 193
Хейдеман Ханс Олаф 108
Хейер Герман 169
Хелм Эверетт 226
Хельвиг Иоахим 181
Хельд Штеффен 12, 171
Хенген Элизабет 96
Хенкельс Курт 170
Хенненберг Фриц 14, 167, 169
Хенце Ханс Вернер 167, 267
Хердеген Лешек 235
Херсонски Яэль 286
  Неоконченный фильм (2010) 286
Херф Джеффри 174, 180, 181
Хилл Ричард С. 35
Хиндемит Пауль 53, 71, 96, 102, 103, 143, 227
  неоклассицизм Х. 102, 103
  Тильман как ученик Х. 227
  Музыкальный день в Плёне 143
Хиппели Эльсбет 142
Хирден, норвежская фашистская организация 137
холодная война 16, 17, 39–42, 46, 64, 90, 91, 162, 172, 179, 181, 188, 202–204, 219, 227, 228, 237
  враждебность Восточной Германии к США 172, 174, 179, 188
  западногерманская музыкальная культура и х. в. 46, 64
  корни х. в. 39
  культурная история х. в. 16, 17, 40–42, 203

нейтралитет Австрии в х. в. 90, 91
  х. в. внутри соцлагеря 202, 204, 228
Холокост 16–18, 21–24, 27–29, 31, 36, 37, 40, 41, 45, 47, 49, 58, 61, 64, 81, 86, 90–92, 122, 123, 126, 129–132, 148, 150, 152, 157, 172, 173, 175, 176, 181, 196, 230, 233, 235, 238, 243, 245, 246, 254, 257, 263, 264, 273–277, 281, 283, 284
  в Австрии 86–92, 122, 123
  в Норвегии 126, 129–132, 148, 157
  в Польше 230, 233, 235
  восточногерманский антифашизм и Х. 172–182, 196
  замалчивание Х. 91, 172, 254
  изображение Х. 23
  ответственность за Х. 49, 81, 132, 172
  память о Х. 16, 21–23, 36, 47, 126, 130, 230, 264
  этика искусства и Х 31
хор Лейпцигского радио (хор MDR) 12, 159, 164–166, 169, 201, 210–213, 218, 219, 221, 223, 252
Хори Томас 174
Хохем Коринна 23
Хренников Тихон Николаевич 213
  В бурю 213
христиане и христианство 70, 87, 89, 114, 155, 156, 174, 175, 193, 269
Хрустальная ночь 19, 171
Хрущев Никита Сергеевич 40, 158, 204, 220, 241, 242, 266, 268
Хурум Ханс Йорген 135

Цви Шабтай 199
Цемлинский Александр 248, 249
Цендер Ханс 20
Центрально-Германское радио / Mitteldeutscher Rundfunk, MDR, лейпцигская радиостанция 12, 164–166, 169, 221
Центральное католическое радио в Бефиль-Билефельде 72
Церковь Норвегии лютеранская 132
Циленшек Иоганн 201, 205, 217, 219, 222, 225, 226
  Четвертая симфония для струнного оркестра 217, 219, 222, 226
Циллиг Винфрид 52, 68, 69, 72, 74, 75, 78

Чайковский Петр Ильич 94, 263, 278
  Пятая симфония 94, 278
  Шестая симфония 263
Червинка (Шварц) Йозеф 238, 257, 260, 273
Чехословакия, Чехословацкая Социалистическая республика (ЧССР) 9, 16, 21, 39–42, 45, 123, 238–278
  второе исполнение *Уцелевшего* в Ч. 268–278
  Государственно музыкальное издательство 258
  евреи и еврейство в Ч. 242–248
  история и политика Ч. 239–242
  Министерство образования и просвещения 9, 259
  модернистская музыка в Ч. 248–252
  Первая республика (ЧСР) 239, 240, 243
  премьера *Уцелевшего* в Ч. 255–265
  советское вторжение в Ч. 39, 259, 277
  Третья республика 239
  уцелевшие в Холокосте в заглавной роли 257, 269–276
чешские земли 240, 242, 245, 246, 248, 250
чешские земли: нацистская оккупация 240; см. Протекторат Богемии и Моравии
Чешский филармонический оркестр 268, 278
чешский язык 13, 40, 238, 257, 260, 275
Чешское радио 9, 13, 43, 238, 252, 256, 257, 260, 267

Шабельский Болеслав 205
Шайт Герхарт 114
Шартум Иоганнес 134
Шварц Йозеф 257, см. Червинка Йозеф
Швейцария 56, 78, 112, 263
Швеция 13, 44, 129, 136, 138, 142, 145, 146
Шейбер Матьяш 141
Шенберг Арнольд 9, *passim*
  американское гражданство 16, 22, 23, 41, 75, 86
  в Берлине 88, 126
  в Вене до эмиграции 86–88
  в Праге 248–250

еврейское происхождение 16, 63, 86–88, 156, 191, 192, 231, 242, 269
и Дессау 45, 167, 228
и Новая венская школа 53, 103, 104, 225, 227, 231, 250
и послевоенная культурная политика Вены 97–103
и сионизм 163
как протестант 87, 231
как *римский папа двенадцатитоновых сериалистов* 225, 228
культурно-политические споры о Ш. в ГДР 188–197
переписка с Грайсле 198, 199
переписка с Листом 27, 28, 151, 262, 279, 280
переписка с Шерхеном 57, 83, 84, 104, 105
привилегированный статус на *Варшавской осени* 232
приписываемые идентичности 41
смерть 54, 62, 63, 259–261
сторонники в Европе 32, 44, 68, 96, 273, 287
фаустианская связь с Малером и Т. Манном 111–113
характеристика *Уцелевшего* 279, 280
чешские грамзаписи 270
чешские корни 242
эмиграция из Европы 48
Библейский путь 280
Восемь песен 126
Вторая камерная симфония 33, 53

Книга висячих садов 53, 249, 260
Кол нидре 163, 167, 261
Концерт для струнного квартета и оркестра по мотивам Генделя 250
Концерт для фортепиано с оркестром, ор. 42 260
Лестница Иакова 68, 249
Лунный Пьеро 56, 98, 139, 194, 249, 250, 260
Мир на Земле 63
Моисей и Аарон 57, 63, 68, 231, 251, 262, 280
Новая музыка, устаревшая музыка, стиль и мысль 250
Ода Наполеону Бонапарту 19, 98, 119, 120, 123, 138, 261
Ожидание 61, 249, 260
Первая камерная симфония 98, 113, 126, 197, 249
Песни Гурре 126, 128, 249, 260
Пожелание влюблённого 250
Просветлённая ночь 69, 128, 259, 260
Пять оркестровых пьес, ор. 16 249, 260
Пять фортепианных пьес, ор. 23 101, 126
Серенада, ор. 24 126
Скрипичный концерт 140
Современный Псалом 69, 203, 224
Стиль и мысль 104, 116, 270
Струнное трио 194
Струнный квартет № 3 260
Струнный квартет № 4 101
Струнный квартет № 2 53, 63, 96

Сюита для двух кларнетов, бас-кларнета, скрипки, альта, виолончели и фортепиано, op. 29 270
Тема с вариациями для духового оркестра, op. 43a 260
Трижды тысяча лет 101, 126
Шесть маленьких пьес для фортепиано 260
Шесть оркестровых песен, op. 8 249
Учение о гармонии 20, 259
Шенберг, Маттзее и вероисповедание, газетная заметка 87
Шенберг Самуэль, отец Арнольда 242
Шерхен Герман 44, 45, 53, 56, 57, 63, 66, 83, 84, 93, 104–106, 108, 115, 139, 143, 150
   и Международный музыкальный фестиваль 104, 105
   и новая музыка 53, 56, 139
   исполнение Моисея и Аарона 63
   переписка с Шенбергом 57, 83, 84, 104, 105
   пропагандист музыки Шенберга 56
   фотопортрет 59
Шестерка, группа композиторов 103, 268
Шиллер Дэвид М. 29, 150
Шкода Альбин 84, 106
Шленски Вердина 143
Шма Исроэл, молитва 22, 24, 25, 28, 29, 40, 108, 115, 116, 120, 122, 139, 148–150, 162, 163, 264, 269, 280–282, 284
   в *Богослужении* Мийо 149
   в восточногерманской программке 163
   в норвежской программке 148–150
   в чешских исполнениях 40, 269
   вызывающее пение 162
   переход, ведущие к вступлению хора 284
   подготовка слушателя в рассказе Чтеца 281
   текст Второзакония 28
   характеристика, данная Шенбергом 280
Шмидель Готфрид 189
Шмидт Манфред 207, 208, 210, 218
Шнок Фридер 282
Шнор Ганс 49, 64–80
   Гармония и хаос 79
   Опера, оперетта, концерт 72
   Постыдная защита Римана: немецкие евреи в Новом Музыкальном словаре 76
   Музыка и хаос 73, 80
Шостакович Дмитрий Дмитриевич 20, 160–162, 183, 190, 192–195, 197, 237
   Первый концерт для виолончели 20
   Симфония № 11, 1905 год 160, 161
Шпильгаген Франц 183, 184, 218
Шпильхаус Макс 183, 184, 187
Шпиц Герман 63
Шрекер Франц 95
Шреффлер Энни К. 14, 60

Штаатсопер / Staatsoper, Восточно-Берлинская государственная опера 211
Штадттемпель на Зайтенштеттенгассе, синагога 30
Штази / Ministerium für Staatssicherheit, Министерство госбезопасности ГДР 8, 12, 169, 182, 185–187, 206, 219
Штайнеке Вольфганг 52–54, 68
Штангль Франц 123
Штейерман Эдуард 57, 249
Штир Альфред 164
Штих Ренате 282
Штокхаузен Карлхайнц 222, 267
Штрассер Майкл 23
  Уцелевший из Варшавы как личная притча 23
Штраус Иоганн 127
Штраус Рихард 127
Штробель Генрих 52, 53, 68, 70, 71, 75, 103
Штруп Юрген 124
Штукеншмидт 52, 53
Штумпф Герман 70, 73
Шуберт Франц 94, 95
  Неоконченная симфония 94
Шуман Отто 73
Шумахер Клод 276

Э. Б. Маркс, музыкальное издательство 198
Эгге Клаус 153, 154
Эггебрехт Ганс Генрих 259
Эймерт Герберт 222
Эйнштейн Альберт 88
Эйслер Ханс 37, 96, 113, 162, 163, 168, 177, 179, 195, 197
  критика Мюллера в адрес Э. 162, 163
  публичное шельмование Э. 179
  Э. и додекафония 168, 195, 197
  Иоганн Фауст, замысел оперы 179
  Песня солидарности 163
Эйхман Адольф 89
Экспресс вечорны, польская газета 224, 231
экспрессионизм 17, 22, 30, 35, 120, 159, 254
электронная музыка 71, 76, 77, 79, 144, 222, 253
  и Шнор 71, 76, 77, 79
  на фестивале *Варшавская осень* 222
Эллинг Катаринус 133
эндеция / *Narodowa Demokracja* / Национально-демократическая партия 232
Эпплгейт Селия 19
Эренбург Илья Григорьевич 173
Эрхардт Людвик 231
Этерна, фирма звукозаписи в ГДР 185, 197

Юго-Западное радио / Südwestfunk, *SWF*, баден-баденская радиостанция 10, 52, 55, 76, 77, 79
Югославия 240
Юровский Владимир 19, 20
Юхансен Давид Монрад 128

ядерное оружие 39, 61, 179–181, 188
Якубовска Ванда 232

Последний этап 232
Ялдати Лин 178, 181
Яловец Генрих 249
Яначек Леош 251, 258, 263

XIV Эдинбургский международный фестиваль 262

Aachener Nachrichten, газета 59
Abend, Der, австрийская коммунистическая газета 118, 119, 122
Abendpost, Der, газета, Франкфурт 58, 59
Aftenposten, норвежская газета 135, 154, 155
Allgemeine Wochenzeitung der Juden in Deutschland, еврейская газета 62, 63, 143
Arbeiderbladet, газета норвежской Рабочей партии 153, 154
Ars Nova, фестиваль в Нюрнберге 55
Berliner Festwochen / Берлинские фестивальные недели, фестиваль в Берлине 55
Dagbladet, норвежская газета 125, 133–135, 138, 139, 142, 145, 147, 148, 152, 153
  интервью с Фройденталем в Д. перед концертом 145, 147
  рецензия Халл в Д. 125
Dresdner Anzeiger, газета 64, 76
Frankfurter Allgemeine Zeitung, FAZ, газета 9, 68, 70, 77
Furche, Die, австрийская католическая газета 121
Guide, Le 33
Horizon, журнал 50

Jüdische Nachrichten, еврейская газета в Германии 72
Mittag, Der, дюссельдорфская газета 50, 52, 53, 60
Mitteldeutsche Neueste Nachrichten, газета НДПГ, ГДР 165, 191
Morgenbladet, норвежская газета 155
Music Survey, журнал 50
Musica, западногерманский журнал 190
Musica Nova, ансамбль 258
Musica Viva, фестиваль в Мюнхене 55
Musica viva pragensis, ансамбль 258, 270
Musik der Gegenwart / Музыка современности, фестиваль в Берлине 55
Musik der Zeit / Музыка времени, фестиваль в Кёльне
Musik und Gesellschaft / Музыка и общество, восточногерманский журнал 168, 195, 205
Musik unserer Zeit / Музыка нашего времени, фестиваль в Штутгарте 55
Neue Werk, Das / Новое произведение, фестиваль в Гамбурге 55
Neue Zeitung, Der, западногерманская газета 58
Neue Zürcher Zeitung, западногерманская газета 74, 78
Neues Österreich, австрийская газета 121
Ny Musikk / Новая музыка, норвежская секция ISCM 129, 134–136, 138–141

Österreichische Musikzeitschrift, ÖMZ, / *Австрийский музыкальный журнал* 10, 99, 104, 107
Österreichische Volksstimme, австрийская коммунистическая газета 119, 120, 122
Österreichische Zeitung, советская газета в Австрии 93–95, 121, 122
Presse, Die, венская газета 99
Přežil jsem Varšavu / *Я пережил Варшаву,* чешское название *Уцелевшего* 263
Prisma, шведский музыкальный журнал 126
Przegląd Kulturalny / *Культурное обозрение,* польский журнал 214
Radio, бюллетень *Радио Франс* 32, 33
Sächsisches Tageblatt, газета Либерально-Демократической партии ГДР 192, 193
Schwarze Korps, Das, газета СС 74, 75
Sonatori di Praga, ансамбль 258
Süddeutsche Zeitung, газета 74, 75
Survivant de Varsovie, Un, французское название *Уцелевшего* 33
Tage der neuen Musik / *Дни новой музыки,* фестиваль в Ганновере 55
Tat, Die, газета 74
Ten, který přežil Varšavu / *Tom, кто пережил Варшаву,* чешское название *Уцелевшего* 257
Tygodnik Powszechny, польская газета 228
Überlebender von Warschau, Der, немецкое название *Уцелевшего* в Австрии 84
Union, Die, газета ХДС, Восточная Германия 193, 194
Verdens Gang, норвежская газета 154
Věstník ŽNO, еврейская газета в Чехословакии 276, 277
Weg, Der, берлинская еврейская газета 62
Welt, Die, газета 74
Weltpresse Wien, австрийская социалистическая газета 116, 117, 121
Westfalen-Blatt, билефельдская газета 66–69, 76, 80
Wiedergutmachung / *возвращение добра,* послевоенная реституция 176, 202
Wiener Kurier, газета американской оккупационной администрации 115
Wiener Montag, газета 92
Wiener Morgen-Zeitung, газета 86
Wiener Tageszeitung, австрийская консервативная газета 120–122
Zeit, Die, газета 71, 74

Оглавление

Список иллюстраций 7
Сокращения 8
Слова благодарности 12

Введение 16
Глава 1. Западная Германия. «Уцелевший из Варшавы»
  и воинствующее ретроградство 46
Глава 2. Австрия. «Уцелевший из Варшавы»:
  возвращение на родину 83
Глава 3. Норвегия. «Уцелевший из Варшавы»:
  ритуализация памяти 125
Глава 4. Восточная Германия. «Уцелевший из Варшавы»
  и антифашизм 158
Глава 5. Польша. «Уцелевший из Варшавы» как средство
  культурной дипломатии 198
Глава 6. Чехословакия. «Уцелевший из Варшавы»
  как уцелевший из Варшавы 238
Заключение 279

Библиография 288
Предметно-именной указатель 308

Научное издание

Джой Калико

«УЦЕЛЕВШИЙ ИЗ ВАРШАВЫ» АРНОЛЬДА ШЕНБЕРГА В ПОСЛЕВОЕННОЙ ЕВРОПЕ

Директор издательства *И. В. Немировский*
Ответственный редактор *И. Белецкий*
Куратор серии *В. Кучерявенко*
Заведующий редакцией *А. Наседкин*

Дизайн *И. Граве*
Редактор *Е. Ревунова*
Корректор *А. Филимонова*
Верстка *Е. Падалки*

Подписано в печать 25.03.2025.
Формат издания 60 × 90 $^1/_{16}$. Усл. печ. л. 21,4.
Тираж 200 экз.

Academic Studies Press
1577 Beacon Street, Brookline, MA 02446 USA
https://www.academicstudiespress.com

ООО «Библиороссика».
198207, г. Санкт-Петербург, а/я № 8

Эксклюзивные дистрибьюторы:
ООО «Караван»
ООО «КНИЖНЫЙ КЛУБ 36.6»
http://www.club366.ru
Тел./факс: 8(495)9264544
e-mail: club366@club366.ru

Книги издательства можно купить
в интернет-магазине: www.bibliorossicapress.com
e-mail: sales@bibliorossicapress.ru

Знак информационной продукции согласно
Федеральному закону от 29.12.2010 № 436-ФЗ